U0555479

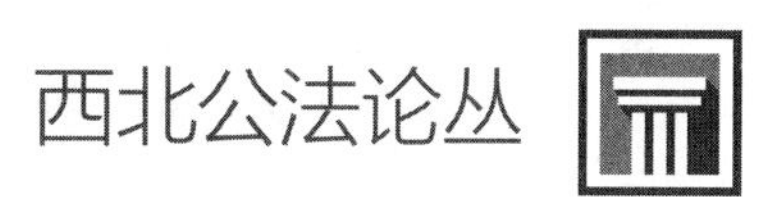

《行政强制法》上的第三人代履行制度研究

——以公共行政民营化为背景

杜国强◎著

Xingzheng Qiangzhi Fa

Shang de Disanren Dailüxing Zhidu Yanjiu

中国政法大学出版社

2022 · 北京

图书在版编目（CIP）数据

《行政强制法》上的第三人代履行制度研究：以公共行政民营化为背景/杜国强著. —北京：中国政法大学出版社，2022.9
ISBN 978-7-5764-0701-3

Ⅰ.①行…　Ⅱ.①杜…　Ⅲ.①行政执法—强制执行—研究—中国　Ⅳ.①D922.114

中国版本图书馆CIP数据核字(2022)第208461号

出 版 者　中国政法大学出版社
地　　址　北京市海淀区西土城路 25 号
邮寄地址　北京 100088 信箱 8034 分箱　邮编 100088
网　　址　http://www.cuplpress.com (网络实名：中国政法大学出版社)
电　　话　010-58908435(第一编辑部) 58908334(邮购部)
承　　印　北京中科印刷有限公司
开　　本　720mm×960mm　1/16
印　　张　18.5
字　　数　283 千字
版　　次　2022 年 9 月第 1 版
印　　次　2022 年 9 月第 1 次印刷
印　　数　1～1500 册
定　　价　66.00 元

总　序

巍巍终南，积厚流光。

《西北公法论丛》是西北政法大学行政法学院（纪检监察学院）学科建设的成果展示。

西北政法大学行政法学院（纪检监察学院）坐落于古城西安，是国内以宪法学、行政法学、行政诉讼法学、监察法学、党内法规为核心，集教学与科研为一体，本科生和研究生培养并重的、公法特色鲜明、规模较大的专门学院。

学院前身是成立于1988年7月的行政管理（行政法）系，是经国务院批准的全国第一个法学本科行政法专业（系），1999年9月组建为法学三系，2006年10月成立行政法学院。为了适应从严治党、依规治党的新要求，经西北政法大学批准，2019年6月，行政法学院挂牌纪检监察学院，致力于建设纪检监察学科。

学院现设法学（行政法学方向）本科专业和宪法学与行政法学、监察法2个硕士点。宪法与行政法学科为陕西省重点学科，行政法学教学团队为陕西省教学团队，宪法学、行政法与行政诉讼法学为陕西省精品课程。行政法学获批教育部国家级“线上线下混合式”一流课程。学院“地方政府法治建设研究中心”为陕西省高校哲学社会科学重点研究基地，并管理“法治陕西协同创新研究中心”等研究机构。

学院坚持“师资兴院、学生旺院、教学立院、科研强院”的理念，高度重视学术创新空间的拓展与延伸，鼓励教师关注、思考法治国家建设中的公权力规范运行问题，努力为在法治轨道上推进国家治理体系与治理能力的现代化提供学理支撑、实践指引。《西北公法论丛》正是在前述理念与背景下出版问世的。

《西北公法论丛》的出版，不仅是西北政法大学行政法学院（纪检监察学院）继续实现高水平发展的标志，更为西北政法大学行政法学院（纪检监察学院）教师展示学术风貌、彰显创新性观点提供了科研平台。相信读者会从《西北公法论丛》的诸多著作中感受到西北政法大学公法学人对学术的敬畏、执着与探求！

西北政法大学行政法学院（纪检监察学院）

2022 年 8 月 11 日

序

国强的博士论文《〈行政强制法〉上的第三人代履行制度研究——以公共行政民营化为背景》即将出版，他把清样发给我，让我写序，我有点犹豫：一是作为他的博士导师，我见证了这本书从选题到写作、修改、定稿、出版的全过程，为他的论文正式出版感到由衷的高兴；二是我还是第一次专门为个人专著的出版写序，认为写序与自己很遥远，但作为导师我好像又没有拒绝的理由。感谢国强的信任，让我有机会一起分享这本书出版的喜悦，并借此机会谈一点个人感受。

《〈行政强制法〉上的第三人代履行制度研究——以公共行政民营化为背景》一书有以下几个特色：

一是关注前沿，选题新型，问题意识明确。近年来，行政法学界民营化的研究受到关注，形成了一系列的研究成果。然而，现有研究成果中宏观视野的较多，微观视野的较少，从具体的民营化类型展开研究尚未见到。国强博士通过大量的阅读和思考，敏锐地选择和确定了这一选题。国内目前第三人代履行的研究还处于起步阶段，大多数观点留在对大陆法系学说的借鉴层面。我国行政强制法第四章行政机关强制执行程序中的第三节专门用三个条文来进行规定，而在实践中这些立法规定如何具体实施有待探讨。第三人代履行产生的巨额费用等问题也时有曝光。该项制度的合法性与实效性正在遭遇社会公众怀疑。代履行迫切需要进行制度层面的设计和创新，国强的这一选题具有重大的理论价值和实践意义。

二是研究方法创新。本书有独特的理论工具和分析框架，学科融合，开展跨学科的研究。作者采用经济学中的契约理论，并主要以委托代理理论为工具，分析行政机关、第三人、相对方等行动者的行为逻辑，观察相互之间的行为博弈，并从决策规制、过程监督与司法救济等不同方面推导出代履行的完善机制。将此种研究方法运用在第三人代履行这一领域上尚属首创，具有较强的解释力。特别是本书第二章“第三人代履行的契约结构”令人耳目一新。在本章中，国强博士首先分析了行政强制制度的契约属性及其实施中存在的失灵与监督困境；然后分析了第三人代履行的契约意涵及相关行动主体的策略行为；在此基础上，国强博士又认为，基于行政机关与第三人的信息的不对称，代履行实施中会形成严重的道德风险、逆向选择等机会主义问题，从而影响代履行制度的配置效率，并在解决机会主义行为的一般性措施的基础上提出了具体的规制机制。我认为，在博士论文的写作过程，有自己的分析框架和理论工具是高质量完成论文写作的重要保证，能够跨学科地开展研究值得提倡和称赞。

三是本书注重制度设计，对策方案具有可行性。目前有关第三人代履行的研究，多数集中于代履行的概念、法律关系、程序、法律救济等问题，对代履行的制度效率关注不够。本书在将研究主题聚焦为代履行中的第三人代履行后，对代履行决策中的比例原则适用、第三人确定、合同拟定、代履行的过程监督以及司法救济机制的完善提出了自己的观点。对策方案具有现实的针对性和可行性。我相信，国强博士的这些观点对于完善我国的第三人代履行制度具有重要的借鉴和参考作用。

尽管国强博士多年来十分认真努力地在这一领域的深耕细作并取得了可喜的成果，但是不可否认，本书不可避免地存在着不足和缺陷，希望本书的出版能够引起理论界和实务界的同行对这一领域的关注，并对完善本书提出宝贵的意见和建议。我也期待国强博士在专业研究的道路上一如既往，不断进步，更上一层楼！再次祝贺国强！

中山大学法学院教授
广东省法学会行政法研究会会长
刘　恒
2022 年 8 月 13 日

前　言

在公共行政民营化的背景下，《行政强制法》上的第三人代履行制度应当引起理论与实务界的充分关注。第三人在行政义务履行阶段的介入，无论对于缓解官民对立抑或节约行政成本都有积极作用，但是，此领域存在的随意委托、高额收费、监督不力、救济不畅等问题也屡屡出现。本书以质性研究为方法，在有限理性与投机的心智假设基础上，尝试运用制度经济学中的契约理论，对第三人代履行的规制机制的构建进行了探讨。

本书首先对第三人代履行所蕴含的契约结构进行了揭示：行政机关为委托人，第三人是代理人，后者通常借助于合同参与到行政义务履行中。此种委托代理关系既是行政强制制度契约的延伸，又有着自身的鲜明特点。为避免各类机会主义行为的出现，有必要进行相关的规制机制设计，尽可能降低代履行制度实施中的交易成本。

在经过较为细致的研究后，作者提出了以下几个方面的主要观点：

1. 必须对第三人代履行的决策进行审慎规制。《行政强制法》虽然对行政机关有代履行的概括式授权，但这种授权不足以解决第三人代履行决策的全部问题。本书认为，应当根据公法上的比例原则，在代履行与其他行政强制方式之中作出选择，进而再考虑法律的强制性规定与行政义务履行的特殊性，进行行政机关代履行与第三人代履行的斟酌；一旦决定由第三人进行代履行，原则上应借助委托的方式，通过竞争性的政府采购程序选定适格的第三人；行政机关亦应就代履行事项与第三人缔结书面合同，在目标、权利义务、付款方式、纠纷解决等问题上进行明确约定。

2. 应当对代履行合同的实施进行积极监督。此种监督应围绕代履行的合法性与适当性展开，以防范或者消除第三人的机会主义行为为主要目的；监督主体应为非行政决定与代履行决定作出者的行政机关工作人员，以职能与人员的分离保证监督的实效；同时，应严格恪守“无监督、不履行”的立场，将行政机关的“到场”作为第三人实施代履行的必要条件；行政机关对第三人的监督应该遵守“有据、有利、有节、有形”的原则，在确保行政义务实现的前提下，对第三人的合法权益予以尊重；同时，本书对行政机关的监督手段进行了列举，并认为可以从制度层面进行创新，优化监督效果。

3. 尽管第三人代履行的决策规制与过程监督必不可少，法律救济在提高第三人代履行的制度效率上亦有重要作用。本书认为，《行政诉讼法》修改后，应允许相对方在法律规定的期限内就代履行过程的告诫、实施等行为提出行政诉讼，甚至可以考虑在未来建立预防性行政诉讼，加强对相对方的权益保护力度；法院在有关代履行费用的争议案件中，应加强对代履行费用的合法性与合理性审查，确保代履行费用既按照成本合理确定，又不背离市场规律；对于第三人对相对方造成的损害赔偿如何救济的问题，本书主张实行双轨制，即对第三人行为作义务履行行为与民事侵权行为的区分，国家对前者承担赔偿责任。

总的来说，第三人代履行制度虽然符合公共行政民营化的时代潮流，具有明显的优势，但也蕴藏着较大的机会主义风险，如果不能在决策规制、过程监督与法律救济方面进行机制设计，不仅可能损害相对方权益，更会损伤制度本身的正当性与实效性。

目　录

图表目录

第一章　导论

本章主要涉及研究问题的缘起、基本概念的界定，并对与主题相关的文献进行回顾与评价，提出本书的研究方法、理论工具与结构安排，最后分析本书可能的创新与不足之处。

第一节　问题缘起与概念界定

一、问题缘起

工业化后，公共事务的内涵与外延日趋丰富，行政职能逐渐波及社会各个方面，政府角色从早先的收税、组织军队、维持统治机构运行扩展至晚近的建造基础设施、稳定宏观经济、保护环境、扶助弱者等诸多方面。我们不得不承认，人类社会已经步入一个充满行政气息的时代，“行政权力由以往只是单纯扮演维持社会和谐、限制人民自由的角色，一变而成为一个持续膨胀的工具，来提供国民许多指导性与服务性质作为”。〔1〕然而，行政职能的大幅度扩张，以至于达到极端的“无国家介入即无现代之社会生活”的程度，虽然是当代社会必须正视的客观存在，但是政府是否恰如其分、适才适所地扮演了其被赋予的角色，确实存在进一步审视或检讨的必要。

事实是，“随着政府在社会中作用的增强，在人民的生活中，政府干脆变得更加重要了。由于重要性的增加，对已论述过的挫折和怨恨的一切起因的认识也增强了”。〔2〕因此，20 世纪 70 年代以降，伴随着经济全球化、政治民

〔1〕 陈新民：《公法学札记》，中国政法大学出版社 2001 年版，第 96 页。

〔2〕［美］史蒂文·凯尔曼：《制定公共政策——美国政府的乐观前景》，商正译，商务印书馆 1990 年版，第 251 页。

主化与信息网络化的加速，以行政机关为主导的单向式、高成本、对抗性的官僚制管理模式开始遭受苛责并逐渐松动，一场名为“重塑政府”的政府改革浪潮在世界范围内风起云涌，从根本上改变着多数国家的政治与社会景象。按照 Kettl 的总结，这场改革浪潮的内容大体涵盖了六个方面：生产力、民营化、服务定位、分层负责、政策取向、结果衡量等。〔1〕民营化，或谓之私有化，意味着在公共治理领域打破政府“寡占”的局面，用市场机制替代传统的命令—控制机制，通过私人力量的引入满足行动者的多元化需求进而实现社会主体在公共事务的分享、合作或协调。〔2〕各种不同的民营化途径，例如合同外包、特许经营、内部市场、凭单制、补贴等在各国政府改革的过程中纷纷涌现，一些方式已经高度成熟并逐渐成为公共治理中的核心做法与日常制度，其中以合同外包（contracting-out）最为典型。“治理正在越来越多的通过协议，而不是直接的法律和政治行动进行。这一治理活动甚至包括了像强制性管制这种传统以权威为基础的活动。”〔3〕有关民营化的争议，虽然学说上仍在进行之中，但是越来越让位于该领域的理论探索与实践创新，有人说得更明确：“由于合同化明显是要继续的，仅关注它的缺陷已经不够了，于是就需要一种新的学术研究：接受合同化的不可避免性，并为改革做出积极、具体的提议。”〔4〕

（一）行政职能的研究进路

行政职能是一个复杂的话语体系与实践机制，由不同的结构、要素组成，国内外学界就此形成的理论文献可谓汗牛充栋。若将其进行概括，可以分为两个层面：

1. 在形而上的层面，从理念与规范的角度探讨政府是否应该介入。这是政治学、行政学、经济学关注的基本问题，自由主义、国家干预主义、新自

---

〔1〕 Donald F. Kettl, *The Global Public Management Revolution*, Massachusett: Brookings Institution Press, 2000, p. 2.

〔2〕 中文文献中民营化与私有化两个概念在一定程度上共用，其实，英语中民营化本来就是 privatization，本文为保持文献本来面目，其表述为私有化，仍采取此种概念。

〔3〕［美］菲利普·库珀：《合同制治理——公共管理者面临的挑战与机遇》，竺乾威、卢毅、陈卓霞译，复旦大学出版社 2007 年版，第 49 页。

〔4〕［英］A. C. L. 戴维斯（A. C. L. Davies）：《社会责任：合同治理的公法探析》，杨明译，中国人民大学出版社 2015 年版，第 206 页。

由主义、马克思主义等学说就此秉持的立场有着明显区别，且与执政者的意识形态、公众的认识高度相关。[1]但是，行政职能亦与历史发展中出现的社会需求存在深刻联系，“政府是社会中的政府，他与其他社会组织一样，源于社会的功能需求，承担着满足社会各种各样社会需求的任务”。[2]正因如此，一方面，政府普遍承担着诸如调节社会活动、维持社会秩序、分配社会价值等基本职能；另一方面，又不可能存在客观的方式或技术以确定行政职能的标准范围，政府对经济与社会的介入需要因时因地进行具体分析，其角色总是处在不断的调整之中，这一现象在社会变动期表现得更为明显。经济学家斯蒂格利茨认为：“理想的政府影响及干预的程度不能由一成不变的原则决定，而必须依赖尝试和失败，依赖经验教训和相应的政策调整以使政府在经济中发挥最佳作用。”[3]这应该说是颇有见地的论断。

2. 在较为具体的层面，如果承认政府应该介入，政府应该以何种方式介入并且作何种程度的介入。传统观点虽然在行政职能的范围这一问题上存在着不同看法甚至是激烈的对立，但就政府如何提供公共物品的回答殊途同归，认为只要某一领域被认定或划定为属于政府的作用领域，那么政府就是天然的垄断者，行政机关应该亲力亲为，这一点似乎不言自明，也无需争议。然而，在行政资源相对有限、新型行政职能不断增加的情形下，行政机关的事必躬亲是否最有利于行政资源的有效配置、是否最有利于行政目的的快速达成、是否最有利于公民权利的充分保障都是十分棘手的课题。

人类生存发展必需的物品可以从排他与竞争两个特征进行分类，分类的结果确定了政府和非政府力量在物品提供中所扮演的角色。经济学家将那些

---

〔1〕 有美国学者提到，分析行政职能至少能分辨出三种不同的模式：第一种是微观经济学模式，政府在提供国防、确立产权、维护正义、建造使商业运作成为可能的公共工程及机构方面发挥有限但有决定性的作用；第二种是20世纪的宏观经济学观点，认为政府应当干预经济周期，并留心市场的分配效应；第三种途径是公民的道德模式，认为政府不应该仅关注经济，还应该参与推进公共和市场道德。参见［美］小约瑟夫·S. 奈、菲利普·D. 泽利科、戴维·C. 金编：《人们为什么不信任政府》，朱芳芳译，商务印书馆2015年版，第11页。行政职能的模式问题不是理论上的“空对空”，而是一个关乎政府在经济社会中的角色及作用力大小的实践问题。

〔2〕 乔耀章：《政府理论》，苏州大学出版社2003年版，第190页。

〔3〕［美］约瑟夫·E. 斯蒂格利茨等：《政府为什么干预经济——政府在市场经济中的角色》，郑秉文译，中国物资出版社1998年版，第226页。

非排他与非竞争性的物品称为公共物品，这些物品一般不能或者很难有效通过市场机制提供，主要由政府生产。但是，现实生活中此类纯粹的公共物品几乎很难发现踪影，于是准公共物品、非纯粹公共物品、混合物品、公共中间体等概念相继出现。有人分析，实际生活中政府所提供的“公共物品”包含了“公共性”的程度从0到100%的各类商品或服务，〔1〕在这一区间内则既有纯公共物品，也存在私人物品。既然如此，政府的垄断性供给似乎不应再被视为天经地义，甚至于为人熟知并被公认为纯粹公共物品的灯塔，也有由私人提供的可能。

美国民营化大师萨瓦斯认为：“集体物品可以由公共部门雇员直接生产，但其他制度安排也能够提供。”〔2〕他将公共物品供给过程中的主体进行了区分：消费者、生产者、安排者。消费者是那些最终接受公共物品的公众，包括个人、特定区域的不特定公众、某一拥有共同特征的阶层等；生产者的任务是直接面对消费者进行公共物品的生产，可以是行政机关、私人（企业、非营利机构、消费者本身等）；而安排者负责指派生产者给消费者、指派消费者给生产者，或选择服务的生产者，通常是行政机关。在瓦文萨构建的民营化理论体系中，安排者与生产者的角色分工是一条清晰的逻辑主线。就大量的公共物品而言，政府越来越成为安排者，当政府作出使用公共资金提供某种物品的行政决策后，不必然意味着通过行政机关自身直接生产。事实上，在合同外包的多数实践中，私人是具体业务的生产者，政府向其付费进行业务购买，政府的角色在于确认具体业务的内容、提供具体业务需要达到的标准，对业务进行检查与评价等。〔3〕

20世纪60年代之后，西方国家出现了明显的公共行政民营化趋势，政府对越来越多的公共物品通过向市场购买的方式提供，这不仅迎合了责任政府、

---

〔1〕 句华：《公共服务中的市场机制：理论、方式与技术》，北京大学出版社2006年版，第2页。

〔2〕［美］E. S. 萨瓦斯：《民营化与公私部门的伙伴关系》，周志忍等译，中国人民大学出版社2002年版，第67页。

〔3〕 德国的国家任务论认为，国家原则上对于任务之设定与放弃具有全面管辖权，但一旦国家将特定任务之执行责任透过实定法自揽其身，并不当然意味着国家须自己履行。国家在任务上之全面管辖权并不会导致手段上的“单独管辖权”。参见詹镇荣：《民营化法与管制革新》，元照出版公司2005年版，第31页。

廉价政府、有效政府的基本理念，而且激发了市场活力，给民众赋予了更多的选择机会，逐渐成为超越左右意识形态的一致政策。

我国的行政改革虽然在背景上与西方国家不同，但面对的问题有类似之处。行政机关及其附属单位垄断了多数公共物品的生产，由于缺乏竞争，行政机关体制僵化、官僚作风严重、回应力不足。如何在转型加速期的社会发展阶段，使政府行政资源的运用能够更为有效，对立法者与执法者都提出了严肃的挑战。改革开放后，随着公众的权利意识空前高涨，再加上服务型政府作出的民生承诺，政府的能力与负荷面临严重挑战，以致有学者发出“政府太累”的感叹：“中国政府在改革的旗帜下承担对幼弱市场生长的政治监护责任，是责任政府的应有之责，政府在改革的实战中也确有无限承担责任之嫌，不可能不忙、不累。”〔1〕问题是，相比传统体制下政府的大包大揽，是否存在成本更低的策略与制度安排，哪些公共物品可以外包委由私人处理，便成为相当关键的问题，对公共行政民营化的探索在实践中逐渐出现。有学者曾对我国公共行政民营化的早期形势进行了总结：“大规模合同承包的应用还没有实现，合同承包往往局限于政府的投入服务，且多限于政府不得不外购的高新技术服务，如计算机服务，政府的产出服务（公众作为消费者的服务）仍然大量由政府垄断提供。”〔2〕然而，伴随着政府规制的不断缓和，各种形式的民营化实践在我国近年一路高歌猛进，民营化的对象早就从一开始的街区保洁、园林绿化、公用设施维护，发展到一些政府内部事务性服务，如办公信息系统维护、后勤会务工作、人力资源管理，再到公共交通、自来水供应等公用事业领域，在当今中国，民营化涉及范围不可谓不广。特许经营、合同外包等形式的改革举措逐渐被公众接受与熟知，甚至在传统上认为是政府核心职能的公共安全保障、环境治理、煤炭安全监管等领域，私人力量的参与迹象也在逐渐显露，“民营消防队”“海上戒毒船”等现象的涌现即是例子。有学者总结到，“在我国社会转型时期的行政实践中，已然呈现出全景式的公私合作治理新动向。无论是处于横轴的具体行政领域，还是处于纵轴的

〔1〕 杨宇立：《政府太累》，当代中国出版社2004年版，第2页。

〔2〕 陈振明主编：《公共管理学》，中国人民大学出版社2005年版，第199页。

相应行政过程，公私合作的基因都已深深嵌入其间”。[1]民营化有如一股浪潮正在向行政领域奔腾而去。

党的十八届三中全会明确提出：“推广政府购买服务，凡属事务性管理服务，原则上都引入竞争机制，通过合同、委托的方式向社会购买。”可以预期，多元化、高效化的公共治理是我国相当长一段时期必然面对的重大问题，公共行政民营化亦将会迎来更大的发展空间。

（二）研究对象的确定

“在行政实践中，单凭对教条的认识，向来不足以解决问题。任何人只要涉及行政法的实际问题并寻求解答，就能体会到必须有一定的行政经验或必要的行政理论方能得到正确的结果。”[2]行政法是关于公共行政的法，无论这一命题正确与否，行政法必须关注并回应行政现实，行政法的学理研究与制度建构应当以行政领域的实践与变化为其根基，学者们对此并无多少实质异议。[3]德国学者施密特·阿斯曼在行政情势发生重大变化的情况下，开始用一些非法律的概念（例如合作国家与民营化）分析国家与社会出现的种种现象，并将其作为行政政策的纲领概念，用来将行政法的观察与行政学或国家学的讨论相衔接。施密特·阿斯曼承认，体系性的行政法的建立，固然不能远离充足的司法裁判，但过度追求此种较高释义学上的精确度，会严重忽视宏观性的行政行为关联性、预定的计划及组织结构等现代行政常借以解决问题协调的做法。“涵摄行政实务时，应将经验的标准、检验方法及采纳的标准，即所谓‘良好的行政实务’，在行政法解释学中确保其地位与位阶。”[4]毫无疑问，发展中的行政法应该包括更多现代演变出的内容，接受民营化等全新行政现象的质与密度的挑战。从这个意义上讲，国内外学界对民营化产生的行政法问题进行的深入讨论符合行政法的研究逻辑。

---

〔1〕 章志远：“迈向公私合作型行政法”，载《法学研究》2019 年第 2 期。

〔2〕［德］平特纳：《德国普通行政法》，朱林译，中国政法大学出版社 1999 年版，第 7 页。

〔3〕 卡罗尔·哈洛等人指出：“行政法应与其行政背景同步。”见［英］卡罗尔·哈洛、理查德·罗林斯：《法律与行政》，杨伟东等译，商务印书馆 2004 年版，第 76 页。

〔4〕［德］施密特·阿斯曼：《秩序理念下的行政法体系建构》，林明锵等译，北京大学出版社 2012 年版，第 99 页。

民营化一度勾起了笔者的学术欲望，但随着研究兴趣的增加与阅读资料的扩展，笔者发现，全面、系统地讨论民营化可谓“理想很丰满，现实很骨感”。民营化是一个众说纷纭、包罗万象的概念，其内涵与外延甚至达到“令人哀伤地不严密”的程度，[1]出售政府资产、放松规制、政府业务的合同外包等等都被涵盖在内，存着在不同的类型，这些内容迥异、类型多样的民营化途径在形成机理、运作机制与规范路径等方面都存在明显的差异，民营化越来越成为用来概括政府职能及其特定履行方式的“口袋式”与集合性概念，其复杂性并非一本著作所能承载。甚至于，作为民营化重要途径的合同外包，在内容上也呈现出不同的样态，一端是与公众并无直接关联的支持性产品或服务（supports good and services），[2]另一端则是诸如行政检查、囚徒监禁等高权性活动，不同样态的活动对相对方的影响显然不能相提并论，而将这些位于合同外包光谱不同阶段的现象视为一体进行研究，难免有失严谨，[3]一位行政法行家认为，“我们在这个充满冲突的问题中面临一个混乱的状态，客观的研究只能局部进行”。[4]诺贝尔奖获得者埃莉诺·奥斯特罗姆亦指出，“当我们越来越多地将问题上升到抽象的普遍化层次时，我们自己也就越来越远离现实”。[5]笔者主动放弃了原来“宏大叙事”的想法，试图以具体的研究领域为窗口管窥民营化问题。“一个学术领域走向相对成熟的标志，却体现在它对于类型化差异的关注。发现一般要素是必要的，但是它仅仅提供了静态

---

〔1〕 Donahue. John, *The Privatization Decision: Public Ends, Private Mean*, New York: Basic Books, 1989, p. 5.

〔2〕 Jack M. Beerman, “Privatization and Political Accountability”, *Fordham Urban Law Journal*, 2000, 28: 1507 ~ 1557.

〔3〕 在德国沃尔夫等人看来，私有化的概念并非没有法学功能，相反正在逐渐被法律接受，在有关相邻学科中已经具有界分的作用。而且，整理私有化的不同目标和类型，探寻可用于私有化的一般法则和权衡机制，是行政法（学）的重要任务。参见［德］汉斯·J. 沃尔夫、奥托·巴霍夫、罗尔夫·施托贝尔：《行政法》，高家伟译，商务印书馆2002年版，第369页。笔者对此观点表示赞同，就事物的认知而言，在对具体领域展开深入研究之前，任何试图进行普适性讨论的努力注定只能“垦荒”，难以达到精耕细作的效果。

〔4〕 ［德］汉斯·J. 沃尔夫、奥托·巴霍夫、罗尔夫·施托贝尔：《行政法》，高家伟译，商务印书馆2002年版，第347页。

〔5〕 ［美］文森特·奥斯特罗姆、罗伯特·比什、埃莉诺·奥斯特罗姆：《美国地方政府》，井敏、陈幽泓译，北京大学出版社2004年版，第220页。

的理解。”[1]

正在笔者纠结于对民营化类型的抉择困境之时，《行政强制法》[2]上的代履行制度引起了笔者的关注。该法在第50条规定：“行政机关依法作出要求当事人履行排除妨碍、恢复原状等义务的行政决定，当事人逾期不履行，经催告仍不履行，其后果已经或者将危害交通安全、造成环境污染或者破坏自然资源的，行政机关可以代履行，或者委托没有利害关系的第三人代履行。”[3]在借由第三人推动的代履行中，行政机关通过合同外包的形式，利用私人的盈利动机与履行能力，实现行政任务，私人力量开始渗入执行过程，成为行政意志实现的组成环节，高权行政系统原先的封闭性得以突破，这无论是对于廉政监督的工具意义，还是对于行政民主的价值落实，都是颇有作用。然而，与此形成对比的是，对于“这种明显体现行政作用及行政组织方面存在的复杂多样的行政和行政法现象的一个侧面”，[4]学界的普遍观点大多较为粗略：行政机关与基础行政决定确定的相对方之间存在行政法律关系，第三人与行政机关以及第三人因代履行与相对方所发生的关系，均非行政法律关系。相对方因第三人参与代履行而产生之损害，只能向行政机关主张损害赔偿，再由行政机关向第三人进行追偿。这种观点将第三人与行政机关之间的法律关系等同于民事领域的雇佣与承揽合同，无视代履行与基础行政决定之间的延伸关系，忽略了第三人介入行政义务履行过程后可能出现的风险与失败。

面对这种情形，研究第三人代履行制度成为必然，并期待以此讨论私人在参与行政任务中的地位、行政机关的角色以及行政法的因应之道，实现“注意将新关系领域之发展，以及将其整合于行政法学体系中”[5]的行政法任务。

---

〔1〕［美］詹姆斯·汤普森：《行动中的组织——行政理论的社会科学基础》，敬乂嘉译，上海人民出版社2007年版，第15页。

〔2〕即《中华人民共和国行政强制法》，为表述方便，本书涉及我国法律均省去“中华人民共和国”，全书统一，不再赘述。

〔3〕《行政强制法》于2011年6月30日在第十一届全国人民代表大会常务委员会第二十一次会议通过，2012年1月1日起施行。以下论述中，涉及《行政强制法》法条的，不再另行说明。

〔4〕［日］米丸恒治：《私人行政——法的统制的比较研究》，洪英、王丹红、凌维慈译，中国人民大学出版社2010年版，第22页。

〔5〕［德］施密特·阿斯曼：《秩序理念下的行政法体系建构》，林明锵等译，北京大学出版社2012年版，第10页。

二、概念界定

“在借助语言描述事实或问题的时候，明确的定义是科学研究成功的前提。”[1]对概念进行清楚的界定是清晰思考与科学认识的前提条件。本书的主题是《行政强制法》上的代履行制度，但是更侧重于在公共行政民营化或政府购买公共服务的背景下透视借由私人力量推动的第三人代履行，因此需要界定的概念有：代履行、第三人、公共行政民营化。

（一）代履行

代履行，通常是指行政机关作出行政决定后，相对方对行政决定确定的可替代性行政义务拒不履行，行政机关或者行政机关委托第三人代替相对方履行义务，并由相对方承担履行义务所需费用的制度。一般认为，代履行与执行罚同属间接行政强制，[2]二者又与直接强制执行共同构成行政强制执行。这是对代履行在行政强制制度结构中的基本定位。（参见图表 1）

---

〔1〕［德］魏德士：《法理学》，丁晓春、吴越译，法律出版社 2005 年版，第 9 页。

〔2〕我国大陆行政法学界普遍将代履行定位为一种间接行政强制的方式。较早的观点参见陈安明、沙奇志：《中国行政法学》，中国法制出版社 1992 年版，第 165 页；相对较新的观点参见姜明安主编：《行政法与行政诉讼法》，北京大学出版社、高等教育出版社 2011 年版，第 294 页。但是，直接与间接的标准却一直未见清晰讨论。曾有人对代履行的间接定位提出了质疑，认为从代履行的本质来看，它是一种直接强制执行而非间接强制执行。参见刘军、陈海英：“代履（执）行是间接强制执行吗?”，载《河北法学》2000 年第 1 期。不过令人生疑的是，论者是从义务履行费用的角度，对代履行与强制划拨考察后，认为二者产生的费用最终都由行政机关向相对方征收，既然强制划拨是直接强制执行，那么代履行也应该是直接强制执行。这种观点的推论过程多少存在方法论上的矛盾，一方面认为“向行政相对人征收费用不能作为代履行和强制划拨的划分标准”，另一方面却恰恰以此为标准将二者归为一类。

日本学者盐野宏认为，代执行也对相对方的财产行使直接强制力，直接强制与代执行的概念异同并不明确：“倒不如说，直接强制是从关于物理性强制的制度中除去代执行后的制度，这样理解更为妥当。”参见［日］盐野宏：《行政法》，杨建顺译，法律出版社 1999 年版，第 161 页。依此种观点，代执行是否间接强制执行存在疑问，毋宁说其介于执行罚与直接强制方式之间。在德国，学者为解决代执行与直接强制方式之间的区分，提出：“只有在行政机关（自己或通过第三人）实施的行为与义务人没有实施的行为一致时，才构成代执行。”［德］汉斯·J. 沃尔夫、奥托·巴霍夫、罗尔夫·施托贝尔：《行政法》，高家伟译，商务印书馆 2002 年版，第 309 页。这为代履行的性质定位提供了一种启发，即所谓直接与间接，区分的标准应该是行政机关执行方法的强度差异，如果运用强制性手段，对付相对方可能的反抗意志时，即为直接强制，而如果行政机关在执行过程中，实施与相对方应该实施的行为完全一致的行为，则是间接方式下的代履行。台湾地区亦有学者认为，义务是否具有可替代性和直接迫使性是直接强制执行与间接强制执行的判断标准。参见陈英淙：“探讨行为或不行为义务之行政执行”，载《军法专刊》第 64 卷第 5 期。

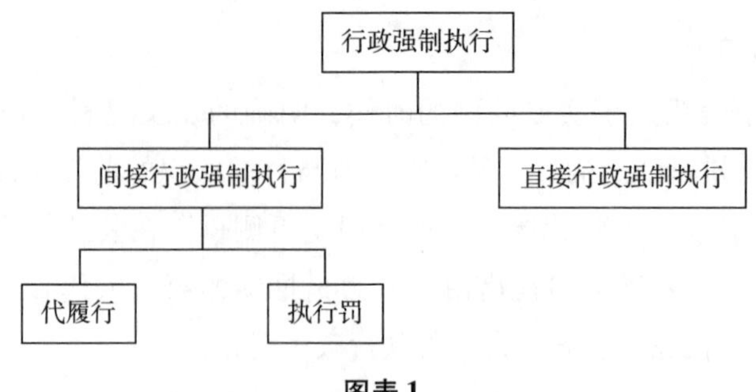

图表 1

我国代履行制度最早见于《海港管理暂行条例》,[1]该法第 15 条第 6 项规定:"对在海港水域、航道或港区附近之沉船、沉物,得要求原主限期打捞。如其阻碍航行,经公告或书面通知而未依限办理时,可不经原主同意径行打捞或清除。其所需费用及按章应纳之其他税款,均在捞获船舶及物品变价所得项下抵偿,其不足之数,应由原主负担,如有多余当付交原主。"根据笔者在国家法规数据库的统计,我国代履行制度广泛存在于现行法律、法规、规章之中,表述的方式也多有差异,"代履行""代为履行""代执行"都在其中,有时虽然没有使用前述用语,但就其性质与功能看,同样可以归结为代履行。相关法律条款涉及的代履行措施也较为广泛,[2]根据其内容,代履行作用的领域并不局限于交通安全、环境和自然资源保护领域,相关法律条文在《行政强制法》实施后有进行检讨、修正的必要,但这不足以否认代履行制度在我国行政执法中存在的普遍性。

在行政强制研究的学说史上,多数学者曾将代履行与代执行等同,[3]有

---

〔1〕 1954 年 1 月 23 日政务院发布,已于 1988 年 6 月 18 日废止。

〔2〕 参见附录 1。

〔3〕 叶必丰:《行政法学》,武汉大学出版社 2003 年版,第 276 页。金伟峰主编:《中国行政强制法律制度》,法律出版社 2003 年版,第 360 页。胡锦光主编:《行政法专题研究》,中国人民大学出版社 2006 年版,第 181 页。方世荣主编:《行政法与行政诉讼法学》,中国政法大学出版社 2007 年版,第 238 页。王连昌、马怀德主编:《行政法学》,中国政法大学出版社 2007 年版,第 225 页。以上学者都认为代履行就是代执行,但总的来讲,"我国学界对代执行的认识,从名称上讲,有一个从代执行到代执行和代履行并用,再到倾向于代履行的过程"。参见傅士成:《行政强制研究》,法律出版社 2001 年版,第 170 页。《行政强制法》实施后,代履行的称谓成为共识,不过,也有人坚持认为代履行概念的引入过于牵强,其应被代执行替代。参见左宏升:"行政强制执行中的代履行制度探析",载《经济研究导刊》2012 年第 4 期。

关行政管理的文件中，似乎也存在混淆的现象，《国家环保总局关于推进循环经济发展的指导意见》[1]规定："建立推进循环经济发展的环保法规体系。加快研究和制定各类固体废物回收利用和污染控制配套法规，逐步建立生产者责任延伸制度。研究建立行政代执行、环境准入等制度。"《国家环保总局、国家发展和改革委员会关于印发〈全国危险废物和医疗废物处置设施建设规划〉的通知》[2]中提及："危险废物和医疗废物处置收费制度还没有建立，行政代执行制度未实施，直接影响我国危险废物和医疗废物安全处置工程建设步伐。"《重庆市人民政府办公厅转发关于加强主城区粪便处理设施安全管理工作的若干意见的通知》[3]亦规定："产权人或使用人接到《城市粪便处理设施建设整改通知书》后，不在规定时间内按要求整改的，环境卫生行政管理部门可委托有关专业单位代执行，费用由产权人或使用人承担。"此外，根据笔者统计，《福建省动物防疫和动物产品安全管理办法》《深圳经济特区规划土地监察条例》《辽宁省人民政府关于加强环境保护重点工作的实施意见》《上海市关于加快推进本市环境污染第三方治理工作的指导意见》《保亭县推行环境污染第三方治理实施方案》《肃北县人民政府办公室关于做好行政执法依据清理工作的通知》《海南省推行环境污染第三方治理实施方案》《山西省推行环境污染第三方治理实施方案》《辽宁省人民政府关于加强环境保护重点工作的实施意见》都存在着类似问题。

但是，仍应注意到代履行与代执行的区别。[4]尽管二者同为动词，也只有一字之差，却不能完全等同。这种区别首先源自履行与执行之间的差异：履行侧重于按照约定或者应该做，其基础是成立的合同、许下的诺言、承担的义务等，执行涉及的范围较广，对象是命令、决定、判决、路线、政策等。

---

〔1〕 环发［2005］114号。

〔2〕 环发［2004］16号。

〔3〕 渝办发［2005］124号。

〔4〕 陈安明、沙奇志：《中国行政法学》，中国法制出版社1992年版，第165页。作者认为，将行政机关代为履行行为称为代执行，易与由该行政机关的直接强制执行相混淆，也难与委托执行中的其他机关的代为执行相区别。这是笔者查阅资料中，最早主张区分代执行与代履行的见解。另见罗豪才、湛中乐主编：《行政法学》，北京大学出版社2006年版，第250页。论者认为，"过去我国学术界一直使用代执行概念，是援用日本学者的用法。如果从行政主体执行的角度说，虽有一定的道理，但若从这一概念的内容讲，宜使用代履行，这样可能更为贴切"。

与履行相比，执行有较为明显的强制性，在法学特别是行政法学中，“执行”一词，意味着对法律的“贯彻、实施”，是法律意志实现的重要环节。“‘执行法律’一词所表现的权力，是法律约束下的权力，表达的是‘依照法律以及程序如何如何’的意思。”〔1〕权力是执行的关键所系。

代履行通常用来描述这一现象：行政机关或第三人（外在于基础行政决定所形成的法律关系的个人或组织）代替相对方履行行政决定确定的行政义务，最终达到与相对方自己履行相同的法律效果。〔2〕代履行是行政行为执行力的表现方式之一，后者又被认为是“行政机关经法律授权而对特定行政行为所具有的强制执行权限的法学表达”，〔3〕如果说代履行具有一定强制性的话，那也是在程序意义上，即当相对方不履行行政义务时，行政机关有权力强制性地启动执行程序，这一点具有高权性与单方性，至于执行程序启动后，无论是行政机关代履行还是第三人代履行，都是行政义务的代替履行，而非权力的行使，第三人更不因参与行政义务的履行过程而享有行政权。

从其他国家和地区来看，法律概念也经历了一个从代执行到代履行的变化。〔4〕我国台湾地区 1998 年修正的“行政执行法”将原先的代执行更改为代履行，目的在于，“代执行之概念易使人产生是第三人代替行政机关对相对方之执行，而代履行是指第三人代替相对方履行可替代之行为义务而予以正名”。〔5〕称谓的转换不仅仅是法律概念的变化，更反映了立法者对该项制度的精准定位。

（二）第三人

根据《行政强制法》第 50 条的规定，代履行分为行政机关代履行与第三

---

〔1〕 刘星：《法理学导论》，法律出版社 2005 年版，第 383 页。

〔2〕 有学者认为，代履行义务的来源，是相对方违反了行政机关要求排除妨碍、恢复原状等义务的行政决定，这在本质上仍属于《侵权责任法》中规定的责任承担形式。这种观点混淆了公私法的区别，代履行制度受私法影响，但是代履行所包含的义务是通过行政决定课以相对方的因而具有强烈的公法属性。参见李义松、周雪莹：“我国环境行政代履行制度检视”，载《学海》2021 年第 1 期。

〔3〕 王天华：“行政行为执行力的观念及其消弭——我国行政义务实效确保手段研究之刍议”，载《当代法学》2014 年第 5 期。

〔4〕 本书在介绍他人观点与其他国家和地区法条时，为保持其原貌，其表述为代执行者，仍采取此种称谓。

〔5〕 蔡震荣：《行政执行法》，元照出版公司 2008 年版，第 158 页。

人代履行,[1]后者是本书研究的重心。

第三人参与行政强制过程是一个较为普遍的现象，主要有三种类型：一是相对方委托第三人履行义务，此时，按照“代理人的行为及于本人”的原理，仍属于相对方自愿履行义务；二是行政机关雇佣第三人完成某类专业性较强的工作，在行政机关的指挥下，为行政机关职责履行提供某种配合，这种现象仍属于行政机关强制执行的范畴；三是行政机关委托第三人履行相对方应该履行的义务，第三人具有独立地位，并不依附于行政机关，委托内容是相对方应该履行的义务而非行政强制权。最后一种类型才是真正意义上的第三人代履行。除此，第三人参与行政强制在委托保管与罚款、滞纳金的相关规定中亦能发现痕迹。[2]换言之，并非任何使用第三人力量或者出现第三人的情形都属于第三人代履行，如前所述，行政机关在自己执行时，也可能需要第三人提供协助，“区分的标志应当是行政机关影响措施实施的方式和方法”。[3]

第三人指的是参与代履行过程之中除了行政机关与相对方之外的私人。“私人系国家法制秩序内非国家之主体”,[4]从其存在形态上看，既包括个人，也包括组织。需要注意的问题是：其一，此处的个人不应该包括行政公务人员，国家行政权力的行使者虽然是个人，但“公务员是国家组织的构成员”,[5]行政公务人员的角色是国家行政机关之手臂，其行为的法律效力被所在行政机关吸收，如果将其理解为代履行中的第三人，在行政义务的履行上，仍然体现的行政机关——相对方的二元化格局；其二，组织虽然可以是具有法人资格的企业，也可以是不具有法人资格的其他形态，但亦不应包括作出行政决定

---

〔1〕 有人将代执行分成广义与狭义两种，广义的代执行主体既包括行政机关也包括第三人，狭义的代执行主体就是第三人，参见关保英主编：《行政法制史教程》，中国政法大学出版社 2006 年版，第 300 页。

〔2〕《行政强制法》第 26 条第 2 款规定：“对查封的场所、设施或者财物，行政机关可以委托第三人保管，第三人不得损毁或者擅自转移、处置。因第三人的原因造成的损失，行政机关先行赔付后，有权向第三人追偿。”《行政强制法》第 47 条第 1 款规定：“划拨存款、汇款应当由法律规定的行政机关决定，并书面通知金融机构。金融机构接到行政机关依法作出划拨存款、汇款的决定后，应当立即划拨。”

〔3〕［德］汉斯·J. 沃尔夫、奥托·巴霍夫、罗尔夫·施托贝尔：《行政法》，高家伟译，商务印书馆 2002 年版，第 308 页。

〔4〕 萧文生：“自法律观点论私人参与公共任务之执行——以受委托行使公权力之人为中心”，参见胡建淼主编：《公共行政组织及其法律规制暨行政征收与权利保护》，浙江大学出版社 2008 年版，第 114 页。

〔5〕［日］盐野宏：《行政法》，杨建顺译，法律出版社 1999 年版，第 683 页。

的行政机关以外的其他行政机关。《行政强制法》对此虽未明确排除，但是如果允许其他行政机关参与代履行，不仅与国家与社会的区分不相符合，代履行制度原本缓和“官民对抗”的目的也难以实现，也会增加机关协调的交易成本。当然，其他行政机关不能代履行不等于其他行政机关不能参与强制执行过程，“行政机关为发挥共同一体之行政机能，应于权限内互相协助，且机关间亦拥有相互请求协助之权利与义务，是为职务协助。”〔1〕这种基于行政一体原则进行的行政强制协助，显然有别于本书的第三人代履行制度。〔2〕

（三）公共行政民营化

作为一种社会现象，公共行政民营化最早出现在美国，但迄今为止，仍是一个没有明确内涵与外延的学理概念。对公共行政民营化的理解存在狭义、中义、广义三种不同的认知：狭义的民营化（即资产销售）指的是政府将其企业向民间出售，转移企业的股权，这也是民营化的初始含义；中义的民营化即政府在提供公共产品或公共服务时，引入私人主体参与竞争，打破政府垄断，更多依赖市场进行资源上的配置；广义的民营化则将其等同于新公共管理，用来泛指一切将用企业精神、市场机制解决公共问题的举措。

在美国，被归结为民营化形态的有以下几种：

图表 2

类型	内容
合同外包	政府与私人就服务或物品的生产签订合同，有关服务或物品的标准由政府设置，但政府需向私人付费。

〔1〕 陈新民：《中国行政法学原理》，中国政法大学出版社2002年版，第189页。

〔2〕《行政强制法》（征求意见稿）第52条曾规定：“当事人应当配合行政机关实施强制执行；当事人采取暴力等手段阻止强制执行的，公安机关应当协助执行。”有人认为该条规定针对的情形过于单一，应将协助义务在主体上扩展至相关行政机关，在事项上扩展至所有行政强制。但是，在最终的法律条文中，即便是较为狭窄的公安机关协助也未见踪影。这不能不说是一大缺憾。科层制下的现代政府结构高度强调专业分工，不允许多个行政机关行使相同性质的行政职权。然而，现代社会大量问题越来越呈现相互交织的特点，利益相关者早已突破传统的行政分工格局，问题后果的“外溢性”现象相当突出，这就需要部门之间的相互协助。毕竟，分工仅仅是手段，维护秩序、保障权利才是目的。对于包括行政强制在内的行政协助问题的彻底解决，也许只能期待《行政程序法》的出台。

续表

类型	内容
凭单	个人或群体作为消费者在一个开放市场中选择可得的服务生产者，政府向消费者提供补助。
公私伙伴	政府与私人合作开发项目。
特许	政府授予私人在一个特定区域提供服务的垄断特权，由个人决定是否愿意购买其生产的服务。
补助与津贴	政府给服务生产者一定的支持，以使其能够以较低价格提供服务。
资产销售	政府将其资产出售给私人，获得额外收益并扩大税基。
志愿服务	政府使用志愿者提供公共服务。
私人捐赠	私人向政府提供人员、资金、设备或设施，政府依赖私人部门的资源提供公共服务。

就德国而言，在民营化此种不确定法律概念的范畴内，因指涉任务或权限的差别，内部表现出较强的异质性，“传统上遂从种类概念方法定义，衍生出不同的规范要求”。[1]民营化有所谓形式民营化、实质民营化与功能民营化的分类。形式民营化又称组织民营化，指法律没有改变管辖，但原执行的行政机关却改为私法组织方式提供服务；实质民营化是原先的行政任务改为私人掌控的企业承办，行政机关对于该私人企业，如同对待其他企业一样，没有任何差别；功能民营化最为常见，意指行政任务的责任归属于行政机关，私人以行政助手或受委托人的角色进入行政过程。

本书虽然无意从整体层面对公共行政民营化展开进一步的学理讨论与实践梳理，同时亦认为，从上述不同形态的公共行政民营化可以析出最低限度的共同点：其一，民营化是鼓励私人对传统属于政府垄断的公共行政领域积极参与的一项政策；其二，民营化扩大并强化了市场机制的作用，旨在改善政府绩效、提高服务品质，增强公共行政面对现实世界的回应力；其三，民营化伴随着政府规制力度的弱化而出现，同时也意味着政府规制在方式与方

〔1〕 林依仁：“私营化的法之界限”，载李建良主编：《2011行政管制与行政争讼——民营化时代的行政法新趋势》，2012年版，第208页。

向上的变化。

如果说公共行政民营化是一种缩减政府规模、降低行政成本的战略，合同外包无疑在其中处于核心地位，是政府购买公共服务的基本方式，[1]它既具有民营化的共性，也具有自身的特点，例如，与作为服务接受者的公众的非直接性、依赖类市场机制的自动性、面向私人（承包商）的强制性。[2]事实上，在所有的公共行政民营化方式中，合同外包不仅被运用得最为频繁，而且对公共管理与公法产生的冲击最为强烈。

本书以此为基点展开对《行政强制法》上的第三人代履行制度的讨论。

第二节 文献综述

一、域外研究

传统行政法基于对专制的深切恐惧，在借由行政机关与相对方双边关系所构建的整体性制度中，将行政责任的课处与追究作为核心与归宿。然而，随着行政职能的日益扩张，行政任务从被动的危险防护增至风险预防，行政活动对专业性与技术性的要求亦不断提高，仅靠行政机关单方力量已经无法充分回应公众的高度期待，开放行政领域，接纳私人力量，共同致力于公共利益的实现与提升已是无可避免。受此影响，行政法的研究对象，当然应扩及私人主体在具体法律制度中的地位，以“行政组织——行政活动——行政救济”为中心的学说体系，在根基上日渐松动，解释力与应变力明显不足。以德、日等国为主要代表的域外学者首先捕捉到了现代行政法的这一结构性

---

〔1〕 美国学者登哈特认为，“就公共行政而言，最重要的并且最有价值的就是我们为公民服务以增进共同的利益”。参见［美］珍妮特·V·登哈特、罗伯特·B·登哈特：《新公共服务：服务，而不是掌舵》，丁煌译，中国人民大学出版社2004年版，第2页。公共服务是一种行政的理念，不同于作为具体行政活动的服务行政，除了包括服务行政本身的给付性活动以外，凡是政府借助其权威，提供各种物质或非物质形态的公共物品，以达到回应公众需求、维护公共利益的活动都可涵盖在内。在具体的层面，代履行当然不是向相对方提供服务，而是具有强烈限制权利效果的行为，但就实施代履行后所维护的社会秩序而言，无疑又是一种公共服务。

〔2〕 ［美］莱斯特·M. 萨拉蒙主编：《政府工具：新治理指南》，肖娜等译，北京大学出版社2016年版，第274页。

变化，而代履行制度因与这一趋势的内在契合性，自然在众多的行政强制方式中脱颖而出，获得了较高的理论与实践关注，不仅多数国家在立法层面就此进行了明确，而且涌现出大量的文献资料。

（一）德日的代履行理论

由于行政强制执行体制的原因，体系化的代履行制度主要出现在大陆法系国家或者地区，以下就这方面的研究进行粗略介绍：

在号称公法理论与行政法制最为精致的德国，国家行政权的“寡占”曾被视为颠簸不变的真理，行政过程的正当性唯有追溯民意才能得以证成，二者必须以一定的制度与组织条件为基础，尤其是必须有国家主导并公正进行的选举体制与组织上的条件与各有行动能力的国家机关，方能完成。但是，在沃尔夫等学者看来，随着公共任务的变化，基于行政活动的效率和优化，国家享有广泛的合作自由和组织选择自由。而国家辅助的原则也意味着行政权力只能局限在某些核心领域之内发挥作用，国家与其他行政主体必须退出某些特定的活动领域，至于因此产生的影响和责任则另当别论。[1]受德国影响，日本学者米丸恒治提出“私人行政”的概念，认为这是私人作为行政的中坚力量之一参加到行政作用中，利用私人的各种能力实行各种事务的行政现象。他认为，这是多种繁杂现象的总称，从广义上包括私人独立贯彻实行行政权限在内的诸多形态，狭义上则仅限于私人独立行使行政权限（特许）的情形。私人行政虽然让私人活动具有行政性质，并且也具有同等的重要性和实行控制的必要性，但仍不能理所应当地对其施以某种法的统制。[2]应该承认，这些较为宏观的理论为第三人代履行的分析提供了基础性框架。

但是，私有化的形态相当丰富，从所谓“表面的私有化”、财团私有化、任务私有化、再到财产私有化、活动方式私有化、职能的私有化、程序的私有化等，整体呈现出交错重叠的局面。第三人代履行在德国被归为

---

〔1〕［德］汉斯·J. 沃尔夫、奥托·巴霍夫、罗尔夫·施托贝尔：《行政法》，高家伟译，商务印书馆2002年版，第367页。

〔2〕［日］盐野宏：《行政法》，杨建顺译，法律出版社1999年版，第22页。

职能私有化的类型之下展开研究，在沃尔夫等人看来，警察雇佣的私人拖车企业作为广义上的一种编外从属性行政工作人员或者辅助机关进行活动，他们大多情况下被利用来进行某些时间和对象受到限定的辅助活动，并且服从行政厅的概括性指挥命令权，在这种情况下私人暂时统一在行政有机体中。此时，私人属于行政职务的延伸，其身份是行政机关监督下公共行政体系的行政工具，此即所谓“工具说”。[1]后来，又有人对工具理论进行了修正，着眼点从行政机关与私人的内部私法关系，转而强调行政机关不得借私法机制逃避公法约束。

然而即便如此，第三人代履行领域仍然存在悬而未决的争议，例如毛雷尔就代履行合同的性质斩钉截铁地指出：行政机关与第三人之间签订的是私法合同（承揽合同，有时也可能是劳务合同），是否与行政机关签订合同是第三人的自由。但是，在面临紧迫的、不能采取其他方法消除的危险时，行政机关通过单方面的行政行为而不是根据合同，以强制方式命令第三人代为履行。[2] Burmeister 则提出相反观点，认为第三人代履行是基于须附和的行政行为而建立的公法上的勤务。还有人指出，这是一种自愿的勤务。在沃尔夫看来，这些认知在法律和事实上都极不合理。[3]当然，在德国，代履行合同的私法性，仍是主流观点。日本学者盐野宏在代履行问题上，另辟蹊径地对一些问题发表了自己的看法，他不仅分析了代履行的要件，特别是“根据其他手段确保履行有困难的；若放任该不履行，被认为严重违反公共利益时”，[4]认为这反映了尽可能控制实施权力性事实行为的立法政策。同时，他对代履行过程中，告诫和通知的功能、权力行使的限制性、代履行的法律救济都表达了相当细致的观点。

总体而言，以逻辑思辨能力为特长的德日两国学者在合作国家或者私人参与行政任务的理论框架下，构筑了一套相对比较完善的第三人代履行体系，

---

〔1〕［德］汉斯·J. 沃尔夫、奥托·巴霍夫、罗尔夫·施托贝尔：《行政法》，高家伟译，商务印书馆 2002 年版，第 370 页。

〔2〕［德］哈特穆特 ·毛雷尔：《行政法学总论》，高家伟译，法律出版社 2000 年版，第 485 页。

〔3〕［德］汉斯·J. 沃尔夫、奥托·巴霍夫、罗尔夫·施托贝尔：《行政法》，高家伟译，商务印书馆 2002 年版，第 309 页。

〔4〕［日］盐野宏：《行政法》，杨建顺译，法律出版社 1999 年版，第 165 页。

对诸多国家或地区的理论学说与制度定位产生了重要影响。其主要内容可以概括为：①代履行是一种行政职能私有化的类型，这就将其与其他私有化形式进行了区分，为探讨其特殊性预留了理论空间；②在代履行合同中，第三人接受行政机关的委托，成为其执行公务的“工具”，这种身份定位对第三人行为的性质及其法律后果的归属必然产生影响。在委托的性质上，虽然多数人认可其私法性质，但近年来主张公法性的学者逐渐出现；③形成了较为完善的代履行理论，例如代履行的启动、程序、费用、法律救济等问题均有一定的文献进行讨论。这为我们讨论与构建中国的第三人代履行制度提供了有益的借鉴。

（二）美国的合同外包理论

相比德日等国早期的政府“寡占”状态相比，英美的盎格鲁文化将政府视为对私人力量的补充，其合同外包的历史悠久，据说可以追溯到 18 世纪。仅仅在 19 世纪中期以后，随着组织之间交易的内在化，政府对公共物品的“内部生产”才成为主流。然而，到了 20 世纪 70 年代后，在“重塑政府”浪潮的推动下，政府又重新开始进行合同外包的努力。

根据笔者目前掌握的资料，英美法系不存在明显的第三人代履行制度，与德日较为体系化的代履行研究相比，似乎存在难以相互对接的问题。但是，第三人代履行就其本质而言，仍是对行政义务履行进行合同外包的一种民营化机制，在此领域，美国学者取得了相当丰硕的理论成果，联邦与地方政府积极的实践探索更为研究第三人代履行提供了富有支撑力的素材。

1. 外包的领域或范围。除了个别学者主张所有或者每一项政府职能都存在外包的可能以外，[1]多数学者在该问题上较为谨慎。休斯（Hughes）提出，在一些公共部门的交易中，市场监测变成命令性行为，内部生产事实上可能效果会更好。[2]问题是，行政机关对于某项公共物品的提供，如何在外部购买与内部生产之间进行选择。就此形成的文献大致有两类：一类是寻求不可

---

〔1〕 Jame L. Merce, “Growing Opportunity in Public Service Contracting”, *Harvard Business Review*, 1983, 61: 178 ~186.

〔2〕［澳］欧文·E. 休斯：《公共管理导论》，张成福、王学栋译，中国人民大学出版社 2007 年版，第 15 页。

外包的所谓“核心性职能”（core functions），例如决策、管制等，这些活动被认为具有“内在政府性”（inherently governmental），因为其含有政策形成因素或者高度依赖于合法性暴力的政府垄断。另一类则侧重于就公共物品的具体内容进行外包可行性的评价。Donahue 认为，在下列情形出现的时候，外包更为合适：①行政任务或者意图实现的结果能够事先确定；②承包商的绩效在事后能够得以评估；③存在潜在的承包商之间的激烈竞争。[1]此外，Hart、Brown&Protoski、Lavery 都就此提出了颇具操作性的标准。相比之下，后者似乎更占上风，因为在美国几乎所有的政府职能都存在被外包的案例，不可外包的“核心性职能”难以把握，结合公共物品的性质予以讨论可能更为合适。

2. 外包的优劣分析。在西方公共管理的实践中，合同外包取得了引人瞩目的成绩，一般认为其在促进效率与效能、节省成本等方面具有明显的优势。这不仅仅是理论方面的推定，也确实存在一定的证据。但是，也有人提出质疑，认为外包产生的成本下降需要满足一定的条件，[2]同时更会带来委托代理问题、透明性缺失、信息获取的障碍，这些都会对传统的民主与责任信念构成严重的挑战。[3]总之，对政府外包带来的问题要高度警惕。当其难以克服并可能产生严重后果时，甚至可以逆向外包（reverse contracting），即返回内部生产，[4]或者转而考虑选择形式更为多元化的志愿服务、凭单等手段。[5]

3. 对外包的潜在风险进行法律控制。Donnelly 通过对文献的大量梳理后发现，这种法律控制可以从以下几个方面展开：①宪法层面的控制，对此必须认真考虑宪法控制的渊源、控制的技术（完全禁止外包还是附条件外包）、

---

〔1〕 Donahue. John, *The Privatization Decision: Public Ends, Private Means*, New York: Basic Books, 1989, p. 15.

〔2〕 Janet Rothenberg Pack, “Privatization and Cost Reduction”, *Policy Science*, 1989, 22: 1 ~25, p. 3.

〔3〕 Robert Hedbon & Hazel Dayton Gunn, *The Costs and Benefits of Privatization at the Local Level in New York State*, Conell Community and Rural Development Institute, 1995, p. 3.

〔4〕 Mildred Warner & Michel Ballard & Amir Hefetz, “Contracting Back in: When Privatization Fails”, *Washington DC: Municipal Year Book*, 2003, 30 ~38.

〔5〕 Mildred Warner & Robert Hebdon, “Local Government Restructuring: Privatization and Its Alternatives”, *Journal of Policy Analysis and Management*, 2001, 20: 315 ~336.

司法的态度等因素；②立法与管制层面的控制，行政机关在外包前与外包后必须充分考虑透明度、竞争性、效率、一体性、良好价值、消费者满意、风险规避等问题；③人权法的控制；④行政法的控制，多数学者认同，如果组织在功能上近似于政府，它就应该在相关职能上与政府一样接受相同的限制（行政程序法与信息公开法）；⑤私法的控制，考虑到合同是一种私法机制，有些人主张将私法作为责任性实现的关键渊源，合同法与侵权法的作用同样值得重视。[1]

美国有关合同外包的研究虽然没有德国私有化与代履行理论缜密，但有着自身的鲜明特色，甚至可以在一定程度上弥补德国式理论的不足。这种特色体现在以下方面：其一，与德国不同，在美国，民营化几乎可以与外包相等同，因此其对外包问题的研究相对较为深入；其二，注意吸纳多学科的研究成果，包括治理理论、交易成本理论，不限于概念式讨论与规范化研究；其三，多数研究结合政府外包的具体实践（社会福利、监狱、政府物品采购等），与外包的发展节奏相合拍；最后，理论方面的演绎相对较少，大批学者热衷于实证性研究，产生了丰硕的成果。

二、国内研究

相比德日美等法治发达国家，我国的第三人代履行制度研究由于受到多种因素的影响，总体仍处于起步阶段。

（一）研究现状

以“代执行”为关键词，在中国知网进行搜索，最早涉及代履行（早期多称为“代执行”）的文献发表于1990年。从中国知网的“年度发表趋势”看，代履行制度虽然较早引起学者的关注，但也只是随着2011年《行政强制法》的通过与次年实施，相关文献才出现大幅增加的趋势，近年又有下滑趋势。

经过仔细研读，笔者发现，当前的国内研究呈现出以下几个方面的特点：

---

〔1〕 Catherine M. Donnelly, *Delegation of Governmental Power to Private Parties*, NewYork: Oxford Press, 2007, pp. 117～385.

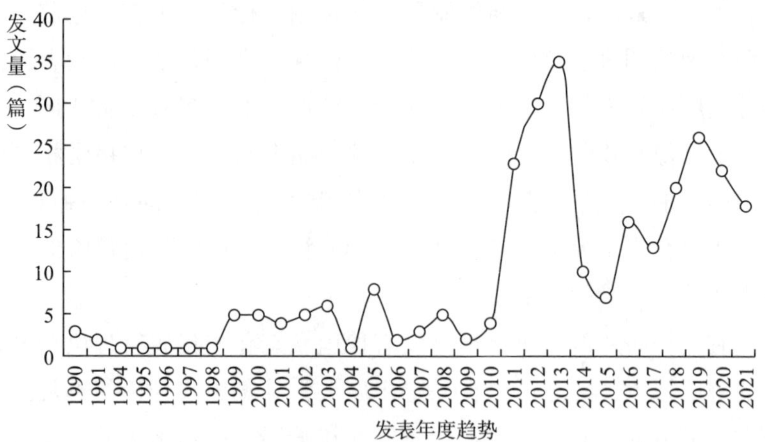

图表 3

1. 整体性的代履行制度的研究成果不断涌现。[1]余凌云教授在此方面的贡献较为突出，他对代执行的含义、内在包含的法律关系及其性质、代执行的对象、费用征收、实效性及与其他行政强制方法的适用顺序进行了细致分析，文章篇幅不长，却令人耳目一新。刘平等人以代履行制度的法律关系为切入点，对民事代为履行与代履行在多个角度进行了比较，分析了代履行制

〔1〕 代表性文献有余凌云："行政强制"，载胡锦光主编：《行政法专题研究》，中国人民大学出版社2006年版；刘平、程彬、王天品："代履行制度的法律关系辨析——兼论民事法律制度在行政法中的引入"，载《政府法制研究》2008年第8期；胡建森、骆思慧："论行政强制执行中的代履行——基于《中华人民共和国行政强制法》"，载《国家行政学院学报》2013年第3期；梁玥："代履行催告程序的概念厘定与价值探讨"，载《社会科学辑刊》2013年第5期；杜国强："代履行：费用基准、确定机制与征收路径"，载《陕西行政学院学报》2016年第2期；刘磊："免费代履行之检视——以类型思维为中心"，载《甘肃政法学院学报》2017年第2期；付士成、郭婧滢："行政代履行执行体系的建构——以生态环境治理领域为例"，载《政法学刊》2020年第3期。硕士学位论文自2007年后频频成为选题，例如李潇：《代履行的理论构建》，西北政法大学2007届硕士学位论文；王知：《论行政代履行》，中国政法大学2011届硕士学位论文；朱建新：《我国行政代执行制度研究》，中国政法大学2011届硕士学位论文；宋文君：《论行政强制执行中的代履行》，天津师范大学2011届硕士学位论文；孙婷婷：《论行政代履行》，南京大学2013届硕士学位论文；黄婕：《我国行政强制执行中的代履行制度探讨》，苏州大学2014届硕士学位论文；范明星：《行政强制执行中的代履行制度研究》，辽宁大学2014届硕士学位论文；刘思斯：《论我国环境行政强制中代履行制度的完善》，湘潭大学2015届硕士学位论文；黄莎：《行政强制执行中的代履行研究》，西南政法大学2017届硕士学位论文；贾晓晓：《行政代履行制度研究——以江苏大方广告公司诉省路政总队行政强制执行案为例》，兰州大学2018届硕士学位论文；黄焕瑜：《行政强制代履行案件司法审查研究》，广西大学2021届硕士学位论文。

度的意义，并研究了代履行的基本规范、代履行的概念、代履行的三方法律关系，最后又关注了代履行在实践应用中的一系列问题。另有数篇硕士论文，对代履行的概念、条件、程序、法律救济等问题进行了分析，并进行了大量的法律规范梳理，对比代履行的应然价值，指出法律规定存在的缺陷，在此基础上提出了构建代履行制度的措施。

2. 代履行研究有走向微观的趋势。[1]有学者不再满足于对代履行做总论式的探讨，试图关注特定领域的代履行现象，已有文献几乎涵盖可以适用代履行的所有领域，例如水土保持、土壤污染修复、残骸清除、动物免疫、车辆拖吊、树苗补种、地质灾害治理、消防等。

3. 公共行政民营化的研究勾起对第三人代履行的个别关注。[2]以王克稳、刘飞、章志远为代表的一批学者对民营化引发的行政法问题进行了深入探讨，在民营化的界限、基础、手段及其重新规制问题上都有大量的论述。而且在行政法学界两本关于民营化的博士论文中，作者都将第三人代履行归入功能民营化加以研究。但是，受民营化类型众多的因素影响，这种第三人代履行的研究较为初步，并未深入到代履行结构内部，文中就民营化所提对策也并非一概能适用于第三人代履行。同时，受民营化理论启发，有人以公私合作为分析框架，关注了第三人代履行对于突破传统行政行为中单一主体、单一方式、单方责任的意义。

---

〔1〕 代表性文献有刘佳奇：《论我国环境行政代履行制度的构建》，辽宁大学 2011 届硕士学位论文；刘思斯：《论我国环境行政强制中代履行制度的完善》，湘潭大学 2015 届硕士学位论文；刘磊：《论循环经济模式下的代履行制度构建》，中国政法大学 2008 届硕士学位论文；曹和平："浅析环境保护行政代履行制度的若干问题"，载《江淮论坛》2013 年第 5 期；赵立栋："浅析海事行政强制中的'代履行'"，载《中国海事》2008 年第 11 期；赵旭东："限期治理污染的代履行初探"，载《环境保护》1999 年第 8 期；赵旭东："限期治理污染代履行的实施形式研究"，载《法学杂志》1999 年第 4 期；唐毅："消防行政强制执行代履行制度研究"，载《武警学院学报》2011 第 10 期；李文："水土保持行政强制执行中代履行制度研究"，载《中国水土保持》2018 年第 6 期。

〔2〕 代表性文献有王克稳："政府业务委托外包的行政法认识"，载《中国法学》2011 年第 4 期；刘飞："试论民营化对中国行政法制之挑战——民营化浪潮下的行政法思考"，载《中国法学》2009 年第 2 期；章志远："公共行政民营化的行政法学思考"，载《政治与法律》2005 年第 5 期；李大勇："公私合作背景下的代履行——以行政强制法草案相关条文为分析对象"，载《河南省政法管理干部学院学报》2011 年第 4 期。已经出版的博士论文有敖双红：《公共行政民营化法律问题研究》，法律出版社 2007 年版；杨欣：《民营化的行政法研究》，知识产权出版社 2008 年版。

4. 第三人代履行的专门化研究开始浮现。[1]杜国强的《私人代履行的激励问题：从契约经济学的角度出发》一文是第一篇专门研究第三人代履行的文献，该文就代履行合同的性质进行了分析，并指出机会主义出现的必然性，对缔约与履约阶段的激励也设计了相应的具体机制。邹焕聪在《私代履行人的理论定位与及规范建议》中，指出了私代履行人的身份应是“行政助手”，且认为无需严格遵守法律保留原则，作者还对行政机关与私代履行人的关系、代理权行使、法律救济、费用收取进行了细致分析，并提出了立法完善的对策。两篇文献使代履行制度的研究朝向更为精细化的方向发展。

5. 在第三人代履行领域，仍然存在大量缺乏共识甚至是相互对立的观点。以代履行合同的性质为例，这种情形尤为突出。[2]《行政强制法》出台前，此问题已经暴露，叶必丰教授早在2003年出版的《行政法学》中，述及行政主体在行政合同中的权利时，用代履行作为分析样本，强调行政主体对合同的监督指挥权。余凌云教授似乎接受了韩国学界的观点，认为其应为通过契约产生的私法关系。国内，与余凌云教授持相同观点者众多。但是，《行政强制法》颁布后，主张行政合同的学者有增加的趋势：乔晓阳主编的《中华人民共和国行政强制法解读》，莫于川教授主编的《行政强制操作规范与案例》、最高人民法院杨科雄法官撰写的《行政强制司法审查的规则与适用》都将代履行合同定位为行政合同。代履行合同性质的争议，并非纯粹的学理性讨论，而是决定了法律规范适用与救济机制的差异性，但在如此重要的问题上迄今为止仍然没有定论，必将对第三人代履行的实践运行产生消极影响。

此外，近年来，也有学者开始从第三人参与行政任务的角度关注其在行政

---

〔1〕 代表性文献有杜国强：“私人代履行的激励问题：从契约经济学的角度出发”，载《西北大学学报（哲学社会科学版）》2012年第6期；杜国强：“第三人代履行：制度适用与主体确定”，载《河北法学》2018年第4期；邹焕聪：“‘私代履行人’的理论定位及规范建议”，载《行政法学研究》2013年第1期。

〔2〕 这方面出现观点分歧的文献有叶必丰：《行政法学》，武汉大学2003年版；余凌云：“行政契约”，载胡锦光主编：《行政法专题研究》，中国人民大学出版社2006年版；全国人大常委会法制工作委员会行政法室编：《中华人民共和国行政强制法解读》，中国法制出版社2011年版；莫于川主编：《行政强制操作规范与案例》，法律出版社2011年版。

强制法中的地位，[1]作为典型的第三人代履行制度自然落在其研究视域之内。

（二）文献评估

以上成果均为本书的研究提供了丰富的理论资源和良好的研究基础。然而，现有的研究还是存在着一些问题，主要表现在以下几个方面：

第一，从“问题—对策”的角度来分析第三人代履行问题，缺乏对于第三人代履行真实过程的分析。第三人代履行制度的构建，当然需要揭示问题并给出对策，然而，第三人代履行不同于其他行政强制执行方式之处在于，其不仅存在不同主体（行政机关、相对方、第三人），而且不同主体对代履行有着不同的策略与选择，因而有进行细微研究的必要。只有在分析清楚各自行为逻辑及互动过程的基础上，才能把握代履行制度的运行状况，针对性地提出规范意义上的解决方案。

第二，现有研究总体而言体现出“程序化”的特点，普遍借用德国、日本或者我国台湾地区的代履行理论。德国的代履行理论与制度固然缜密精巧，影响力颇大，但是这种借鉴是否就是全盘照搬？如果认为其具有广泛的一般性，只需研究国内具体的代履行实践需要就可将其照搬过来，但这样可能陷入盲目崇拜、机械模仿的误区。事实上，正是前述研究方式的局限，使得多数研究对我国《行政强制法》上的第三人代履行的立法意图、运作程序、制度实效的研究显得不够透彻。

第三，现有研究多为规范研究，局限于就事论事。第三人代履行制度包含的关系具有多面性与多层性，简单地规范化研究无法把握民营化时代这一复杂而又充满挑战的制度。20 世纪 70 年代以来，西方社会科学的蓬勃发展给我们提供了许多的理论工具，如委托代理理论、交易成本理论等，公法学者对此较为陌生。在笔者阅读的国内文献中，于立深教授曾以契约论为基础，探讨了中国公共问题的契约治理模式，论者既有深刻的理论分析，又进行了具体的制度考察，对于我们思考公法学的整体体系与方法建构都有相当重要

---

〔1〕 代表性文献有于立深：“《行政强制法》实施中若干争议问题的评析”，载《浙江社会科学》2012 年第 7 期；肖泽晟：“我国行政强制立法第三人条款之检讨——实体公平与程序便宜的视角”，载《华东政法大学学报》2010 年第 6 期；陈铭聪：“论第三人参与行政强制任务的法律问题”，载《三江高教》2012 年第 1 期；李大勇：“行政强制中的第三人权益保障”，载《行政法学研究》2018 年第 2 期。

的启发。[1]这些理论工具的运用有助于我们深入理解第三人代履行制度。

基于以上状况，本研究将借鉴大陆法系代履行理论，结合英美国家民营化或者合同外包的成果，并在吸收其他学科知识（经济学、管理学、行政学）的基础上，对第三人代履行的契约结构、决策规制、过程监督与法律救济等问题作出初步的研究，以期能够为我国第三人代履行制度的规制构建产生抛砖引玉的功效。

第三节 研究方法与写作框架

一、研究方法

本书的结构设计与内容陈述，采用了定性研究的方法。

就目前社会科学主流趋势而言，实证主义下的定量研究不断强化，经由概率论发展起来的样本选择与数据统计，在各种学术研究中已经相当普遍，甚至于开始形成所谓“方法学独霸状态”。[2]不少学者对定性研究方法不是未曾听说，就是以其缺乏科学性而不以为然。但是，定性研究的方法不仅有其自身在知识生产方面的突出贡献，而且早已摆脱单纯的现象探索，朝向理论构建与实践行动层面发展，这是颇值关注的现象。与定量研究相比，定性研究的社会学基础是社会的结构性特征，强调研究对象与研究主体之间不能做到完全分离，对社会现象的理解取决于二者之间的互动关系，学术研究很难实现价值中立。这种方法经常使用已经成熟的理论，但不以检验理论为任务，而是侧重于通过理论达成对社会现象全面深入的理解。

有学者指出，研究方法的选择通常需要考虑的三个因素分别是：研究的方便性条件、研究者的能力、研究问题本身的特点。[3]第三人代履行领域并非完全不能进行定量研究，但目前笔者就此掌握的量化数据较少，以此展开

---

〔1〕 参见于立深：《契约方法论——以公法哲学为背景的思考》，北京大学出版社 2007 年版。

〔2〕 胡幼慧：《质性研究：理论、方法及本土女性研究实例》，巨流图书公司 1998 年版，第 7 页。

〔3〕 牛美丽：“公共行政学观照下的定性研究方法”，载《中山大学学报（社会科学版）》2006 年第 3 期。

研究较难；而且客观而言，量化数据的处理需要经过专业化的训练，要具备统计与数理方面的知识，这些对笔者而言与其说是困难，不如说是目前难以克服的障碍；从研究问题的角度看，第三人代履行也适合作定性研究。对社会现象的关注，人始终是一个不能回避而又必须面对的主体，人自身的复杂性决定了研究方法不能完全寄托于量化研究，并将确定变量及彼此间的因果关系作为核心任务，这样可能使研究限于表层的因果关系描述，无法达成对社会现象的深入理解。作为民营化时代催生的一种社会现象，第三人代履行涉及利益不同的行动主体及其多样化的行为选择，其间的关系错综复杂。本书拟在有限理性与投机假设的基础上，将作出代履行决定的行政官员与进行代履行委托的第三人视为理性行动者，以此作为全文的主线，分析其行为互动及可能出现的机会主义举动，从而推导出实现代履行制度规范化的对策。相比量化研究，定性研究方法更为妥当。

在这种总体定位下，本书在资料获取上主要采用了文献分析的具体研究方式。研究方式的采用主要考虑了以下几个方面的原因：①第三人代履行制度在德国、日本较为发达，我国代履行制度产生较晚，学习甚至模仿不可避免，通过对文献的阅读，能够把握代履行制度的研究状况；②论文以有限理性与投机为心智假设，侧重于分析不同主体的行为逻辑，具体分析所需要的事实与证据，同样需要文献的支持；③本书整体上仍属于解释性研究，理论工具的引入也需要对现有文献进行提炼与归纳；④通过对包括法学、经济学、管理学、行政学等相关代履行或者政府业务外包文献的阅读，能够对第三人代履行制度有更为细致的观察；⑤当前代履行中，实地调查的阻力较大，案例研究法、扎根研究法的困难不易克服，文献分析也是对现实的一种暂时妥协。

二、理论工具

在一定程度上，正是心智假设上的差异决定各种研究学术流派的分野。

（一）心智假设

本书接受威廉姆森交易成本经济学中提出的有限理性与投机的心智假设。所谓心智，即推动个人作为、不作为以及如何作为的内在心理动机，是行为过程中的支配性因素。①有限理性。理性的行动往往与利益的最大化直接相关，意味着个体在面临一系列的行为选项时，会作出那种最能体现其利益的抉择。这种关于心智的推定尽管招致相对多的苛责，但是就其内在的逻辑严密性与以简洁清晰方式诠释复杂现象的能力而言，整个社会科学领域可能都难有能够出其右者。然而，个体对自身利益最大化的追求不可避免要受到环境复杂性、时间约束性、信息流动性等因素的制约，因此，对利益的追求几乎只能采取看起来是"不错的"或者满意的（差强人意的）选择，这是人面对现实世界的一种策略性行为；②投机。投机即采取机会主义举动，不惜损害他人利益，追求自身的眼前利益，特别指那些经过精心策划的误导、歪曲、颠倒或者其他种种混淆视听的行为。这种关于个体心智的假定是如此不堪，以至于有些学者会明确拒绝。但是客观而言，这种投机又确实是无所不在，而人们通常很难对其出现进行准确预测，因此必须预先进行机制设计，以防患于未然。

（二）理论工具

在此心智假设下，本书试图运用契约理论作为框架，分析第三人代履行中的委托代理关系，希望通过决策规制、过程监督与法律救济机制的构建，减轻可能出现的机会主义行为，同时实现第三人代履行制度交易成本的最小化，为第三人代履行的研究提供一种新的视角与工具。

日常生活中的契约常常被等同于合同或者协议。按照《现代汉语词典》的解释，契约是指"证明出卖、抵押、租赁等关系的文书"。1932 年美国律师学会在《合同法重述》中所下的定义是：契约是"一个诺言或一系列诺言，法律对违反这种诺言给予救济，或者在某种情况下，认为履行这种诺言乃是一种义务"。从法律的角度看，契约是当事人通过自由协商而为其创设权利义务和社会地位的社会协议。但是，此种法律上的契约仅仅是最窄意义和最技术性意义层面上的契约。而经济学中的契约，在意涵上比法律中的契约一词，更为丰富。在麦克尼尔看来，"所谓契约，不过是有关规划将来交换的过程的当事人之间的关系"。[1] 如果做这种理解，任何两个经济实体的关系都可以称

---

〔1〕［美］麦克尼尔：《新社会契约论——关于现代契约关系的探讨》，雷喜宁、潘勤译，中国政法大学出版社 1994 年版，第 4 页。

为契约关系。例如中央政府与地方政府之间的关系、政府与公务员之间的关系、政府与公众之间的关系、政府部门之间的关系都可以从契约的角度去研究。这些契约不仅包括正式的、具有法律效力的契约，也包括建立在社会期待基础上的，默认或者隐含的契约，甚至所有的交易关系在本质上都可以理解为是一种契约关系。当然，无论其形式如何多样，一种关系被界定为契约的底线在于：多方之间建立在权利让渡或者权利交换基础上的合意，至于这种合意，可能是基于主体平等地位形成的，也可能是不平等地位下的产物。

契约理论在发展过程中形成了委托代理、交易成本与不完全契约理论等三个分支，这三个分支都是解释组织治理结构的重要理论工具，它们之间不存在相互取代的关系，而是相互补充的关系。

1. 委托代理分支。委托代理理论是契约理论中最重要的组成部分，它强调随着规模化生产活动和专业分工的出现，在权利所有者在智识、能力与精力上的局限使其不能亲自实现自己权利的同时，出现了一批专职人员，并由他们代理权利所有人行使其权利的契约关系。其中，进行任务委托并试图进行激励机制设计的一方被称为委托人，主动或被动接受任务的另一方被称为代理人。

委托代理理论以下列基本理论预设为前提：①委托人与代理人之间具有利益冲突；②委托人与代理人之间的信息不对称。委托人将任务委托给代理人以后，这就产生：其一，遴选问题，应选择那些能力较强，以及（或者）从动机上来说更可能致力于服务委托人利益的代理人。其二，监督问题，代理人极有可能采取机会主义行为，从而有必要通过相应的监督来确认其是否发生了机会主义，并相应进行惩罚和奖赏，以期最小化代理人的机会主义。

为增强对现实世界的说服力，这一理论自从产生后，又涌现出不同流派。其中，多任务委托代理理论对于理解本书有一定的启发价值。传统的委托代理理论假定代理人从事的是受委托的单一任务，然而，这一假设多少显得过于理想，对现实世界存在简单化处理之嫌。事实上，在多数情况下，代理人必须同时完成多项任务，问题变得极为复杂。代理人要对不同任务的努力程度进行决策，而委托人要依据不同任务的性质以及对不同任务努力程序的要求进行最优化的激励机制设计。Holmstrom 与 Milgrom 认为：①在多任务委托代理关系中，契约不仅能起到分担风险与促使代理人努力工作的作用，还可以引导代理人在任务之间进行注意力的合理分配；②对某一项任务的激励强度不应固定不变，而应随着任务度量难度的增加而降低；③提高某项任务的激励强度，会对其他任务的激励产生负面作用；④如果某项任务无法度量，最优的契约是对所有任务都不进行特殊激励，即付给固定工资。[1]

委托代理理论的进一步发展在学界产生了广泛影响，有学者开始将其委托代理的链条延伸至议会与行政机关的关系研究，为了确保议会政策意图的实现，议会必须对行政机关保持有力的监督。为此，Mccubbins 等人通过两篇文章提出了一个相当有名的模型：事先的行政程序与事后的警察巡逻与火警。[2]

伍德和沃特曼提出了双向委托代理模型，认为分析公共部门的受托责任，不仅要关注官僚机构本身责任的可靠性，还要考虑到作为委托人的政治家受托责任的可靠性。受托责任的保证必须通过一个双向过程才能实现，仅仅解决官僚机构的机会主义行为不足以解决问题。[3]在笔者看来，此处提出了数个尖锐的问题：谁来监督委托人？用何标准监督委托人？委托人特别是次级委托人与受托人之间可能出现的共谋如何从激励机制层面加以防止？

2. 交易成本分支。交易成本是为确保交易顺利进行，交易双方需要负担的生产费用以外的各种费用，包括交易前的搜寻费用、交易后的执行与监督费用等。交易成本最初被科斯发现，但长期没有明确的定义，诺斯强调信息成本是交易成本的关键，这些费用包含衡量交换事务价值成分的费用及保护权利、监督与保护契约的费用。威廉姆森在此基础上，进行了整合，提出了一套完整的交易成本框架。[4]

---

〔1〕 B. Holmstrom & P. Milgrom, “Multitask Principal-Agent Analyses: Incentive Contracts, Asset Ownership, and Job Design”, *Journal of Law*, *Economics & Organization*, 1991, 7: 24 ~52.

〔2〕 Mccubbins, Mathew, Roger Noll & Barray Weingast, “Structure and process, politics and policy: administrative arrangements and the political control of agencies”, *Virginia law review*, 1989, 75. Mccubbins, Mathew, Roger Noll & Barray Weingast, “Administrative procedures as instruments of political control”, *Journal of law*, *economics*, *and organizations*, 1987, 75.

〔3〕 Waterman, Richard W & Kenneth Meier, “Principal-agent models: An expansion?”, *Journal of Public Administration Research and Theory*, 1998, 8.

〔4〕 参见［美］奥利弗·E. 威廉姆森：《资本主义经济制度——论企业签约与市场签约》，段毅才、王伟译，商务印书馆 2002 年版。

（1）交易成本的产生。威廉姆森认为，受交易中人性因素与环境复杂性的影响，交易会出现困难并产生可观的交易成本。人性因素指的是个体的有限理性与投机，而环境因素则包括不确定性与小数交易等。当有限理性与不确定性或者小数交易与投机同时发生时，极易出现信息不对称的情况，当事人在信息占有程度上出现明显差异，一方通常会借助其信息优势而获益，双方将很难营造一个令人满意的交易关系，交易过程开始过于重视形式，许多费用即会出现并增加。

（2）契约多样性的原因。威廉姆森主张任何问题都可以直接或者间接作为契约问题对待，契约多样性的原因在于不同交易具有的属性不同，这样才能够解答契约多样性的问题。他将资产专属性、不确定性及交易频率作为区分不同交易的属性。资产专属性是指交易中投资的资产不具有市场流通性，或者契约一旦中止，投资于资产上的费用难以回收或转换使用其他用途。资产专属性越高，组织越容易选择内部生产。交易不确定性分为包含有限理性所导致的各种偶然事件、缺乏信息的不确定性，由隐瞒、欺诈及扭曲信息所导致，容易增加监督成本。交易频率是指交易频率越高，相对的管理费用与协商费用就越高，交易频率的升高使得组织倾向于将这部分活动内部化，以达到节省交易成本的效果。

（3）治理结构与契约形式。威廉姆森认为，由于资产专属性和不确定性的存在，大量的契约都具有不完备性的特征，事前的产权界定和激励机制固然能够在一定程度上解决不完备问题，但契约签订后，为着手冲突解决进行的治理结构设计也相当重要。他认为任何一组交易，由于其特征不同，因此需要不同的结构（市场、科层或是混合）进行治理，以减少交易成本。威廉姆森建议，根据资产专属性及交易频率建议采用不同的管理形式：资产专属性较低时，采用市场机制；资产专属性高，交易频率低可采用混合的治理机制；资产专属性与交易频率都高时，建议组织采用内部层级统一管理。

3. 不完全契约理论分支。传统契约理论认为，缔约双方对契约期内可能发生的重要事件有完全的预见能力，愿意接受契约条款的约束，当双方对条款的涵义与适用产生争议时，第三方例如法院能够强制其执行。而不完全契约学派则认为，契约的不完全性几乎是不能避免的结果，这种不完全性也是造成交易成本的重要来源。这种不完全性具体体现在以下几个方面：①在错综复杂的世界中，人们很难作出精确的长期打算；②即使能够作出单个计划，交易双方也很难就此形成契约，因为很难找到一种共同语言来描述各种情形；③即使各方能够对将来情况进行协商，也很难用这样的方式将计划写出来：在出现纠纷时，外部权威如法院，能够明确这些计划是什么意思并强制地加以执行。[1]既然契约是不完全的，就需要设计不同的机制加以应对，处理不确定事件引发的契约条款问题。

有学者进而认为，契约的不完全性会导致重新协商，而重新协商会产生很多费用，有些费用出现在事前，由于对重新协商的预期而产生，有些费用则出现在事后，因为协商过程而产生。这些费用一般包括以下几个方面：①各方对修正合同的条款争论不休，耗时耗力；②不仅事后讨价还价有成本，而且由于信息不对称，交易双方可能达不成有效率的契约；③因为契约的不完全性，交易双方可能不愿做专用性投资，这种投资的最佳效率与事实上的投资不足之间的效率损失，是很重要的一种费用。[2]不完全契约理论对现代契约理论进行了重要发展，成为学者分析社会现象的重要工具。

三、结构安排

本书的分析框架中，公众（通过立法机关）与行政机关、行政机关与行政官员、行政机关与相对方、行政机关与第三人之间都存在契约关系，这些契约关系有的是为达到政治层面的合意而存在的权利交易，有的表现为法律上的权利义务关系。其中，公众作为初始委托人，由经代议机关认可的行政机关（通过行政官员）面对相对方（公众的一部分）作出行政决定并依法强制执行该决定。行政权力一旦被授予，该代理人（行政机关）又能依法作为委托人，决定是否引入第三人进行代履行，此时，第三人成为代理人。不同委托代理环节会因为当事人的行为选择影响其他人的收益成本，他们的行动

〔1〕参见［美］O. 哈特：《企业、合同与财务结构》，费方域译，上海三联书店、上海人民出版社1998年版，第25~26页。

〔2〕参见［美］科斯、哈特、斯蒂格利茨等：《契约经济学》，李风圣主译，经济科学出版社2003年版，第25页。

第三方不是很难监督，就是监督的成本很高，当事人之间只能是一种不完全的契约关系。契约缔结与履行过程中亦存在各种不同的需要支付的交易成本，如何通过制度设计，实现交易成本最小化并遏制机会主义，是契约理论的关注重心。

应该指出的是，虽然本书涉及几个层次的委托代理关系，但行政机关与第三人之间的次级委托代理关系存在是关注的重点，因为此种关系不仅会直接影响到行政任务的实现与否，而且与相对方的利益存在紧密的关系，如果说公众与行政机关之间的关系是一种建立在政治期待基础上的隐秘契约，行政机关与第三人之间基于代履行合同的签订存在就是一种现实的、真正意义上的合同关系。此种合同的履行涉及外在于代履行合同的相对方的利益，无论是从确保合同正确履行，还是维护相对方权益与公共利益的角度，都有必要进行规制机制的设计。在另一方面，行政机关与第三人委托代理关系又不能孤立存在，它是公众与行政机关委托代理关系的延伸，因而在行政任务的实现上不能出现对初始目标的偏离，规制机制的设计必须以此为旨归。参见下图：

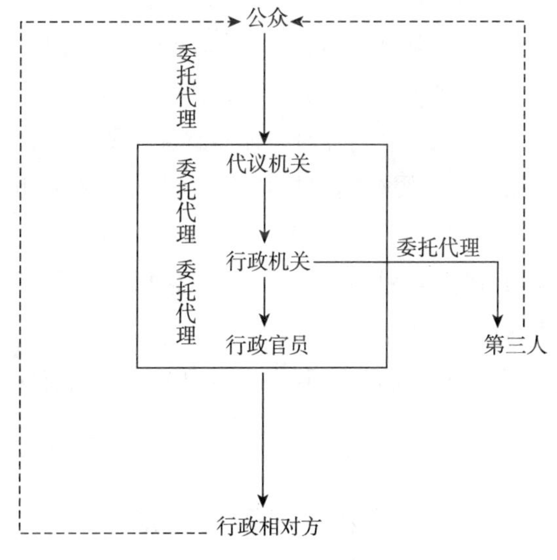

图表 4

全书共分为六章。

第一章题为“导论”。本章首先介绍了问题缘起，即为什么要将第三人代履行作为研究主题，进而明确了本项研究所涉及的基本概念；并对已有的文献进行回溯与评价；介绍了本书采取的研究方法、理论工具、结构设计；最后指出了本书的创新与不足之处。

第二章题为“代履行的契约结构”。本章首先分析了行政强制制度的契约属性及其实施中存在的失灵与监督困境；其次，强调第三人代履行的契约意涵并对与其相关的行动主体的策略行为进行了初步分析；最后，认为第三人代履行会基于信息的不对称形成严重的道德风险、逆向选择等机会主义问题，从而影响代履行制度的配置效率，本书指出了解决代理人机会主义行为的一般性措施。

第三章题为“第三人代履行的决策规制”。本章首先提出了行政机关的代履行决策问题，即行政义务履行在内部生产与外部购买时应考虑的因素；其次，分析了行政机关与第三人的关系形成机制，对缔约的程序及其选择基准进行了总结；最后，提出了代履行中第三人的确定问题以及行政机关与第三人缔约合同时，应该规定的基本内容，主张应该在压缩第三人自主性与防止第三人成为行政机关“手臂”之间达成平衡。

第四章题为“第三人代履行的过程监督”。本章首先讨论了民营化背景下的行政机关对代履行过程监督的基础；其次，研究了代履行过程监督的目标（合法性与适当性）与限度；最后，对监督主体与监督手段的确定提出了初步方案。

第五章题为“第三人代履行的司法救济”。本章首先从相对方权益维护的角度，分析了第三人代履行行为的司法救济机制；其次，对代履行费用的司法审查的实体标准与程序容许性进行了讨论；最后，研究了第三人在代履行过程对相对方造成的损害赔偿责任。

最后是“结语与展望”。就全书观点进行总结，并就需要进一步研究的问题进行展望。

第四节　创新与不足

一、创新之处

本书创新主要体现在以下几个方面：

1. 研究主题的新颖性。近年来，行政法学界民营化的研究成果不断涌现，但是多数研究精细化程度不高，未能围绕具体的民营化类型展开。第三人代履行的研究相对处于起步阶段，大多数观点留在对大陆法系学说的借鉴层面。而现实中第三人代履行产生的高额费用等问题屡有曝光，该项制度的合法性与实效性正在遭遇社会公众怀疑，代履行亟待进行制度层面的明确与规范。本书试图在此方面做出贡献。

2. 理论工具的独特性。本书以有限理性与投机为心智假设，采用经济学中的契约理论，并主要以委托代理理论为工具，分析行政机关、第三人、相对方等行动者的行为逻辑，观察相互之间的行为博弈，并从决策规制、过程监督与司法救济等不同方面推导出代履行的规制机制。此种研究方法在第三人代履行领域上尚无人运用，也具有较强的解释力。

3. 对策方案的可行性。目前有关第三人代履行的研究，多数集中于代履行的概念、法律关系、程序、法律救济等问题，大量问题成为残留，严重影响到代履行的制度效率。本书在将研究主体聚焦为代履行中的第三人代履行后，对代履行决策中的比例原则适用、第三人确定、合同拟定，代履行的过程监督以及司法救济机制的完善提出了自己的观点，对策方案既考虑到制度运作的现实，也照顾到未来的变革可能。

二、不足之处

同时，必须指出的是本书尚待推进的几个方面：

1. 研究方法上有待进一步探索。本书的观点在受益于研究方法的同时，也不可避免地带有一定的局限性。①在资料获取上，过分倚重于文献分析，文献分析固然便利，但也容易使研究者限于浩如烟海的资料之中，用理论上的推演替代社会发展的实践，对第三人代履行的真实世界缺乏观察，解释力有待提高。后续的研究中，在相关条件成熟后，案例分析法、参与观察法、扎根研究法、焦点团体法甚至于行动研究法都存在适用的空间；②在理论工具上，研究工具往往是对现实情形的抽象与简化，实际情况更为复杂，某种研究工具下得出的所谓结论，并不具备“包治万病”（cure-alls）的效果。“我们需要对具有多种可能性、具有竞争意味甚至敌对色彩的理论假想敞开自己的心扉。只有当我们认识到我们可以利用不止一种解释来对各种具体的时间作假定式的说明时，我们才有可能对我们自己思考问题的方式持批判性的观点。"[1]从本书的研究方法看，有限理性与投机的心智假设忽视了人的利他性行为，忽略了心理、情感及社会生态的作用，这就使研究必然存在盲区，需要其他理论工具的补充与对照。[2]

2. 研究内容上有待进一步完善。本书侧重于从行政机关、第三人、相对方关系的角度推导代履行规制机制，在具体观点上可能有一定的创新，但是可能存在的问题如下：①没有从更为微观的行政机关内部代履行决策的动态过程进行考察，对其间决策类官员与执行类官员就第三人代履行的偏好差异、决策步骤以及相对方的角色等问题把握不够；②为了应对第三人的机会主义行为，本书强调行政机关在合同履行过程的监督职责，但是对行政机关的监督上的懈怠如何进行规制虽有考虑，却没有充分展开，而且行政机关的监督也存在违法行使的可能，第三人的合法权益如何维护亦应该予以关注，本书受制于理论工具，对此没有研究；③《行政强制法》规定的第三人代履行适用领域有三个："危害交通安全、造成环境污染或者破坏自然资源"，本书将其视为一体进行笼统分析，必然忽视不同领域的特殊性问题，整个研究内容仍然有些宏观，"抽象有余，具体不足"，进一步的研究需要更加细致与微观。

---

〔1〕［美］文森特·奥斯特罗姆、罗伯特·比什、埃莉诺·奥斯特罗姆：《美国地方政府》，井敏、陈幽泓译，北京大学2004年版，第220页。

〔2〕英国学者哈特利·迪安指出，社会科学的研究者不应是漫无目的地穿梭于不同思想之间的"知识蝴蝶"，而是要力争成为喜鹊——务实，为了找到现实生活的答案，力图从任何社会科学中寻找方法，不达目的，决不罢休。参见［英］哈特利·迪安：《社会政策学十讲》，岳经纶等译，格致出版社2009年版，第6页。

第二章　代履行的契约结构

从权利交换或让渡的角度看，行政强制制度是一种建立在维护秩序与实现正义基础上的社会契约。对行政机关及其官员而言，这是典型的多任务委托代理。受诸多因素影响，此种契约存在失灵可能。为了解决契约失灵问题，行政机关进行行政强制执行的事项委托成为选项，从而在行政机关与第三人之间形成现实层面的合同关系，这种关系不能背离行政强制制度本身的多任务要求，同时也具备自身的特点，这是建构第三人代履行规制机制的基础。

第一节　契约论下的行政强制制度

一、契约论与政府的应有收益

“每一种行政法理论背后，皆蕴藏着一种国家理论。”[1]现代国家所构建的包括行政强制在内的诸多公法制度建立在理性主义国家理论的基石之上，理解行政强制制度的性质，理性主义国家理论是逻辑起点。

与神权政治论主张的“政教合一”“君权神授”相比，理性主义国家理论以个体自由、个性解放、平等、自由、博爱等理性文化为观念基础发展出一整套现代化的制度规则，对人类社会的政治文明、社会结构、经济发展、国际关系等都产生了重要与深刻的影响。政治学说史上，对国家或者政府消极影响的诟病可以说俯首皆是，有人甚至断言：“所有政府都是官僚主义、无能、僵化和适得其反的，而且无可救药；解决的办法是摆脱他们，改以私人

〔1〕［英］卡罗尔·哈洛、理查德·罗林斯：《法律与行政》，杨伟东等译，商务印书馆 2004 年版，第 29 页。

或基于市场的对策，而不是设法予以改善。”[1] 但是，人类社会的历史已经证明，彻底地否定以至于取消政府，如果不是不切实际的空想，就是蛊惑人心的宣传。政府是理性的公众进行委托代理的结果，是收益超过成本的理性选择。

理性主义国家理论以霍布斯的“利维坦”论、洛克的理性论、孟德斯鸠的三权分立为渊源，其中霍布斯提出的“利维坦”论因其导出了公民对绝对主权的服从义务，故颇受争议。但是，霍布斯的成就不在于其结论，而在于他提出的两个问题：为什么一个伟大的利维坦或国家是必要的？以及国家必须采取什么样的形态来建构？[2]这两个问题构成了理性主义国家理论以至整个现代政治哲学的基本关怀。本书仅就与主题相关的第一个问题展开。

（一）秩序

对生命与财产安全的期待是公众基本与普遍的需求，当此种安全需求发展成一种建立在互相信任基础上的最低限度的稳定性愿望时，就有了对秩序的需求。秩序，“意指在自然进程和社会进程中都存在某种程度的一致性、连续性和确定性”。[3]无序意味着未来发展的不确定性，以至于不可能做出任何的理性决策。

人的行为基于利益而展开，趋利避害是人的本性，如果这一判断是成立的，那么离群索居和与人共处状态下，人面对的情境、支配自身行为的逻辑、对秩序的需求有着明显的不同。

对离群索居的个体而言，因为不存在与他人的竞争，资源不具有稀缺性，如何安排生产与闲暇的时间比例、如何进行生产的技术创新、如何避免来自自然环境的破坏，进而最大化满足效益是其行为的主要考虑，[4]此时个体的行为当然存在对秩序的需求，但更多关注的是自然发展中时不时出现的混乱

---

〔1〕［美］弗朗西斯·福山：《政治秩序与政治衰败：从工业革命到民主全球化》，毛俊杰译，广西师范大学出版社 2015 年版，第 48 页。

〔2〕参见廖义铭：《行政法基本理论之改革》，翰芦图书出版有限公司 2002 年版，第 37 页。

〔3〕［美］E. 博登海默：《法理学：法律哲学与法律方法》，邓正来译，中国政法大学出版社 2004 年版，第 228 页。

〔4〕丹尼尔·笛福塑造的鲁滨逊这一文学形象对于理解人类的处境、面临的问题及其行为选择极具启发价值。参见张春霖：《企业组织与市场体制》，生活·读书·新知三联书店、上海人民出版社 1994 年版，第 14 ~21 页。

或灾害，社会秩序不是其作出决策时需要考虑的因素。但是，人是社会性的动物，离群索居只是一种理论假设，人既然不可能生活在孤岛之中，就必然处于一个必须与他人共处的情境中，问题开始变得不同。正如学者指出的那样，“鲁宾逊式的一人模型毕竟只是一种特例，仅具有哲学、文化意向的含义，在人数众多且利益不一致的现实世界中，情况要复杂得多”。〔1〕人需要适应群体化生活，“人完全是因为与其伙伴的个人联系才在智力上、道德上、文化上和情感上不断成长的”。这意味着，人必须不断地获取成熟的心智以适应群体生活。〔2〕自然环境与社会生活构成其行为的基本面向：前者诸如居所、食物、衣服远非无限充裕，需要通过人的勤劳获取，并需要时刻警惕大自然的侵袭，特别在人类社会早期，自然的力量异常凶猛且威不可测，宗教最初的作用之一就是公众面对自然所产生的巨大灾难时的实现心理恢复的方法；后者则因为个人在利益上的差异甚至对立，时刻可能出现矛盾甚至爆发冲突，“生活随时随地都依赖这些起码的自制”。〔3〕但是，就人的本性而言，总有一部分公众做不到自制，基于自身利益而不惜伤害他人，〔4〕这些越轨者的存在对他人的利益以及社会的公共利益构成了严重的挑战，“这是因为始终存在着那种生活放荡不羁的人，这种人蔑视学究式的条理性，且得意于其生活方式的自发性与不加约束的冲动性”。〔5〕对此，公众会产生内心的恐惧以及与他人相处时的不确定性。

为了处理这种不确定性，某些人开始尝试与他人在互动中实现自身的效用

---

〔1〕 曾峻：《公共秩序的制度安排——国家与社会关系的框架及其运用》，学林出版社2005年版，第29页。

〔2〕［德］柯武刚、史漫飞：《制度经济学》，韩朝华译，商务印书馆2000年版，第70页。

〔3〕［英］H. L. A. 哈特：《法律的概念》，许家馨、李冠宜译，法律出版社2006年版，第181页。

〔4〕 在伤害他人的具体动机上，霍布斯与卢梭给出了不同的解释，霍布斯将人的对立原因总结为竞争、猜疑与荣誉，而保全自己的生命最为关键，每个人完全平等，都可以利用自己所愿意的方式、运用自己的力量采取行动，这是一种“绝对的自由”，其结果便是人对人的战争。洛克认为，人类社会的初始状态是根据自然法和平共处，每个人都应该在维护自由的同时，尊重他人自由，问题是，个人对自然法的理解与执行很容易超出自然法的限度，为所欲为。参见［英］霍布斯：《利维坦》，黎思复、黎廷弼译，商务印书馆1985年版；［英］洛克：《政府论》，瞿菊农、叶启芳译，商务印书馆1964年版。

〔5〕［美］E. 博登海默：《法理学：法律哲学与法律方法》，邓正来译，中国政法大学出版社2004年版，第235页。

最大化，有学者将互动的方法概括为借助交换、利用意识形态、利用强制。[1]但是，双方的关系既然是互动，就不能时时事事都随人所愿，尤其是私人强制力的运用，常常会遭受他人“以血还血、以牙还牙”的报复，结果必然是霍布斯笔下的“人人为战、人人为敌”的自然状态，社会的发展遵循弱肉强食的丛林法则，个人之间的关系或者是零和博弈或者是负和博弈，而只有在多次博弈之后，理性的个体才会逐渐调整自身行为，在两败俱伤与和平共处之间就后者形成契约上的合意。在霍布斯的话语体系中，此种契约合意是建立在相互信任基础上的信约，但是相互平等的立约人无法对可能出现的偏离进行有效约束，信约在有限的资源面前往往显得不堪一击，各种豪夺巧取难以避免，交易成本由此激增。对信约的保证期待的是信约之外的力量，“如果在信约之外还需要某种其他东西来使他们协议巩固而持久便不足为奇了，这种东西便是使大家畏服、并指导其行动以谋求共同利益的共同权力”。[2]

于是，为了降低交易成本，就需要一个第三方维持社会秩序，这个第三方即政府，“人对人的强制让渡给国家对人的强制，或者说，人对人的强制以国家的面目出现了”。[3]政府的出现使具备理性的人认识到秩序对其行为产生的限制远没有秩序缺席情况下的混乱让人无法忍受，这是基于安全需求和成本考虑作出的必然选择。可以说，“国家的建立及其功能的发挥与个体（后来是团体）的保护需求紧密相联”。[4]

秩序是任何性质的政府存在的先决条件，从人类社会的发展看，秩序行政从来就是政府履行的基本职能之一。不过，政府一旦形成，即具有自身的利益，不可避免地会运用垄断性的公共权力维持对自身生存和发展有利的秩序。

---

〔1〕 林德布罗姆将其概括为基于交换的市场、基于权威的政治、基于说服的训导制度，参见［美］查尔斯·林德布罗姆：《政治与市场：世界的政治——经济制度》，王逸舟译，生活·读书·新知三联书店、上海人民出版社 1994 年版，第 14 页。

〔2〕 ［英］霍布斯：《利维坦》，黎思复、黎廷弼译，商务印书馆 1985 年版，第 137 页。

〔3〕 曾峻：《公共秩序的制度安排——国家与社会关系的框架及其运用》，学林出版社 2005 年版，第 29 页。

〔4〕 ［美］约拉姆·巴泽尔：《国家理论——经济权利、法律权利和国家范围》，钱勇、曾咏梅译，上海财经大学出版社 2006 年版，第 3 页。

（二）正义

如果说公共权力所提供的秩序旨在为一个人数众多、利益各异的社会安排一种模式和结构的话，那么正义强调的是这种模式和结构的内容以及实际后果。政府要提供秩序，必须借助于一定的手段，手段是否能够满足个人的合理需求和主张，并促进生产进步和提高社会内聚性，是正义关心的主要问题。[1]但是，正义虽然如此重要，却因为社会资源存量上的有限性、阶级或阶层立场的对立、人与人之间先天与后赋因素的差异性以及由社会整体的多元性所导致的主观评价的漂浮不定等原因，其界定与实现总是极为困难。“正义有着一张普罗透斯似的脸，变幻无常、随时可呈不同形状并具有极不相同的面貌。当我们仔细查看这张脸并试图揭开隐藏其表面背后的秘密时，我们往往会深感疑惑。”[2]学术讨论中，正义总是被学者赋予多方面、多层次的涵义或者规定性，不同学派、不同学者的正义观可谓“百花齐放”，有的将自由作为衡量正义的尺度，有的认为平等是正义问题的核心，有的将正义从最广义的角度理解成运用法律手段建构一种适合于人类生活的社会秩序的努力，秩序因此也具有了正义的意蕴。

笔者认为，古今中外关于正义的讨论可以从理念、制度、行为三个层面加以梳理：

第一个层面是理念上的，正义不仅是每个人都应当获得其应得到的东西的精神取向，而且也是一种关注人与人之间关系的社会美德，所谓“因才定分、各守其分、各得其所”，人在追求自身利益的同时，还要公正待人、关心他人。

第二个层面是制度上的，在罗尔斯看来，制度正义是一个社会的首要正义。公正的社会制度应该建基于下列两个基本原则之上：“第一个原则，每一个人都有平等的权利去拥有可以与别人的类似自由权并存的最广泛的基本自由权，第二个原则，对社会和经济不平等的安排应能使这种不平等不但①可

---

〔1〕［美］E. 博登海默：《法理学：法律哲学与法律方法》，邓正来译，中国政法大学出版社2004年版，第261页。

〔2〕［美］E. 博登海默：《法理学：法律哲学与法律方法》，邓正来译，中国政法大学出版社2004年版，第261页。

以合理地指望符合每一个人的利益，而且②与向所有人开放的地位和职务联系在一起。”[1]正义论的两个原则适用于社会的基本结构，第一个原则即平等自由的原则适用于政治领域，用来确定和保障公民的平等自由。第二个原则分为两个部分，其中的①被称为机会公平平等原则，②被称为差别原则。第二个原则主要适用于社会经济领域，针对社会不平等提出，用来解决社会分配的不公平或不平等问题。罗尔斯的观点关注自由与平等、机会公平平等与差别平等在制度层面的内在结合，被认为是诸多对正义理念所作的制度阐释中最令人满意的一种。

第三个层面是具体行为上的，即为实现基本制度的正义所需要采取的实际措施和制度性的手段。“正义的要求，除了包括其他东西以外，还包括防止不合理的歧视待遇、禁止伤害他人、承认基本人权、提供在职业上自我实现的机会、设定义务以确保普遍安全和有效履行必要的政府职责、确立一个公正的奖惩制度等。”[2]具体行为上的正义意味着，政府应该通过公共政策提供公众生存发展所必需的公共物品，安排足够的机会发挥公众的潜力，使得他们能够获得其适合的发展空间；政府在提供公共物品或服务时，平等对待公众，应为处于相同境地的公众提供统一的成本与收益；政府行为必须在必要限度内作出，在多种手段中选择损害最轻微、影响最谦抑的方式，不能对公众权利形成过度侵扰；对业已形成的政策、惯例或者具体做法应该保持连续性，不能朝三暮四、出尔反尔；对那些违反合同、侵权以及犯罪行为进行矫正以恢复原状，要求违反合同或因侵权致人损害的责任方作出数量相当的赔偿等。

如果政府具有强大的维持秩序的功能，却不能实现、不能满足公众对正义的基本需求，秩序或许会有，也是短暂的，只有在一定程度的正义得到实现的前提下，才能维持社会秩序，甚至于秩序本身也应具备正义的品质。“仅仅建立秩序还远远不够，秩序必须体现人们认为是正义的东西。当人们不能

---

〔1〕 王沪宁：“罗尔斯《正义论》中译本序”，载爱思想网，http://www.aisixiang.com/data/4985.html，访问时间：2018年8月6日。

〔2〕［美］E. 博登海默：《法理学：法律哲学与法律方法》，邓正来译，中国政法大学出版社2004年版，第286页。

信服他们得到的是公正的待遇时，即使一个系统被组织起来以确保安全，它所得到的也只是人们的服从而不是效忠。"[1]从这个意义上讲，不同时代与不同政体的政府在维持秩序与实现正义的分量或程度上可能存在轻重之分，但如果它意图追求"长治久安"，面对的一定是一个"有限菜单"式的选择，即便是最专制的政府，为了维护其正当性，也需要为公众提供一些实现正义的机制，给自己冠之以"正义之师"的名号。到了现代社会，随着公众权利意识与规则意识的张扬，正义更被认为是一个和人的尊严相关联的范畴，不能以政治交易或者社会利益的平衡等任何借口加以减损。只有在基本正义实现的前提下，社会发展、市场竞争才能在有序、安定的社会环境下展开，从而促进社会的管理效率与整体发展。

二、现代行政强制制度的法治意蕴

政府对公共生活的介入（包括但不限于行政强制权的行使）具有典型的多任务委托代理性质，不仅有维护社会秩序的一面，也应该致力于保障政府产生之前的个人自然权利及实现政府产生之后社会互动中的正义。维持秩序与实现正义需要制度化的手段——公共权力及其行使规则，这是任何一个时代的政府首要的制度安排。问题在于：其一，公共权力有双面性，它既可能是造福一方的天使，也可能是为非作恶的巨灵，以维护秩序之名伤害公众，威胁公众的基本权利；其二，公共权力的行使规则在不同的时代有着形成程序与内在品质的差异。理论上，规则是一种规范化的社会约定，包括"可以做什么""不可以做什么"和"违背规范的后果如何"三个基本方面的内容，"可以做什么"是政府允许的行为范围，或者说公众可以主张自由的领域，"不可以做什么"则是划定行为上的禁区，"违背规范的后果如何"是突破禁区后需要承担的责任。"可以做什么""不可以做什么""违背规范的后果如何"由具有正当性的机构通过政治程序形成，这是一个吸纳、集聚、表达不同利益诉求的过程。在人类社会进入资本主义社会以前，此种政策更多时候表现为国王、皇帝或者整个权贵阶层的意愿，具有极强的人治色彩，统治者

[1] ［美］莱斯利·里普森：《政治学的重大问题》，刘晓等译，华夏出版社2001年版，第51页。

从预防或制止社会危害事件与危害行为的角度，会发布一些行政管理的规则，规定对违反规则者的人身、行为、财产进行约束或处置的具体举措，或者对不服从权力的人采取强制力量迫使其服从的手段，从形式上看，这似乎与现代意义上的行政强制制度相当接近，却主要是维护统治者所接受的秩序的手段而已。

资本主义国家出现后，特别是19世纪末20世纪初，随着法治国在世界范围内的出现，法律这一最具契约精神的治理方式在行政强制领域开始凸显。“法律旨在创设一种正义的社会秩序。”〔1〕换言之，社会秩序必须具有合法性，“人们之所以遵守和服从统治和法律，是因为他们的确认为统治和法律是正确的并值得尊敬。合法的政治秩序就是被国民规范性认可的秩序”。〔2〕这些观点与契约论的主张不谋而合，“契约论坚守一点：合法性优于合理性、同意优先于功利（成本效益）的衡量”。〔3〕公众对政府的授权以同意为基础，现代社会此种同意的最高表现即是代议机关通过的法律，政府的公共管理并非意味着其对社会与公众生活的全面接管，相反，包括生命权、自由权、财产权在内的一些基本权利都是保留而不可转让的，在洛克那里，让与的仅仅是“执行权”，基本权利保障、自由、平等、人格尊严等价值都应该受到充分尊重，除依法律程序加以剥夺或限制外，永远受法律保护。“任何一个国家如果要保持秩序，那么，任何被指控犯罪的人必须被带到法庭，接受审判和处罚，而不是由他所谋杀、强奸或打劫的人的亲戚和朋友进行审判和处罚，这是基本的前提。”〔4〕

法律作为维持秩序、实现正义的主要手段并非意味着法律不需接受任何的检视。“由于直接或间接强制的威胁，比之赞扬和批评的表示，一般来说施加了一种更大的负担，因此，比之道德强制，法律强制就要求一种更为强有

〔1〕［美］E. 博登海默：《法理学：法律哲学与法律方法》，邓正来译，中国政法大学出版社2004年版，第285页。

〔2〕［英］戴维·赫尔德：《民主的模式》，燕继荣等译，中央编译出版社1998年版，第316页。

〔3〕于立深：《契约方法论——以公法哲学为背景的思考》，北京大学出版社2007年版，第164页。

〔4〕［英］彼得·斯特克、大卫·韦戈尔：《政治思想导读》，舒小昀、李霞、赵勇译，江苏人民出版社2005年版，第35页。

力的合理性。”[1]这对法律自身的品质提出了要求。法律必须是“良法”，制定之时需要坚持权利义务均衡的原则，通过对公众权利的确认、行政责任的维系，体现对基本人权的尊重，设定不利性行为时要保持相当谨慎的立场，严格遵循比例原则，“凡属社会以强制和控制方法对付个人之事，不论所用手段是法律惩罚方式下的物质力量或者公众意见下的道德压力，都要绝对以它为准绳。这条原则就是：人类之所以有理有权可以个别地或者集体地对其中任何分子的行动自由进行干涉，唯一的目的只有自我防卫。这就是说，对于文明群体中的任一成员，多以能够施用一种权力以反其意志而不失为正当，唯一的目的只是防止对他人的危害”。[2]即便是已经制定的法律，也要通过法规影响评价制度，分析其实施的成本与影响，对不适当的法律或其条款及时予以修改或废止。

法治意蕴下的行政强制制度的直接目的是维持社会秩序，“尽管人们憧憬通过理性的说服实现社会的安定和发展，但法治社会本来就意味着强制的不可或缺。在行政法领域，行政法上的义务得不到履行会毁坏整个行政秩序，因此，如何保障行政法上的义务履行是行政法的重要课题”。[3]但是，秩序并非行政强制制度的唯一价值。正如哈耶克所言，“政府对强制的运用只限于一个目的，即强制实施那些旨在确保个人活动之最佳状况的众所周知的规则，在这些境况中，个人可以使他们的活动具有某种一贯且合理的模式”。[4]“确保个人活动之最佳状况”具有强烈的社会正义气息，尊重与保护包括相对方在内的社会公众的合法权益同样是现代行政强制制度的基本价值。

三、我国的行政决定实现机制

基于人的本性，冲突的存在是一个不能避免的现象，它所反映的是人在价值和欲望上的差异。然而，一些冲突的存在和爆发会给社会秩序产生负面

---

〔1〕［美］迈克尔·D. 贝勒斯：《程序正义——向个人的分配》，邓海平译，高等教育出版社2005年版，第173页。

〔2〕［英］约翰·密尔：《论自由》，程崇华译，商务印书馆1959年版，第10页。

〔3〕胡建森主编：《行政强制法研究》，法律出版社2003年版，第313页。

〔4〕［英］弗里德利希·冯·哈耶克：《自由秩序原理》，邓正来译，生活·读书·新知三联书店1997年版，第178页。

的影响，因而被认为不能容忍。化解冲突的机制分为理性说服和强制屈从两种方式，前者固然能够降低执法成本、减少心理对立，但也严重依赖于对象的认知能力和时机等因素，正如有学者所言："无规则约束的自由是放纵，而放纵必然摧毁社会和谐和有效合作。"〔1〕一个没有强制的社会意味着放任自流，其结果也必然是人人自危。

具体到行政执法层面，在现代法治国家，行政机关为维护公共利益，经法律授权享有对相对方作出不利性行政决定的权力，这是公众与政府契约关系的结果。行政决定中所包含的要求相对方作为或者不作为的义务，不仅是行政机关对相对方行为的否定评价与法律谴责，更是对遭到破坏的社会秩序进行的恢复，是矫正正义的具体体现。

但是，仅此尚不足够。已经成立的行政决定需要生效与实现机制，只要行政决定并非无效，在其被有权机关撤销之前，其就应具备公定力，内容应得到包括行政机关在内的社会组织与个人的尊重。在行政机关达成行政目的的过程中，行政决定的成立是对相关法律事实的认定后作出的法律处理，行政决定的生效是法律对已经成立的行政决定推定合法有效的作用力，行政决定的实现才是关键，如果仅有意思的表达而没有意思的实现，就无从真正触及相对方的权利义务，行政决定将会形同一纸具文。〔2〕奥拓·迈耶的警句"没有行政法的制度，就没有法治国家，没有行政决定的制度，就没有行政法"振聋发聩，然而，行政决定的制度不仅包括行政决定的作出与生效制度，

〔1〕［德］柯武刚、史漫飞：《制度经济学》，韩朝华译，商务印书馆2000年版，第85页。

〔2〕有学者认为，将行政决定从作出到内容实现大致可以分为两个阶段：一是行政主体根据特定的法律事实（如相对方行政性违法的事实）和相应的法律规定，将行政主体对该特定法律事实的处理意见形成一个能够为外界识别的行政决定。这是行政决定的作出或成立阶段。二是有关行政主体通过一定的行为使已经成立的行政决定的内容得以实现。这是行政决定的实现阶段。参见傅士诚："行政强制"，载应松年主编：《当代中国行政法》，人民出版社2018年版，第1563页。论者以此为基础强调行政决定实现的重要性，应当说是颇具价值，亦是本文论述的重要参考。不过，此种划分仍略显粗疏，从动态过程看，行政决定应该分为三个阶段：成立、生效与实现。行政决定的成立意味着行政主体的意思表示已经包含在行政决定之内，且在外部表现为一定的形式，此种形式，对行政主体而言是负责人签发、加盖机关印章，对相对方而言还需履行送达等程序；行政决定生效的是行政决定成立后被推定合法有效进而产生的客观作用力，行政决定的成立与生效可能是同步的，也可能是有先后的，例如附款行政决定只有在附款成就后才具有法律效力；行政决定的实现则是行政决定的法律效力如何落地与实现的问题。

更应包括对行政决定内容的实现制度。“法律上所规定人民应该尽的义务，在人民违反时，国家自然也有强迫人民就所违反的义务负责的必要，它的目的可能是维持社会秩序，也可能是为了贯彻政策，追求公共利益。”〔1〕

我国的行政执法机制及其实践存在一定程度的重行政决定的作出与生效、轻行政决定的实现的错误倾向。有些行政机关只能或只顾“开单”，而不论结果，对行政决定的内容实现采取消极懈怠的态度。这种现象产生的危害在于：一方面，虚置行政决定，相对方得以逃避制裁，损及社会正义。行政决定虽然对相对方的权利义务作出了不利处理，这种处理甚至可能在形式与内容上尽善尽美、无可挑剔，但因为内容得不到实现而成为摆设，相对方无需履行义务，而行政机关基于一事不再理原则，又不能针对同一事实以同一理由再次作出行政决定，相对方因此在事实上被免除法律责任，“造成具体行政行为只停留在行政主体意志的表达和宣告阶段，妨碍了行政职能的实现”。〔2〕另一方面，侵害公共利益，威胁公共秩序。相对方虽然得以逃避制裁，但是负面的外部效应并不因此消除，而且并未得到任何形式的实际补救，行政机关的威信、行政管理的效率、公共秩序的安定、公共利益的实现都受到严重破坏，更为不公的是，“义务人因蔑视本身义务之存在而不服行政处分时，一方面国家之行政目的即难望达成，另一方面就其他守法不渝之人民而言，将产生一种不均衡之后果”。〔3〕整个社会因此可能形成不良的示范效应，陷入大规模违法的境地，社会管理的整体效率必然下降。

生效的行政决定，以期待相对方自愿履行为原则。因为其无需国家机关的出场，不涉公共权力的行使，故有助于缓解可能出现的官民对立。从成本收益的角度看，无疑是一种最为理想的行政义务实现方式。正是在这个意义上，《行政诉讼法》与《行政强制法》都规定了期待行政相对方自愿履行的原则。《行政强制法》第 35 条规定的催告也具有督促相对方自觉履行的程序意义，此种催告，就其实质而言，是在行政强制内含的物理性打击开始之前

---

〔1〕 郭祥瑞：《公务员行政法》，元照出版公司 2007 年版，第 162 页。

〔2〕 许友平等：“行政机关怠于申请的法律后果研究”，载炎陵县人民法院网，http://ylxfy.chinacourt.org/article/detail/2012/06/id/1484656.shtml，访问时间：2013 年 7 月 30 日。

〔3〕 城仲模：《行政法之基础理论》，三民书局 1999 年版，第 187 页。

的一种警示。有效实现行政目的的最佳途径在于，相对方的自愿遵守而非强制服从，如果相对方不能自觉遵守，甚至于抵触或者反抗，即使国家机关能够凭借自身的强制力强迫相对方服从，也会增加交易成本。行政强制执行固然是行政管理的必要手段，但是也应该为相对方的合作提供必要的空间，物理性打击之前的催告体现了相对方的尊重，亦能减轻相对方的对抗情绪，有利于提高强制执行的可接受性，“催告程序起到了强制执行的缓冲器作用。”〔1〕一些国家将催告作为强制执行的重要程序加以规定的意义即在于此。〔2〕《行政强制法》第51条的代履行程序中，仍然存在催告程序，“代履行三日前，催告当事人履行，当事人履行的，停止代履行；……”这是给相对方的自我履行留出时间，立法层面的规定已经达到了“不厌其烦”的程度，实则体现了“强制乃最后迫不得已之手段”的良苦用心。

同时亦应看到，自愿履行需要相对方对行政正义的认同，需要社会压力、心理惯性、道德义务等多重因素的协力与支持，将其作为法治的愿景无可厚非。但是，行政决定，即便毫无瑕疵，也很难做到相对方的心悦诚服，并主动履行其确定的义务，这一点上，英国学者讲得极为透彻：“无论多么公正的法律制度，也不能保证所有的人都自愿服从它的各项规定，自愿承担一切义务。”〔3〕社会转型期，社会矛盾纷繁复杂，逃避义务的情形屡见不鲜，在行政义务的实现上，完全期待相对方的自愿履行，将产生难以预料的后果。

国家机关的强制执行，一般以相对方没有主动履行义务为前提，是对未主动履行义务的相对方采取强制手段，促使其履行义务或者达到与履行义务

〔1〕 全国人大常委会法制工作委员会行政法室编著：《中华人民共和国行政强制法解读》，中国法制出版社2011年版，第119页。

〔2〕 如法国规定，行政机关采取强制执行措施之前，除了紧急情况外，必须事先催告当事人履行义务。在当事人表示反抗或明显的恶意不履行时，才能采取强制执行措施。德国行政执行法规定，无需适用即时强制方法时，须对其以书面方式作出告诫。在此情形中，须对履行义务定出一定的期限，在该期限内可期待相对方依其意愿履行执行。日本代执行法规定，行政厅可进行代执行必须经过告诫程序，即行政厅应以书面方式告诫相对方，要求相对方在相当期限内自动履行，如过期仍未自动履行的，将代为执行。参见全国人大常委会法制工作委员会行政法室编著：《中华人民共和国行政强制法解读》，中国法制出版社2011年版，第119~120页。

〔3〕 ［英］戴维·M. 沃克：《牛津法律大辞典》，北京社会与科技发展研究所组织翻译，光明日报出版社1988年版，第342页。

相同的状态，故理论上称之为行政强制执行。我国的行政强制执行分为申请人民法院的行政强制执行与行政机关自行强制执行（以下简称行政机关强制执行），前者是原则，后者是例外。与民事领域的禁止自力救济相比，二者都可归属于行政争议发生后的权力自救，这种权力自救看似缺乏正当性，却与行政强制制度秩序与正义的价值归宿内在契合，“当行政法律关系处于不确定状态，由司法性权力纷争进行确认，而行政性权力予以执行，这是资本主义启蒙思想家阐述经典政制时的基本理路”。[1]司法权与行政权都属于国家公共权力，至于由谁负责行政义务的执行不过是权力自救下的具体分工。申请人民法院强制执行，能够向相对方提供程度较高的权利保障，也符合权力制衡与司法最终解决的法治国原则，对于防止行政机关滥用执行权，督促行政机关依法行政有积极作用，行政决定因而在最终实现之前多一道审查关口，那些因为种种原因不愿或者不敢提起行政诉讼的相对方不致因违法行政决定直接由行政机关实施而受到侵害。正因如此，尽管这种以申请人民法院强制执行为主的体制虽受争议，[2]但在《行政强制法》中仍然被确认下来。而行政机关强制执行，即直接由行政权推动的执行，理论与实践的争议较大，有人认为其严重违反法律保留原则，侵蚀了行政强制制度的法理基础。然而，包括行政权在内的公共权力本身就承担着对社会秩序的整合功能，行政权需要在执行时机、执行场合、执行范围等一些问题上享有判断权，而且情况越紧急，越具有特殊性，行政机关的判断优势越明显。不分情形一概交由司法执行，不仅会浪费时间，也会产生法院负担过重的问题。此时，行政机关执行权的行使，体现和贯彻的是一种公共性意志，同样具备维持秩序、实现正义的正当化基础，至于个案中可能对社会正义产生的不利影响，可以通过事先的法律授权、过程的正当程序遵守、损害产生后的司法救济解决，《行政强制法》第 8 条、第 13 条、第 51 条及第四章对此都有明确安排。

四、行政机关强制执行的困境

对行政机关强制执行制度而言，无论是直接强制执行还是行政机关亲自

---

〔1〕 胡建淼主编：《行政强制》，法律出版社 2002 年版，第 46 页。

〔2〕 杨海坤、章志远：《中国行政法基本理论研究》，北京大学出版社 2004 年版，第 352～356 页。

代履行，委托代理链条的末端都是基层的行政官员，这些人虽然位卑权轻，却在是否执行、如何执行的过程中发挥着关键作用，他们不仅享有高度的工作自主性、宽泛的裁量空间，而且能够形成特定环境下特殊的工作机制，这使得对他们的行为控制极为困难。

（一）行政机关强制执行面临的现实矛盾

在我国，由于特殊国情，行政官员在行政强制执行权运用中，除了自身的经济与政治利益之外，还需要面对以下矛盾：

1. 行政受益与资源限制。行政机关强制执行的目的之一在于维护公共利益和社会秩序，必然会在个案中对公民权利形成现实的干涉。行政机关代表国家行使行政强制执行权，所需经费纳入预算，行政强制执行权不能用来谋取利益，如果允许官员运用行政强制权谋求利益，就意味自身利益的要求通过垄断性的强制权得到实现，行政权的超脱地位、行政强制的公正性必然面临质疑。因此，在《行政强制法》立法的过程中，一个基本的共识就是行政强制权不能牟利，哪怕满足的是非个人利益的组织利益。这是对行政法基本法理中所谓“行政受益权”的制度回应。

然而，过去在某些地方存在着将一部分承担管制职能的机构定位为自费编制事业单位或仅拨人头经费而无办公经费的现象，这类做法因为不仅违背了行政受益权的行政法理，更是催生了“执法产业化”的弊病，鉴于其危害性，此种现象正在逐步清理之中。改革开放 40 年来，我国财政能力已有根本改观，但“吃饭财政”“人头财政”现象仍然较为严重，[1]这在一定程度上影响了财政资源的有效安排，行政官员在办公设备、交通车辆、监督仪器等方面的缺乏，侵蚀了执法的能力与有效性。《行政强制法》第 7 条规定：“行政机关及其工作人员不得利用行政强制权为单位或者个人谋取利益。”该条对行政机关自然不言而喻，但是立法层面看似毫无必要的申明，所折射的恰恰是

---

〔1〕“按平均每人每年最少 1 万元工资标准计算，现有的财政供养人员一年就需要财政供给工资开支 4500 亿元，占国家总财力的比例很大。财政供养人增加还要提供办公设施、住房、医疗保障、养老保险等，若将这些考虑进去，每增加一个人，一年至少需增加财政支出 2 万元以上，财政负担更为沉重。”江西省工商联副会长王翔如是说。http://www.china.com.cn/chinese/OP-c/289403.htm。许多地方，为追求政绩大肆举债，已然形成畸形的“要饭财政”。

这一领域屡禁不止的乱象。

2. 公事公办与执法人缘化。韦伯认为，科层组织的一个特点是非人格化，即按章办事，不苟私情，行政法的许多制度性安排皆以此展开。近年来，行政机关运作的制度化取得了很大的进展，法律的质量与执法者的素质都有了很大的进步，这些都将增强正式制度的规范作用、削弱执法者的人为偏差，进而减少执法的不当运用。

但在实际生活中，行政执法的人缘化倾向仍然明显，行政机关是否强制执行及如何强制执行在很大程度上通过非正式的关系网络经营运作。违法案件出现后，相对方置正式的制度于不顾，花费大量精力疏通与行政官员的关系，期望借此取得对自己有利的后果。从社会学的角度看，行政官员总是生活在一定的社会关系之中，会与他人形成各种各样的关系，例如亲戚关系、同学关系、老乡关系。作为个体的人，只有对这些关系做到适度调控，才能获得心态与神智上的健康，为正式的制度安排提供适用的良性基础；但是，如果过度地陷于人际关系所罗织的网络之中，“以私化公”，必然会影响到自身行为的公正性。在我国，由于公务员职业生涯的不确定与高风险，人缘化成为官员应对风险的策略。具体来说，同事间紧张的竞争关系可以通过执法中的人情关怀得到部分的舒缓，职位竞争的失败可以通过执行尺度上的宽松为自己以后赢得更多的职业选择的空间，损益计算之后最有可能牺牲的就是执行的公正，这多少反映了我国目前在执法领域裁量的真实情况。〔1〕

3. 合理行政与个人偏见。行政权的行使不仅要合法，更要合理，这一点已经在国务院关于《全面推进依法行政实施纲要》中得以明确，合理行政的内涵极为丰富，其中一个重要的要求便是行政官员的执法要做到公平正直，消除不合理的差别对待。《行政强制法》第 5 条规定，“行政强制的设定与实施，应当适当”。

---

〔1〕 有一位县委书记感叹地说：“县里的大部分官员的老家就在本县。亲戚、朋友、同学、上下级、老同事的关系特别多。谁都处于人情关系网络之中。谁也摆脱不了这个网络，谁都得遵守这个网络内的行为关系准则。要划清人情与腐败的关系确实是很难的。‘人情关’确实比‘金钱关’、‘女色关’还难过啊。”参见曹锦清：《黄河边的中国——一个学者对乡村社会的观察与思考》，上海文艺出版社 2000 年版，第 176 页。

问题在于，具体到个案中，对行政强制适当性的把握，会受到行政官员外在感观与内心体验的影响。相对方在文化程度、财富占有、谈吐举止、职业地位以及个人经历的差异一旦与执法者业已形成的特定认知结合，案件处理中的倾向性选择也就成为可能。同一种社会现象，完全可能在不同执法者心中形成不同的认知，就相对方的贫富差距而言，有些人可能怀有对弱者的同情之心，有些可能抱持对权贵的附庸之态，所谓的适当因此变得游离不定。

4. 专业判断与舆论影响。政府管理的公共性特征使之必须处在社会的广泛和持续监督之下，从机关的基本制度、个人举动到行为方式和开支大小等，都会受到公众舆论和新闻媒体的关注。但是此种关注的程度，有其特殊的一面。企业一类的社会组织因为产权清晰，在法定的范围内可以不理会外界的批评，生产什么、生产多少以及如何生产等决策基本借助于市场中的无形之手进行调节，损益得失完全由企业所有者承担；需要公开以接受监督。

新闻舆论中闪烁的真知灼见则亦可以为行政强制执行的运行提供颇有价值的借鉴，但是其中反映的极端意见、错误认知以及狂热的情感一旦进入行政过程，将产生极为严重的后果，基层官员必须练就一对“火眼金睛”，有能力从错综复杂的舆论声音中作出理性和冷静的判断。《行政强制法》第 4 条规定：“行政强制的设定和实施，应当依照法定的权限、范围、条件和程序。”该条款既是对行政强制权来源的控制，也对实施行政强制权的行政机关提出的明确要求，即一旦法律将权力授予给行政机关，行政机关不仅要规范行使，也需审慎判断。行政法原理中的职权法定原则不允许行政官员随意屈从舆论，放弃自身权力的行使。对行政强制执行而言，舆论的作用是“多谋”，而“善断”必须由有着组织法和行为法职权依据的行政官员承担。

（二）行政机关强制执行的困境

受以上因素影响，行政机关通过基层官员进行的行政强制执行，可能会出现下列情形：

1. 违法执行。在《行政强制法》中，行政机关是否有行政强制执行权，由法律设定，法律之外的法规、规章、规范性文件都不能为行政机关创设该项权力，行政机关的强制执行必须取得法律层面的明确授权，不得以“县官不如现管为由”推翻《行政强制法》在行政强制执行设定上的制度安排。即便行政机关依法取得行政强制执行权，其权力的行使也必须遵循法律规定的步骤、顺序、方式、时限等程序，此程序既包括《行政强制法》的一般程序，也包括《行政强制法》没有规定、由单行法设定的特殊程序。

2. 迟延执行。行政机关作出不利性行政决定后，如果相对方拒不履行，行政机关依法有强制执行的权力，但是，有时行政官员基于对某种因素的考虑，往往消极懈怠，采取拖延战术，能不执行则不执行。这种现象的出现既有前述人情关系的干扰，也有官员降低个人风险的考虑。行政决定，即便违法但是如果不进入强制执行程序，一般不会对相对方形成不利后果，相对方也不会选择诉讼、信访等方式寻求救济。而一旦启动了强制执行程序，相对方的利益受损很难避免，其合乎逻辑的选择便是行使诉权或者发动信访，从行政决定到强制执行，任何一个环节存在瑕疵，行政机关都可能面临败诉甚至是承担赔偿责任的风险，最终可能导致在体制之内对官员启动问责程序，这将置官员于相当不利的境地。为避免此种结局，消极执行成为最为安全的方法，毕竟在相当多的情况下，消极执行侵犯公众不特定的利益，公众处于"理性的无知"状态，但对行政官员而言，却最为安全。迟延执行相当于行政机关只能开发票，而无力或无意兑现，"这不管是出于行政惰性和行政责任意识缺乏，还是出于不正当的利益动机，实际上都是放弃应有的行政目的。这既是对职责伦理的逆悖，也是对正义伦理的背离"。[1]

3. 过度执行。相对方违法行为所造成的后果，总是局限在一定的范围之内，对违法行为的制裁要遵守比例原则，使相对方因此遭受的权利损害限制在必要的程度之内。反映在行政机关强制执行上，行政机关必须在强制手段的使用上避重就轻，在轻重顺序上先轻后重。比例的反面就是过度，过度执行通常表现为以下两个方面：①侵害相对方的合法利益。行政机关强制执行剥夺的相对方的某种利益，但是此种利益并非其法律上应得的利益，而是因为不履行义务而保留的利益。对这种利益的剥夺，实际上是纠正其行为的不公，但是如果因此造成对相对方的过度损害，那就意味着另外一种的不公。对这种情况，不仅要避免，更要采取措施补救。②损害未能最小化。行政强

---

〔1〕 万俊人主编：《现代公共管理伦理导论》，人民出版社 2005 年版，第 198 页。

制执行难免会给相对方造成物质与精神上的损害，尽管这种损害是法律所允许的合法损害，但是行政机关也应该尽量使之最小化，以最小的损害达到与相对方履行义务相同的状态，这是善意行政应当追求的良性状态，也是判断行政机关强制执行质量最为重要的标准。

4. 考虑违法者的个人特点与社会地位。行政机关在行政强制执行时应该遵守规则面前人人平等的原则，不能因人而异。但在行政管理的现实中，不同的相对方在不履行行政义务后的遭遇往往是不同的，行政机关根据民族、出身、地位、财富、影响力、社会背景等因素而取消或者加快行政强制的事例时有出现，这是对公平合理原则的违背，反映了行政强制领域的歧视，至少是不能一视同仁的现象，此即选择性执行，换言之，执行还是不执行、怎么执行都成为问题，这一问题的判断由行政官员斟酌。从严格依法行政的角度看，但凡依据行政决定承担行政义务的相对方，行政机关均应同等对待，不得“厚此薄彼”，否则将有失行政之公允立场，对自愿履行行政义务者也意味着不公。[1]

在行政强制领域，行政官员的上述行为对秩序与正义造成了严重损害，如何对其进行规范一直是行政实践与理论上高度关注的课题。[2]①强化职业操守。公共行政不是纯粹的技术或管理问题，任何从事行政实务的人实际上都是在从事价值的分配。行政官员对一部分人强制执行，对另外一部分是视而不见，是一个关乎政策伦理的事件。如何唤回迷失的公共信念成为异常严峻的问题，教育与社会化手段当然必不可少，正如日本学者横山宁夫所言：“最有效、并持续不断的控制不是强制而是触发个人在内的自发性的控制手段。”此外，还可以选择将部分必须遵守的道德规范上升为法律，这也是国际通行的做法。②建立规程。为了规范行政官员的执行行为，行政机关倾向于在任何涉及裁量权的过程中建立规程，实际上等于为行政官员的复杂行为逐

〔1〕 然而，从《行政强制法》以及整体行政法律制度观察，同样难以追寻要求行政机关完全、彻底强制执行的条款，行政强制的原则中既有刚性的依法行政，也有充满弹性的便宜主义，行政机关对某项行政义务的执行时机、方法可以进行斟酌。只是这种选择必须合理，审慎考虑个案中的具体因素。

〔2〕 有关行政强制权控制的详细论述可参见张婧飞：《行政强制权正当性的法哲学追问：尤其以行政强制权规范体系的构建为视角》，法律出版社 2009 年版。

条确定运作的公式，它“不仅可以帮助人们有效地达到目的，而且可以保存稀缺而宝贵的决策时间和注意力”。[1]在这种情况下，行政官员在是否执行、何时执行、如何执行等问题上，都严格按照规程展开。③加大层级监督。行政官员的行政强制行为必须接受建立在纵向隶属关系基础之上的层级监督，充分发挥现有体制内报告工作、执法检查、审查备案、考核奖惩等工作机制的作用。相比其他机制，这种监督机制将权力运作的偏离与职业发展的惩戒进行关联，而且也无需付出多少程序成本，下级对源自上级的决定或命令，必须保持服从义务，监督效果较好。虽然上述三种机制各有优点，但是其不足也是显而易见的。强化职业操守缺乏外在压力往往流于形式，建立规程可能牺牲了行政官员的执行自主性，而内部的层级监督有时会蜕变为官官相护。

“如果出现的问题是一系列不正当的激励机制，那么解决问题的关键就是改变这些机制。”[2]面对前述困境，通过市场化的手段寻求问题的解决逐渐成为选项，私人力量开始在行政强制执行领域出现。

第二节　代履行契约的特点

在行政机关强制执行存在诸多困难的情况下，第三人代履行制度应运而生，它同样是契约，在该契约中，委托人是行政机关，代理人是参与代履行的第三人。此种契约是行政强制执行制度这一契约的延伸，同时也具有自己鲜明的特点：

一、代履行是一种真正的契约

从经济学的角度理解，前述的行政强制执行制度是一种契约关系：①从行政强制执行契约的形成看，它体现的是公众与政府之间的交换关系，公众对

〔1〕［美］小威廉·T. 格姆雷、斯蒂芬·J. 巴拉：《官僚机构与民主——责任与绩效》，俞沂暄译，复旦大学出版社 2007 年版，第 33 页。

〔2〕［美］唐纳德·凯特尔：《权力共享：公共治理与私人市场》，孙迎春译，北京大学出版社 2009 年版，第 2 页。

自身的财产与自由进行让渡，授权行政机关对社会进行管理，这种管理在手段上即包括对公众权益的“必要侵犯”，此时行政机关代理公众为实现特定的目标行使行政强制权；②从行政强制执行契约的内容看，政府在哪些事项有强制执行的权力，由代议机构（公众的代理人）通过立法程序进行确定，避免所谓的“必要侵犯”滑向恣意的暴政。《行政强制法》正是以此为出发点，对行政强制的主体、权限、程序、救济进行了细致规定，在保障政府有效实施行政管理的同时，预防并制裁行政机关的公权滥用。[1]与法律对行政机关的授权相比，《行政强制法》更侧重于行政机关依照法定权限与程序行使行政强制权的义务，公众在尊重并接受行政强制权的同时，有要求陈述、申辩、申请行政复议、提出行政诉讼等救济的权利，双方必须遵守法定的制度安排。在这样一种契约框架下，行政强制执行制度的逻辑起点无疑具有某种“交易”的痕迹。

实际上，如果以此类推，行政机关从事大多数活动都在管理者与公众之间存在契约。但在很大程度上这种契约仅仅是一种比拟，是用契约思维对行政活动进行的一种解释。据此，有人将契约分为象征性契约与真正的契约。在象征性契约中，契约的当事人是抽象的、无法特定化的个体集合或者组织，[2]同时，对契约的监督履行都相当的不确定，如果契约的一方当事人没有履行契约，如何通过中立的第三方机构进行具体的执行?[3]在笔者看来，象征性契约也许根本无意于这些问题的回答，它所蕴含的是委托人希望代理人完成

---

〔1〕 全国人大常委会副秘书长乔晓阳指出：“《行政强制法》虽名为‘行政强制’，但不是要强化行政权，而是要通过制度来限制、规范、约束行政权力的行使。保障公民、法人和其他组织的合法权益。”参见全国人大常委会法制工作委员会行政法室编著：《中华人民共和国行政强制法解读》，中国法制出版社 2011 年版，第 1 页。

〔2〕 简·莱恩就此质问道，“如果将选举结果称作契约，谁是签约者呢？国家还是政府？这样的选举契约既包括胜利者也包括失败者吗？……同样的是，也可以将宪法称作契约，当然这也是一种比喻，毕竟，谁又是签约者呢？也许是真正地制定宪法和颁布宪法的那代人或者是现在遵守宪法的人，或者是宪法中的一些新的解释者”。参见［英］简·莱恩：《新公共管理》，赵成根等译，中国青年出版社 2004 年版，第 224 页。

〔3〕 休谟对这种象征性契约曾经评论道：“能够具体地说出契约在那里吗？我怎么能看到契约或者证实契约的存在呢?”参见［英］简·莱恩：《新公共管理》，赵成根等译，中国青年出版社 2004 年版，第 224 页。

的某种承诺或者期待。[1]

代履行是一种真正的契约，它意味着特定当事人之间就物品、时间、方式、成本等问题达成的书面协议，发生在行政机关与第三人之间的一种合同关系。[2]此种合同与前述象征性契约的共同点在于，它们都是一种以当事人意思表示为内容的合约，但是与象征性契约相比：其一，代履行合同在内容上具有特定性。代履行合同是发生在行政机关与第三人之间就行政义务履行而发生的权利义务关系，蕴涵着明确的互惠允诺，即第三人履行原本应由相对方履行的义务，行政机关负责向第三人进行金钱报酬的给付，双方的行为在某种程度上具有相向性；其二，代履行合同有着明确的始期与终期。象征性契约一般侧重于为组织与组织成员提供行为准则，与组织的生死存亡息息相关，内容上多具有延续性。代履行合同则不同，它的效力开始于当事人完成既定的法律程序，当代履行事务的完成或者约定事项的发生时，代履行合同也就没有存在的必要；其三，代履行合同的当事人具有稳定性。象征性契约的主体大都是不确定的，具有流动性，契约不因主体的流动而发生变化，它既允许某些主体加入，也允许某些主体退出。代履行合同的当事人具有稳定性，当事人的变动会直接造成合同本身的变更或解除；最后，代履行合同对当事人具有法律的拘束力。在象征性契约中，主体具有加入和退出的自由，代履行合同已经缔结具有法律效力，当事人不能单方面退出合同，必须在短时间内予以兑现，如实履行合同约定的义务，否则将面临违约制裁。当一方违约时，另一方可以寻求救济。

第三人代履行是行政强制执行制度的一个环节，公众通过法律所设定的制度目标，对代履行仍然适用。代履行不过是将此种目标或者任务通过市场

---

〔1〕 戴维斯认为，现代社会政府参与的缔约活动有采购、与私主体订立提供公共服务的合同（“外包”）、民间融资计划以及其他公私合作，政府与自治组织之间的“协议”、政府内部的各种合同、雇佣合同等多种形态。其中，政府与私人自治组织达成的协议本质上是一种交易，政府保证这些组织的自治，组织必须承担规制其成员行为的责任，如果自治组织未能控制其成员，政府将直接规制这一领域，这些协议“不大可能作为具有法律执行力的合同而产生法律效力”。［英］A. C. L. 戴维斯：《社会责任：合同治理的公法探析》，杨明译，中国人民大学出版社2015年版，第6页。可见，日常用语与学术讨论中，合同或契约虽被普遍使用，但其具有丰富的内涵。

〔2〕 本书将这种真正意义上的契约用合同一词进行替代，以区别于前述的象征性契约，象征性契约与真正意义上的契约（合同）共同构成契约的概念。以下内容中代履行契约将用代履行合同替代。

化的机制，借助于合同的形式予以实现，合同的约定不能违反法律界限。就此点而言，要避免将代履行合同与行政强制执行中暗含的契约关系人为地进行割裂。

二、代履行合同是短期合同

行政活动既不同于形成规则的立法活动，也区别于定纷止争的司法裁判，它要求以最低的成本取得最大的功效，因此，在早期许多行政学者看来，效率是“行政价值标尺中的第一格言”。在实现效率的方式上，传统的做法是：通过规则在行政组织内部自上而下的严格贯彻，保证行政任务的实现，行政官员尤其是基层官员的裁量权受到强力挤压。而进入新公共管理的典范革命后，“让管理者来管理”的呼声高涨，立法者开始进行有意识的规则松绑，通过行政官员与相对方之间的协商机制与伙伴关系保证合意的实现，在整体上提高执法的效率。实际上，只要某项公共物品由政府提供，效率的实现就总是很难令人完全满意，“其原因并不是政府部门雇员的素质比私营部门雇员差。问题的实质不在于公营还是私营，而在于垄断还是竞争。”〔1〕

莱布斯太因在 1966 年提出了“x—效率”理论。他认为，组织应该达到 x—效率，即为获得最大化产出的投入的使用，意味着组织能够最小化成本而达到成本和产出之间可能达到的最高比率，这是一个组织成功的象征。根据莱布斯太因的分析，政府与私人组织都还没有达到 x—效率的状态，相反却充满着怠工，这是“x—无效率”的标志。行政机关的 x—无效率的主要原因在于其实行的长期合同制，行政机关与官员之间是一种建立在国家权威基础上的长期委托代理关系。“从市场的观点来看，传统官僚制存在的主要问题在于它们无法提供充分的激励机制以鼓励其组织成员有效率地作好分内工作。”〔2〕拥有长期合同的官员在公共物品的生产上，只对政治决策者负责，罔顾初始委托人的意愿与要求，回应力不高。在行政强制执行中，行政机关与行政官员存在的关系即是长期合同关系，行政官员与政府缔结契约，接受任务宽泛

〔1〕［美］E. S. 萨瓦斯：《民营化与公私部门的伙伴关系》，周志忍等译，中国人民大学出版社 2002 年版，第 161 页。

〔2〕［英］简·莱恩：《新公共管理》，赵成根译，中国青年出版社 2004 年版，第 56 页。

的职责，同时以较长任期甚至是终身雇佣的形式获得补偿。

运用长期合同，政府实现了行政管理人员的稳定性，这种稳定性不仅能够带来行政活动的可预测性，还可以促进官员队伍的专业化水准。行政官员乐于接受较短期合同低少的工资换取工作的稳定。“公共部门职位的一般形象是，他比私人部门的职位赚钱少，但是它是安全持久的，至少人们会经常这样评价。”〔1〕长期合同最大的缺陷是带来了管理上的困境，政府很难期待行政官员能实现所有的预期目的，其中不仅存在大量通过条款界定的任务在内容并不明确的原因，个人私利、注意力的有限以及复杂的社会文化影响等因素都在不同方面发挥着作用。现代国家普遍建立了监察制度，这些制度有时甚至达到了叠床架屋的程度，其目的在于应对长期合同框架下的监察困境，但由此也带来了监管成本的直线上涨。为了保证行政机关执行的合法性与适当性，政府必须建立一整套监察机制进行制约，这些制约可能是专门机构的连续跟进，也可能是突击检查的运动式操作，政府将不得不为此支付相当高昂的费用。

与此相比，代履行是一种典型的短期合同。它在行政强制领域引入市场机制，打破行政机关对执行行为的垄断，让私人力量参与到行政活动之中，进而在行政机关与私人之间，私人与私人之间形成高度的竞争态势，各种现实或者潜在的竞争是短期合同制的关键，“在竞争过程中，一些代理机构可能遭遇失败，另一些代理机构却获胜了，但在下一轮的博弈过程中，他们之间的关系或许会完全反过来。”〔2〕高度的竞争将迫使私人提高强制执行的质量与工作效率，其基本机制是定期化招标投标，这意味着放弃长期合同，代之以短期合同。因为私人获得的契约是暂时性，他们就必须约束自身行为，控制经济成本，为赢得下一次的参与代履行资格而努力。

三、代履行是非古典合同

美国法学家麦克尼尔将契约分为：古典合同、非古典合同、关系型合同三种形态。古典合同又称为瞬时性合同，最典型的如到加油站加油的汽车与

---

〔1〕［英］简·莱恩：《新公共管理》，赵成根译，中国青年出版社2004年版，第154页。

〔2〕［英］简·莱恩：《新公共管理》，赵成根译，中国青年出版社2004年版，第160页。

加油站之间的关系，交易的双方当事人彼此陌生，故不存在紧密的社会联系，以后基本不会再次往来，交易内容大多在数量与质量上容易测量，合同执行过程极为简单，交易方式为即清即结，没有保持合同条款的必要性。这种合同适应完全竞争理论，是在确定性条件下存在的双边关系。

关系型合同恰恰相反，它面对的是相当复杂的交易，未来的事件很难预测甚至无从预测，相应的因应措施也是难以设计，合同条款的验证费用太高，不可能在合同中进行事无巨细的规范。同时，交易持续的时间非常长，双方具有高度的依赖性，交易的治理机制中非正式的治理机制扮演着更为重要的作用，等等。官僚制模式下，政府与行政官员之间的关系就是一种典型的关系型合同，行政官员是政府体系内最为重要的专属性资产，为了加强对官员的激励，政府倾向于向其提供终生制雇佣合同，行政官员通过积极执法、接受决定或命令的方式履行契约。

第三人代履行中，行政机关与第三人之间的合同既不同于古典合同，标的物的可测量性较低，也不同于关系型合同，双方当事人事前能够对权利义务进行约定，合同的不完备性也可通过遵循法律的方式补全，针对合同条款的漏洞而产生的机会主义以及合同实施中的机会主义，能够通过独立的，与交易双方无利害关系的机构裁判。

在民营化的实践中，由于长期合同制的影响，第三人与行政机关之间的关系存在演变成为关系型合同的高度可能。基于节约成本等因素的考虑，行政机关会倾向于进行业务的外部采购，在享有规模经济与专业化优势的同时，避免自身直接生产带来的成本负担。但是因为外购购买也存在弊端，特别是许多公共服务本身具有无形性和产出难以衡量的特点，行政机关与第三人之间意图签订一个面面俱到的合同常常是不契合实际的单方期待。于是，就会形成一种两难关系，一方面是基于专属性资产的考虑，双方愿意保持较为亲密的关系；另一方面，双方如果要释放市场的降低成本功能，又很难达成一个完备合同。于是，拥有外包决策权的行政机关开始授予与之合作的第三人一定程度的进入权，保证其有权力接触行政机关的某些关键资源并进行使用与投资，第三人在双方合作中不断积累人力资本等专属性投资，逐渐成为行政机关不能缺少的互补性资源。对行政机关而言，与第三人合作使其享有成本节约的利益，对第三人而言，对关键资源的接触使其拥有专属性投资的机会，并因为投资的积累，在与行政机关的后续合作中获得了强大的谈判力。在公共服务具有较高的不确定性及由此带来的合同不完备性明显提高的情况下，行政机关与第三人就合同外包所形成的关系开始“绑定化”，具有了关系型合同的属性。

从广义上讲，对行政义务的代履行是政府对外提供的公共服务的一种。但是，与社会福利等柔性公共服务相比，代履行涉及的行政义务大多具有刚性特点，行政机关多数情况下能够通过合同对代履行的要求与标准进行相对清晰的表述，而且因为代履行的行政义务大多是技术性、事务性的，一般也存在着一个提供同类服务的竞争性市场，行政机关对特定私人在资金与人员的依赖将大大降低。代履行的此种特点决定了行政机关与第三人之间的合同应该尽可能地短期化，以发挥市场机制的优点。

第三节　代履行运行中的行动主体与行为逻辑

第三人代履行涉及众多的行动者，他们之间的动机与目标经常呈现出相互冲突的一面，第三人、行政机关、相对方都会卷入代履行过程，有着不同的角色，不同的行动者期望达到的目标和行为方式是不同的。

一、作出代履行决定的行政机关

第三人代履行反映了新型的治理理念，这一理念要求，在行政目标的达成上，公众、政府、社会组织共同合作，政府应该有意识地开放行政系统，允许社会参与，激发社会的活力，而自身则适度退出，集中精力于核心性工作，形成社会划桨、政府掌舵的治理分工格局。问题是，在行政强制执行的实践中，行政机关基于何种考虑允许第三人进入行政义务履行的过程？除了上文谈到的行政机关强制执行的困境以外，还有以下原因：

1. 节省成本，减轻财政压力。20 世纪 30 年代中期以后，伴随着世界范围内经济危机的爆发，国家开始对经济与社会事务进行大规模的干预，行政职能的大幅度扩张以及行政机关规模的日益扩大，解决财政困难的增税因为较大的政治风险而难以使用，“政府的职能和责任增加、财力资源有限又无获取新资源的良策，从而使财政陷入危机之中”。[1]在民营化大师萨瓦斯看来，这种财政上的困境是民营化的最为重要的推动力。

2008年中共中央《关于深化行政管理体制改革的意见》提出：“通过改革，实现政府职能向创造良好发展环境、提供优质公共服务、维护社会公平正义的根本转变……”2013年党的十八届三中全会再次指出：“必须切实转变政府职能，深化行政体制改革，创新行政管理方式，增强政府公信力和执行力，建设法治政府和服务型政府。”2017年党的十九大报告重申：“转变政府职能，深化简政放权，创新监管方式，增强政府公信力和执行力，建设人民满意的服务型政府。”将建设服务型政府作为政府职能转型的目标是行政体制改革的明确方向，唯有如此，才能解决人民日益增长的美好生活需要和不平衡不充分的发展之间的矛盾。服务型政府不是弱化甚至取消政府的规制职能，而是在政府的核心价值、职能结构、行为方式等层面导入服务理念，实现治理能力与治理体系的现代化。

第三人代履行内含的间接强制优先、缓解官民对立、节约行政成本等都在一定程度上契合了建设服务型政府的要求。尤其在节约行政成本方面，第三人代履行有自己的独特优势。替代性作为义务的履行是带有一定的专业性、技术性的事实活动，与第三人是否具有行政权力没有直接和必然的关联。此类行为并非不能由行政机关实施，不过如果行政机关执行，就必须设置相应的部门、安排相应的人员、采购相应的设备，从单次行政义务的履行而言，行政机关的执行具有较高的生产成本，这显然将使目前较为严峻的行政费用问题雪上加霜。而假如所有行政义务的内容是相同的，行政机关执行所需要的物资的长期平均成本将随着行政义务的反复履行而呈现出下降的趋势，从而达到所谓的“规模经济”效应。问题在于，行政决定所确定的义务内容随着行政管理的发展具有多样性，行政机关的决定不仅数量众多，而且涉及的领域与情形较为广泛，“甚至连刑法都不能免除行政权力的入侵”，[2]一劳永

---

[1] 周志忍：《当代国外行政改革比较研究》，国家行政学院出版社1999年版，第14页。
[2] [美]伯纳德·施瓦茨：《行政法》，徐炳译，群众出版社1986年版，第22~23页。

逸的资金投入注定不可能起到有效降低成本的作用。

2. 化解民怨，增强合法性。现代政治的基础是合法性，合法性要求政府的行为首先必须遵从法律，法律不仅包含被广泛追求的权力意义上的公正性，而且意味着通过确立一般性和抽象性规则所建立的制度，在为社会公众提供行为准则和框架的同时，也对行政活动的范围与界限作出了明确的规定，依法行政已经成为社会各界在行政执法上的共识。但是，合法性的意蕴绝对不应满足于对法律规则的遵守。合法性本身有着更为深刻的内涵，它意味着某种事物或价值本身包含着正确和正义的特质，因而为人们所认可和自觉自愿地服从。对于行政强制执行而言，任何一种手段或者措施必须依靠它自身的合法性的支撑，执行才会求得相对方与社会公众的自觉认同与服从。这种合法性意味着政府有充分的理由去为一定的行为，这是行政活动“合法性”的深层内涵和实质所在。

行政机关对行政决定的执行，往往伴随着公共权力的强力实施，会在官民之间产生直接的对立，甚至爆发大规模的群体性事件，当此种执行性活动逃逸于法律框架之外时，阿尔蒙德警告道：“大规模地使用暴力和强制手段，通常是一个政权正陷于崩溃和正在失去合法性的征兆。”[1]第三人代履行可以极大地缓解因为官民直接面对导致的紧张，改变行政义务履行中冷冰冰的国家机器形象，虽然法律后果仍由行政机关承担，却以较为柔和的面目出现，行政义务履行措施更能取得相对方的理解，因此产生的费用也更能够被相对方接受，行政义务履行的合法性得到提升。基于以上因素，在行政强制执行中，有人将代履行作为行政强制诸多方法中较为优先的选择，应该说是有一定道理的。余凌云教授所云，“从考虑选择方法的思维顺序看，是先代执行，然后执行罚，最后直接强制这么一种递进关系”。[2]这一点在《行政强制法》中“行政强制的设定和实施，应当适当”的原则中同样可以推导出来。

不可否认，与行政机关的执行相比，代履行出现后，法律关系将变得更加复杂，义务履行的效率也可能面临下降。微观的行政效率可以用行政机关

---

〔1〕［美］加布里埃尔·A. 阿尔蒙德、小 G. 宾厄姆·鲍威尔：《比较政治学——体系、过程和政策》，曹沛霖等译，东方出版社 2007 年版，第 189 页。

〔2〕胡锦光主编：《行政法专题研究》，中国人民大学出版社 2006 年版，第 185 页。

提供相同单位的产品和服务所需要的相对成本进行解释，此时，效率就是行政活动的产出与投入之间的比率。行政机关对义务的执行，因为资源投入出现的成本增加可以在一定程度上被义务履行的"又多又快"抵消，但从行政阶段看，这无疑是效率较高的义务实现方式。第三人代履行则不然，由于第三人的参与必然会涉及缔约与履约的诸多环节，再加上法律上为代履行设置的程序性步骤，第三人的义务履行的效率确实存在下降的可能。但如果从治理体系的整体层面观察，微观上的行政效率仅仅是行政机关的单方效率，一味地强调行政效率可能导致行政专断与大量纠纷。第三人代履行虽然延缓了行政效率，但是可接受性更高，从而避免在行政机关与相对方之间爆发冲突，不服执行行为引发的行政复议与行政诉讼的案件数量也会降低，可能出现的对社会资源的耗费亦得以避免，这种意义上的效率不同于单纯从行政机关出发的形式效率，更有利于社会的良性治理。

当然，"在一个公民试图对政府进行更多控制的时代，这种在'国家'边缘进行决策的方式的确立就财政困难而言是可以理解的，但他可能加剧人们对政府丧失信任和信心这样一些潜在的问题"。[1]行政机关不能因为第三人代履行而放弃责任，其职责主要体现在对第三人代履行的审慎决策与到场监督。

二、承接代履行业务的第三人

在《行政强制法》中，承接代履行业务的第三人被称为"没有利害关系的第三人"。首先需要明确的是，第三人地位既不同于作出行政决定的行政机关，也与相对方存在明显区别：其一，第三人参与代履行并非第三人对自身义务的履行。基于法律规定或者可能作出的行政决定，第三人不免承担一定的行政义务，但此时其身份或者是普通公众或者是具体行政法律关系中的相对方。第三人在代履行下所履行的义务，是通过行政机关通过行政决定针对相对方作出的，第三人既不是这一行政法律关系中的相对方，也不是行政义务的承继者，而是行政机关在无法期待相对方自行履行行政义务的情形下，替代其履行行政义务的主体；其二，第三人并非大陆法系之行政受托人。大

〔1〕［美］盖依·彼得斯：《美国的公共政策——承诺与执行》，顾丽梅、姚建华等译，复旦大学出版社2008年版，第44页。

陆法系的行政受托人近似于我国法律、法规授权的组织，强调受托者能够独立地、以自己名义行使公共权力。委托意味着行政机关去除自身执法责任，将某一特定事项或者特定领域的公共权力整体转移给受托人，对第三人代履行而言，这一点并不相符，第三人只是在“决意”结束后，方才进入履行过程，所履行的也仅仅是单纯的技术性、操作性事务。也就是说，第三人是行政决定进入“实施”阶段的构成性因素，这个因素为行政机关的行政决定整体所包裹，谈不上独立地行使职权。

在我国台湾地区，学者普遍对参与行政任务的私人有所谓行政助手与“根据私法契约网罗之私人”的划分。“行政助手，为一‘非独立’活动之私人，它仅能在行政机关的请求下，或者根据行政机关的指令指示，并且受到监督采取辅助性质的活动。……根据私法契约网罗之私人，受契约拘束而履行契约义务之私人或者私营业者，其活动不受到行政机关详细的指令拘束，而具有独立实施之特征。”[1]于是，行政助手与“根据私法契约网罗之私人”的差异仅仅在于参与行政任务过程中的裁量程度，二者并无本质性区别。至于代履中过程中的第三人到底是行政助手还是“根据私法契约网罗之私人”，不能一概而论，有人甚至将行政助手直接划分为非独立的行政助手与独立的行政助手，以后者涵盖“根据私法契约网罗之私人”的概念。无论将第三人做何种定位，第三人与义务人之间不存在法律关系，这一点并不存在争议。

此外，亦应认识到，第三人代替相对方履行行政义务的目的在于营利，即通过代履行业务牟取利润。第三人不同于政府，二者分属社会与国家的两端，“工业社会依靠政府去履行把整个社会组织起来的任务。政府是个巨大的机器，因为他拥有强制的行政权和从税收而来的雄厚财力”，相比政府的天然垄断性，第三人必须面对激烈的竞争，要在竞争中取胜必须创造足够多的利润，利润最大化是市场背景下第三人行为的基本目标，也是解释第三人行为动机的基本逻辑，没有利润，不仅将失去检验第三人绩效的标尺，而且也使第三人在市场竞争面前弱不禁风，难以对抗未来可能发生的不确定风险，也不能为未来的发展贡献资本。如果一项业务无利或者微利甚至是亏损，第三

〔1〕 程明修：《行政法之行为与法律关系理论》，新学林出版股份有限公司2005年版，第431页。

人将面临遭受淘汰的结局。因此，在代履行中，第三人常处于利润谋取者的境地。当然，这种利润请求，可能源于其合法合理的作为，亦可能出自违法不当的操作。对于后者应保持足够的警惕，也会因此产生一定的成本，但是只要我们承认，“企业的‘阴暗面’可以被概括为视野狭隘，不愿意遵守制度以及受到约束，对行动的偏好如此强烈以至于威胁到了责任”。[1]那么，监督就是必不可少。

三、面对代履行过程的相对方

相对方是第三人代履行的对象，在代履行合同实施中是较为被动的一方主体。作为代履行中利益受损的一方，相对方首要考虑保护自己的利益，尽可能使其少受损失甚至不受损失。

第一，应当承认，相对方是公众的一部分，与依法享有行政强制执行权的行政机关之间存在委托代理的契约关系。公众以纳税人的身份，用牺牲税金为代价将公共权力让渡给政府，由政府维持秩序、实现正义。但是，公众并不因此丧失对政府的控制，政府提供什么、如何提供以及怎么样提供制度性安排，公众仍然享有最终的发言权。当然，在现实的政治实践中，这种发言权的作用并不显著。公众由不同的个体或者组织构成，单个主体因为在公共产品生产的成本分摊与享用偏好上存在“搭便车”的心理，刚性的监督成本由发动者承担，而产生的受益却不能排他，由所有公众共同分享，即便政府行为有误，造成的后果也由公众分担，在份额与程度上往往微不足道，精于算计的公众宁愿保持“理性的无知”，放纵政府的种种作为，公众在公共产品的供给制度上，话语权大打折扣。因此，通过民主政治机制进行权力的委托，由民意代表专司行使成为政治领域的普遍现象。

民意代表对政府行为进行监督的主要方式是制定各个领域法律规则供行政机关遵循，以进行事前的控制，此种控制机制如果进行模式化的提炼，可以分为严格规则模式与正当程序模式。[2]严格规则模式注重实体规则的制定，

---

〔1〕［美］罗伯特·B. 登哈特：《公共组织理论》，扶松茂、丁力译，中国人民大学出版社 2003 年版，第 164 页。

〔2〕 孙笑侠：《法律对行政的控制——现代行政法的法理解释》，山东人民出版社 1999 年版，第 121 页。

强调行政机关权力的来源、范围、种类、幅度必须依法确定，通过详细的规则实现法律对行政权行使的支配。正当程序模式侧重于步骤与环节的合理设计，权力的理由通过相对方的介入实现权力过程的交涉与反思，相对方因此享有一系列的程序性权利在面对行政权时能够进行有力的防卫。恪守严格规则模式固然能够在一定程度上捍卫自由、民主等传统价值，却也产生了对行政裁量过度捆绑的消极后果，使“法律思维与社会现实分离，不利于问题的解决”,〔1〕妨碍行政机关对社会的能动管理，进入20世纪中叶，《行政程序法》的制定成为世界范围内的潮流。美国学者温格斯特等人从公众与政府存在的委托代理关系的角度认为，“在职的议会和政治家可以通过仔细设计行政结构和程序来事前影响官僚机构的决策。……因为官僚机构有能力选择和实行不同于政治委托人目标的政策；而且政治委托人很难推翻这些政策。面对这种官僚机会主义，事后的惩罚一般是作用很小或者效果很差的，因此，最优的制度解决是通过设计特定的行政结构和程序，即设计那些官僚机构在决策中必须遵循的行政结构与程序，进而将议会的政治控制强有力但是隐蔽地放进官僚机构的制度环境中。”〔2〕我国虽然尚未出台《行政程序法》，但是在《行政处罚法》《行政许可法》《行政强制法》中除了行政机关的实体性职权以外，分布着大量的程序性规则，这些规则在为行政机关在具体领域的行政执法提供了基本程序性指引的同时，也为统一的行政程序立法积累着实践素材与立法经验。国务院《全面推进依法行政实施纲要》将“程序正当”列为政府依法行政的基本要求。具体到第三人代履行，《行政强制法》第50条规定了代履行的适用条件，接着在第51条又对代履行的程序进行了明确，法律规则成为代履行活动必须遵守的界限，行政机关与第三人必须受其限制，实现行政义务的履行状态。

第二，代履行中的相对方是权益受到不利影响的主体。一方面，应该承认，相对方并非代履行合同的当事人。尽管其与行政机关存在行政法律关系，与承接代履行业务的第三人却并无任何法律关系，只是因为第三人与行政机

〔1〕［美］诺内特、赛尔兹尼克：《转变中的法律与社会》，张志铭译，中国政法大学出版社1994年版，第71页。

〔2〕马骏、叶娟丽：《西方公共行政学理论前沿》，中国社会科学出版社2004年版，第67页。

关就行政义务履行缔结合同而产生事实上的联系，第三人不能以无因管理、不当得利为由向相对方主张报酬，相对方没有接受第三人指令的义务，行政机关亦不能命令相对方直接向第三人支付履行费用。至于相对方在面对代履行行为时承担的忍受义务，是行政机关所作的行政决定生效之后的必然结果，且这种义务的主体是相对方而非第三人。另一方面，第三人具有合法、适当实施代履行的义务，第三人在履行行政义务的过程中，对相对方的合法利益必须尽到善良维护与适当注意的义务，这种义务表现为代履行的方式应该尽量和缓，避免对相对方造成不必要损害以及出现损害后果时赔偿责任的承担等。

第三人对行政义务的履行会对相对方的合法权益产生影响，此种影响在本质上是一种利害关系。我国学理与司法实践中，对利害关系的认知存在直接与间接的区分，直接利害关系即当行政决定及其内在包含的义务履行在客观上触及一个人利益，而二者之间又没有其他的法律关系作为连接，此时行政决定与利益的联系就是直接关系，相反，如果行政决定对他人的影响是以其他法律关系作为连接实现的，那么这种联系就是一种间接关系。在代履行中，相对方与第三人的代履行之间存在的利害关系到底是直接利害关系还是间接利害关系？笔者认为应为后者。第三人与行政机关签订代履行合同，内容为履行行政义务，当第三人代履行出现违法或者不当情形时，在性质上首先是一种违约行为。第三人的代履行行为与相对方权益的影响之间存在一个中间环节，这个环节就是行政机关与第三人缔结的代履行合同。正因如此，如果相对方对代履行实施行为不服，一般只能起诉委托第三人的行政机关，如果第三人与行政机关就代履行事项发生争议，也只能要求对方承担特定法律责任。

相对方作为利害关系人的角色决定了代履行过程不可能或者不应该将其完全排除在外。相对方为了避免自身权益不因代履行遭受不利影响，应该享有一系列的行政法上的权利。

代履行的参与者不仅有着不同且潜在互相冲突的目标，各自地位也具有差异性。行政机关在第三人代履行中处于完全支配的位置，基于特定考虑决定是否代履行，由谁实施代履行；第三人面对盈利的压力，通常会积极参与代履行，可能通过“诚实劳动、合法经营”获取财富，也很可能铤而走险选择损害行政机关或者相对方的手段牟利；相对方则显得较为被动，对行政机关代履行还是第三人代履行并无太多话语权，如果考虑到最终的履行费用由相对方支付，义务履行主体的差异在后果上的区别甚至可以忽略不计，但是，与行政机关的履行相比，第三人代履行在有助于实现特定行政目标的同时，也面临第三人介入后，对相对方权益侵害的可能，将相对方完全排除在代履行过程之外有失公正。

第四节　代履行与机会主义

“学术上的‘委托代理问题’在现实世界中就是‘控制’的问题。”〔1〕控制的对象是机会主义，即代理人借助于不正当的途径与手段谋取自身利益的行为，代理人对自身行为给他人利益造成的不利影响不予考虑，也不顾及一个社会应该遵守的共同行为规范。“这种行为具有离心性的，从而有害的长期后果，它使人们的行为在长期内变得难以预见。”〔2〕委托代理理论中所主张的具有预防与惩戒功能的机制设计，其作用就在于遏制机会主义举动。在代履行中，行政机关与第三人都是理性的行动者，在谋求自身利益时，同样也会出现机会主义问题。

一、机会主义产生的原因

机会主义的存在对代履行意图实现的行政义务必然造成消极影响，究其原因，大致可以归结为以下两点：

1. 信息不对称。代履行，从结构上讲，体现为作为委托人的行政机关与作为代理人的第三人之间的合同关系，第三人的代履行与行政机关的费用支付是这一合同中包含的双方交易，合同规定第三人在履行行政义务中应该采

〔1〕［美］莱斯特·M. 萨拉蒙主编：《政府工具：新治理指南》，肖娜等译，北京大学出版社 2016 年版，第 263 页。

〔2〕［德］柯武刚、史漫飞：《制度经济学：社会秩序与公共政策》，韩朝华译，商务印书馆 2000 年版，第 77 页。

取的行动以及行政机关应该向第三人支付的报酬。但是，在行政机关与第三人之间的目标函数上，往往存在差异，行政机关除了费用方面的经济考虑以外，还承担着公平、秩序、透明与回应等责任，第三人则更多基于追求利润参与履行过程，当其将利润最大化作为行动目标时，公平等价值将受到减损。当然，如果行政机关对第三人的活动及其结果有充分的信息，行政机关仍然能够有效地对第三人进行监督激励。但是，事实恰恰相反，“人类在了解资源、潜在交易伙伴以及它们的精确特征上具有‘横向的不确定性。’特别是，当人们需要让别人为他们做事时，他们常常不清楚那些代理人究竟将忠诚、可靠、尽其所能，还是玩忽职守”。〔1〕个体行动者基于其在社会领域的角色所具有的有限认知能力，是“构造性”的。在代履行制度中，行政机关与第三人分属不同的行动主体，第三人对自身的能力、技术、经营状况拥有更多的信息而处于优势地位，行政机关则因为缺乏信息处于劣势地位，再加上二者之间目标函数的差异性，第三人借助此种信息不对称以寻求自身利益最大化似乎不可避免，而合同是否得到遵守也很难得到判断。

2. 合同的不完备性。行政机关以拦腰斩断整体行政强制为代价，让第三人参与到行政过程之中，第三人因此获得相应的报酬，但也必须受到行政机关的监督。这意味着，行政机关一旦选择市场购买的方式生产公共物品，必然会在行政机关与第三人之间形成一个以生效行政决定为基础的合同。然而，合同的不完备性决定了，任何合同即便在形式与内容上非常严谨，都不可能精确描述与交易相关的所有未来状态以及每一状态下的各方的权利与责任，这种不完备只能逐渐改进，不可能消除。一方面，任何代履行合同都是面向将来产生约束作用的，合同条款的形成却总是对过往经验的总结，在动态发展的现实世界面前，代履行合同总会显出滞后的一面；另一方面，“个人的种种决策是在‘给定条件’的环境中发生的，所谓‘给定环境’就是被决策者主体当成个人决策所依据的前提条件，行为只能适应这些‘给定条件’所设置的限度”，〔2〕行政机关既然不能搜索到缔约所需的全部信息，也不可能事先

〔1〕［德］柯武刚、史漫飞：《制度经济学：社会秩序与公共政策》，韩朝华译，商务印书馆2000年版，第62页。

〔2〕［美］赫伯特·西蒙：《管理行为》，詹正茂译，机械工业出版社2007年版，第83页。

为合同内容作出一览无遗的规定。“交易者通过从交易合伙人所进行的专用性投资中寻求准租，可能会违背他们的契约协定”，对于一个充满漏洞的合同，这几乎是不能避免的结局。代履行合同的第三人可能利用合同中存在的漏洞，“被动地”逃避非合同明确约定的责任，或者“主动地”利用合同中未能涉及的情形改善自身的处境和地位。

二、机会主义的表现形式

代履行中的机会主义表现为以下几种形式：

1. 逆向选择。即第三人在与行政机关缔约时，为了获得合同当事人的资格，有意识地隐藏其在资质、资格、能力等方面的劣势，并通过信息传递机制（承诺）显示或者发出对自己有利的信息，以便招徕行政机关并获得缔约机会进而在竞争中获胜，对自身信息有充分掌握的第三人利用自身的信息优势为自己牟取利益，这即是“逆向选择”。而由于信息的不对称，行政机关无论主观如何努力，对第三人状况都不可能准确观察或者验证，只能任凭第三人“王婆卖瓜、自卖自夸”。“竞标成功的承包商很可能拥有政府只能靠时间流逝才能发现的缺陷，有的时候，一些效率和效力的损失也都是在所难免的事情。”〔1〕参与代履行的第三人在技术能力、信用状况、人员素质、专业水平等方面都与代履行的合法性与适当性密切相关，行政机关必须在众多第三人之中进行寻找与甄别。这一过程中，有意地隐瞒甚至弄虚作假以换取代履行资格往往很难避免。当行政机关无法识别潜在的第三人所拥有的条件禀赋时，越是劣质的第三人甚至越容易成为代履行合同的当事人——“劣币驱逐良币”。

2. 道德风险。行政机关与第三人缔结代履行协议后，第三人会在合同没有考虑的领域，利用自身信息的优势，通过隐藏自身活动谋求不当私利，这种现象被称为“道德风险”。多数代履行不可能完全排除专业性与技术性因素，行政机关在工具选择、技术手段的使用以及履行时机上，往往缺乏足够的判断力，对第三人的行为难以监督或者因为监督成本过高根本无法监督。

---

〔1〕［美］唐纳德·凯特尔：《权力共享：公共治理与私人市场》，孙迎春译，北京大学出版社2009年版，第22页。

第三人对自身利益的追求本无可厚非，但如果以违背合同，采取隐蔽行动的方法以达到自我利益的最大化而影响合同执行效率，并最终损害相对方利益，不仅会在行政机关与相对方之间产生国家赔偿关系，更是侵蚀了行政过程的权威性与公信力，未能缓解原本已经相当紧张的官民关系，反而恶化了问题——治丝益棼。

无论是合同缔结前的“逆向选择”还是合同履行中的“道德风险”，都会造成效率的损失。行政机关想要识别第三人的隐蔽信息与隐蔽行为，即便不是不可能，也需要在信息搜寻与进行检查监督（规则执行与合同管理）等方面支付的费用与所获得相应收益之间进行权衡。这种对检查监督活动本身成本受益的计算说明代履行中的机会主义难以从根本上消灭。

3. 敲竹杠。威廉姆森在《交易成本经济学：契约关系的治理》中将专属性分为非专属、混合、特质。专属性是指人力资本投入或耐用性实物资本投入到特定交易从而被锁定的程度。如果要打破既存关系，专属性资产将产生巨大的退出或者转置费用。这意味着一旦合同的一方当事人进行了专属性投资，双方将被迫在较长时间内进行合作。具体到代履行，如果第三人为履行行政义务作出了巨大投入，而这种投入又是其他主体无力或者无意进行的，行政机关在行政义务的履行上将严重依赖某一特定第三人，这无疑将弱化行政机关在后续谈判中的地位而无法防止第三人的机会主义行为。如果代履行合同的履行中，面临某种性质的专属性投资，事后的垄断将替代事前的竞争，从而导致第三人借口向行政机关“敲竹杠”，使自己在交易中能够处于有利的境地。

4. 合谋。在委托代理关系中还有一种容易出现的现象是合谋。如果将代履行的委托代理链条向前延伸，公众是初始委托人，行政机关实际上不仅是公众的代理人，同时又是第三人的委托人，行政机关不仅与第三人有契约关系（子契约），与公众（相对方是公众的一部分）也有着契约关系（主契约），后者是前者产生的前提，但是也会出现前者对后者的背离，即子契约的当事人相互协商，以牺牲委托人利益的方式提高共谋者的利益总量。

就代履行而言，可能出现的情形是：行政机关与第三人联合，在代履行中故意采取费用较高的方式履行义务，再向相对方主张，征收的费用在行政机关与第三人之间进行分割，即便相对方发起法律救济程序，有权机关确认费用违法，按照《国家赔偿法》的规定也是支付机关即同级政府财政部门，与行政机关并无直接关联。

与第三人一样，行政机关也是理性的行动者，同样有自己独特的利益追求，在我国行政机关受益权得不到保障与监察制度正处于完善阶段的情况下，执法领域的创收现象禁绝不止，行政产业化时有出现。当行政机关与第三人在经济利益上形成交叉时，彼此的共谋成为行为上的选项。行政机关会有意识地向第三人传递某种信号，第三人则倾向于揣摩甚至直接根据其意图行事。在制定代履行方案时，如果第三人认为与行政机关的偏好不一致，可能投其所好，按照行政机关的意图进行选择，委托代理结构中的这种“应声虫”现象促成了侵犯相对方利益的后果。〔1〕

5. 理性的无知。在委托代理理论中，代理人的机会主义众所周知，但是委托人同样也会存在严重的机会主义举动，委托人的机会主义主要表现为“理性的无知”。就代履行而言，其表现在行政机关对参与代履行的第三人并不熟悉的情况下，不愿花费太多的时间与精力去熟悉，因为代履行的费用由相对方承担，数额高低与行政机关没有直接的利益关联，尽管从理论上而言，相对方在受到损失后可以向行政机关主张国家赔偿，但是考虑到我国目前国家赔偿制度总体的局限性，相对方往往不愿、不敢进行权利的主张，这在相当程度上导致了行政机关的激励弱化，行政机关不愿去搜寻有关第三人的信息，符合逻辑的选择就是偷懒，即主动弃权，或者在监督代理人上做些表面文章。“理性的无知”对代履行的制度效率而言无疑是一个巨大的打击。

三、机会主义的一般应对措施

在现代契约理论中，机会主义行为的发生机理、表现形式构成了组织治理机制的基本分析框架。通过机会主义行为，特定主体虽然能够获得短期收益，但在长期的角度上，降低了治理机制的绩效，对双方甚至更为广泛的公

〔1〕 这种官商勾结对相对方的利益而言，是一种严重的掠夺，政府“系统性地滥用公共制度谋取私利，或者系统性地破坏公共保护制度为私人受庇护人牟利”。参见［美］詹姆斯·加尔布雷斯：《掠夺型政府》，苏琦译，中信出版社 2009 年版，前言。

众都会产生不利的影响。因此，需要设计相应的激励机制有效抑制机会主义的行为倾向，这是委托代理问题的关键。就如何设计最优契约以克服机会主义行为，德国学者柯武刚与史漫飞二人在《制度经济学》中指出四条激励代理人的路径：①在一定的激励下，代理人能出于团结的考虑而将委托人的目标作为自己的目标；②可以用直接监管和强制命令的办法来控制代理人；③代理人能够遵守一般规则。[1]本书认为，从一般意义上，机会主义的解决可以从以下方面出发：

第一，筛选代理人。避免机会主义风险的根本途径是选择条件、能力、资源突出，而又没有机会主义行为倾向，并愿意进行真诚合作的伙伴。代理人的筛选离不开市场手段，在商业领域尤其如此，如果委托人要选择一个组织或个人完成所委托的某项任务，委托人必须进行选优淘劣，不同代理人的优劣信号需要传递机制，招标即是典型。但是，这种选择的关键是对代理人的条件、能力和资源进行准确评价，避免出现代理人对自身不利信息的有意隐藏或者夸大自身条件等信息扭曲行为，解决逆向选择、敲竹杠等问题。市场手段仍不足以解决问题，因为潜在的代理人是否愿意将其能力与资源应用于双方的合作关系存在着不确定性，有必要对代理人的真实动机进行考察。对代理人的筛选必须充分考虑代理人以前的绩效、社会声望及其在于其他组织关系中的表现等多种因素进行综合评价。

第二，目标粘合。尽管委托人与代理人有不同的目标函数，但是二者并非不能发生重叠。委托人的任务在于用经济、法律、管理、教育等手段使代理人将委托人的目标作为自己的追求，例如使代理人成为剩余权益的拥有者，即赋予代理人一种权利或地位，使之成为索取扣除其他要素所有者的报酬之后的剩余报酬者，即享有剩余索取权。这样代理人获得了一种不再偷懒的激励，代理人拥有剩余权益，是降低代理成本的根本途径。目标粘合的目的在于让代理人从维持委托代理关系中所获得的收益超过从事机会主义行为所获得的短期收益，即设计一种“自履行”协议实现激励。

---

〔1〕［德］柯武刚、史漫飞：《制度经济学：社会秩序与公共政策》，韩朝华译，商务印书馆2000年版，第79页。

第三，合同设计。在对代理人筛选并确定以后，委托代理问题的大小取决于委托人如何为代理人分派任务而并非由谁代理，任务分派需要进行细致的合约设计，这是委托人防止道德风险的有效途径。一般而言，有两种方式可以达到这一目的：一是委托人明确规定代理人应予完成的事项内容与完成方式，二是在合同中规定完成事项的程序性要求。由于明确规定了事项及其实现步骤，代理人的自主空间被压缩，委托人得以免于受代理人的操纵和利用。

第四，监督与强制。委托代理关系中之所以会出现道德风险，是因为即便双方之间存在书面的合同，代理人仍然会寻求自身利益，利用合同的不完备性改变其行为。因此，委托代理的关键不是要不要监督，而是如何监督。麦库宾斯等人曾经将监督分为警察巡逻与火警两种机制的做法颇有价值，警察巡逻涉及巡视、探察以及其他直接监督和汇报手段，这些机制对于处理某些突发事件极为有效，但也消耗相当多的时间与精力，对代理人士气与机构运转可能产生消极影响。火警则主要由利害相关人发动，当其不满代理人的工作时向委托人或者法定机构寻求救济（行政救济与司法救济），这就减少了委托人直接监督的成本，委托人有限的注意力则转向代理人更为严重的违法。

第三章　第三人代履行的决策规制

代履行是行政机关作出行政决定后，对行政义务履行方式的一种决策选择。这种选择不仅需要依据公法中的比例原则进行审慎考虑，亦有必要进行外部购买方面的费用计算与权衡，更需在代履行合同的缔结程序、第三人确定、合同内容设计等问题进行制度设计，在事前尽量降低代履行可能产生的机会主义行为。

第一节　第三人代履行的决策过程

一、代履行制度的适用

《行政强制法》第50条规定："……行政机关可以代履行，或者委托没有利害关系的第三人代履行。"据此判断，行政机关在两个问题上可以进行裁量：一是出现特定情形时，是否启动代履行程序；二是如果启动代履行程序，代履行是由行政机关自己实施，还是由没有利害关系的第三人实施。本章主要围绕代履行决策及与之相关的问题展开。

（一）代履行的适用范围

作为大陆法系一项普遍的强制执行制度，代履行被认为只能适用于相对方承担的可替代性义务，即他人履行该行政义务能够达到相对方履行同样的状态，这就排除了对金钱给付义务、不作为义务、具有高度人身依附性义务进行代履行的可能。[1]《行政强制法》（草案）曾规定："行政机关依法作出

---

〔1〕 在行政义务的替代与否上，常会发生混合情形，例如，相对方违反交通法规，行政机关命其自动将车牌拆除并交行政机关扣留三周，相对方不服命令时，能否代履行。根据学者的分析，该行政命令分为两个部分——"取下车牌"与"忍受扣留"，前后都不能独立存在，应就其整体观察，以义务不能替代性作为定位。参见城仲模：《行政法之基础理论》，三民书局1999年版，第304页。

要求当事人履行排除妨碍、恢复原状等义务的决定，当事人逾期不履行，经催告仍不履行的，行政机关可以委托没有利害关系的其他组织代履行。”此处所谓的“排除妨碍、恢复原状等义务”是对可替代义务的法律阐释。但是，立法者认为，这样可能造成代履行的适用范围过宽，不利于规范代履行制度，于是在正式的法律文本中对可替代性义务又进行了进一步的明确。

代履行虽然属于《行政强制法》中规定的行政强制执行，同时在立法上又具备自身的特点。《行政强制法》对行政强制执行的限定非常严格，只有单行法律有明确的规定，行政机关才能自行强制执行，法律没有规定行政机关强制执行的，作出行政决定的行政机关只能申请人民法院强制执行，而且申请人民法院强制执行时还需遵循“当事人在法定期限内不申请行政复议或者提起行政诉讼的”条件。

就如何规范代履行，《行政强制法》立法过程中曾有三种思路：第一种思路是从源头上加强规范，规定只能由法律设定代履行。第二种思路是具有强制执行权的行政机关才能实施代履行。第三种是进一步明确代履行的适用范围，将代履行限定在“做好事”事项。〔1〕立法最终没有采取前两种意见，因为这样将对行政管理体制作出重大调整，使许多确有必要的代履行措施失去合法性，从而影响行政管理的正常秩序。

《行政强制法》最终在可替代性义务这个理论前提下，首先将其转化为法律概念：排除妨碍、恢复原状等。〔2〕排除妨碍即相对方实施的违法行为阻碍了公共利益或社会秩序的实现，行政机关通过行政决定责令其主动排除；恢复原状意指相对方的违法行为对公共财物造成损坏，行政机关要求其通过修

〔1〕全国人大常委会法制工作委员会行政法室编著：《〈中华人民共和国行政强制法〉解读》，中国法制出版社2011年版，第161页。有人认为，立法者采纳的第三种思路“忽视了执法现状”，即代履行在行政执法中的广泛运用，参见刘磊：“拨开代履行的迷雾：判断标准、适用范围及费用落实”，载《现代法治研究》2017年第1期。也有人提出，我国较为严格的代履行适用范围是“走向极端，自废武功”，参见陈晓济：《警察行政强制法律制度研究》，中国政法大学2011年版，第152页。其实，代履行的广泛存在是现状，但其实施中的随意委托、高额收费也是现状，同样值得立法关注。

〔2〕值得注意的是，《行政强制法》上的排除妨碍、恢复原状既是行政强制的方式之一，也是代履行所涉的可替代性义务的转化，二者并不矛盾，前者是对直接强制诸多方式的提炼，例如行政机关依法对违法建筑的强制拆除本质上就是一种排除妨碍、恢复原状，后者是对基础行政决定确定的义务性质上能够通过其他方式达到与义务履行相同状态的界定。

理、修复等手段使受到损坏的财物恢复到原有的状态。排除原状与恢复原状的概念虽源自民事责任形式，但在行政强制领域具有典型的公法属性。其一，它是行政机关为保障公共利益、社会秩序及公共财物而由相对方向公众承担的公共责任。以土壤修复为例，“真正的救济对象是不特定多数人意义上的抽象‘公众’，而非具体的土地权利人；责任的着眼点和判断依据是生态环境与公共健康，而非土地的财产价值”。[1]其二，它是一种由依据行政法律规范规定和实施的责任，是否恢复原状、排除妨碍不取决于相对方意愿，行政机关亦无权任意地放弃或变更，相反，相对方必须积极遵守，行政机关应当执法必严、违法必究。其三，它的内容应该足够明确。作为民事责任的恢复原状、排除妨碍，法律一般仅作原则性规定，而在行政管理中，往往涉及具体的主体、范围、标准、程序等。

此外，《行政强制法》又为代履行的实施设定了一个适用条件：逾期不履行且经催告后仍不履行，后果已经或者将危害交通安全、造成环境污染或者破坏自然环境资源。[2]这是我国代履行制度不同于他国的地方，也是一种理论与制度上的创新。

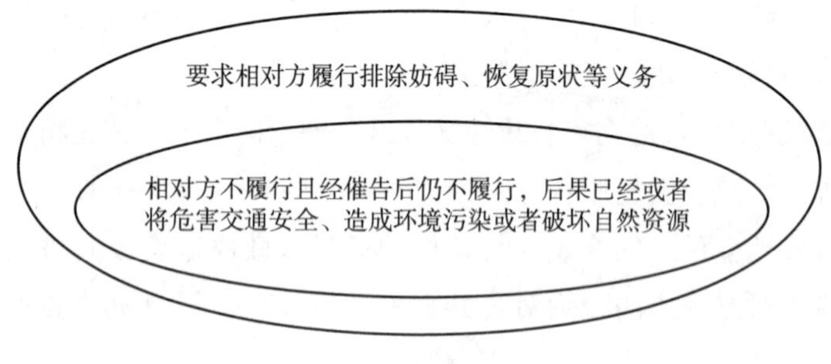

图表 5

〔1〕巩固：“公法责任视角下的土壤修复——基于《土壤污染防治法》的分析”，载《法学》2018 年第 10 期。

〔2〕值得注意的是，行政决定确定的义务履行期限应给予相对方合理且相当于义务履行必需的时间，相对方逾期不履行具体可以表现为完全不履行、部分不履行以及履行不符合行政决定的要求等情形，如果相对方主张其已经履行行政义务，应向行政机关举证证明。

因此，行政机关是否拥有行政强制执行权需要法律的个别授权，[1]但是代履行则通过前述的层层限定，立法者对其适用范围、具体情形都进行了明确的列举与规范，无需法律再进行授权，经过《行政强制法》的“批发式”规定，行政机关获得一般的行政强制代履行权。[2]这一规定的正面意义不容否认，也是对行政执法现实情形的一种制度回应。但从另外的角度看，又难免使人产生一些疑惑，例如，位于道路中间、影响或可能影响交通通行的建筑是否必然能够实施代履行？[3]在李某丰诉舒兰市水曲柳镇人民政府作出的《代履行执行书》一案中，舒兰市人民政府办公室于2015年11月19日下发《吉荒高速公路舒兰段征地拆迁实施方案》的通知。该实施方案明确“各乡（镇）街是征地拆迁的责任主体，负责本区域内的征拆全面工作”。原告李某丰位于舒兰市水曲柳镇荣进村七社的建筑面积为144平方米的房屋及使用权面积为269.99平方米的土地在征收拆迁范围内。2016年4月，被告工作人员到李某丰家中就征地拆迁问题两次协商，李某丰均拒绝在协商记录上签名。因李某丰拒绝领取补偿款，2016年4月29日，被告将李某丰房屋及附着物、土地补偿费合计238 336元提存，并予以公证。2016年5月4日，被告作出舒

---

〔1〕 最典型的例子即是《行政强制法》第44条：“对违法的建筑物、构筑物、设施等需要强制拆除的，应当由行政机关予以公告，限期当事人自行拆除。当事人在法定期限内不申请行政复议或者提起行政诉讼，又不拆除的，行政机关可以依法强制拆除。”在笔者对城管执法行为的调研中，有些城管执法人员认为依据该条城管具有强拆违建的法律授权，并将对其执法工作产生有力的推动作用。这种观点是对法律规范的一种误解。《行政强制法》是行政强制领域的基本法，不能取代单行法律对行政机关的授权，这是政府行政执法的复杂性、多样性的必然结果。第44条所谓的“依法”，正确的理解是依据单行法律所规定的权限以及《行政强制法》和单行法律规定的程序。

〔2〕 代履行是否需要法律授权曾在域外引起广泛争议，包括迈耶在内的诸多学者持否定观点，认为代履行对相对方并非痛苦，相反使法律关系的对抗性降低，代履行不包含任何强制成分，仅仅是对原本承担之行政义务的落实，因此，只要行政机关依法有强制执行权，便自然取得就行政义务履行启动代履行程序的权力。与此相反，学界的通说则认为，代履行中并未有相对方的积极参与，但其却须忍受他人代履行与缴纳代履行费用的义务，尤其是后者，给相对方形成了新的侵害。这意味着，代履行并非简单的实现既存义务。从依法行政原理、行政机关自力救济和人权保护的角度看，后者更为可取。在日本，《行政代执行法》的出台宣告了这场论争的结束。

〔3〕 据报道：“今后，违法建设不仅要被拆除，违建当事人还要承担拆除违建所花费的全部费用。昨天，记者从市规划委获悉，北京针对违建行为已拿出‘杀手锏’：正在研究并将实施违建强拆费用追偿和适用代履行、立即代履行拆除违建机制。”“北京出台新规：拆违建全部费用由当事人承担”，载新浪网，http://news.sina.com.cn/c/2014-09-22/013030891897.shtml，访问时间：2015年4月30日。

市水曲责排决【2016】1号《责令排除妨碍决定书》，限李某丰自收到该决定书之日起3日内自行拆除该房屋及附属物，逾期不拆除，将依法拆除。因李某丰拒绝签字，该决定于当日留置送达。2016年5月10日，限期排除妨碍已逾期。经催告，被告遂作出舒市水曲代决【2016】1号《代履行决定书》，决定委托舒兰市市容环境管理局代李某丰履行。又经催告，李某丰拒绝履行该义务。2016年6月19日，水曲柳镇政府委托舒兰市住建局于2016年6月20日代为拆除和清理吉荒高速公路辅路规划路径建筑控制区域内的房屋及地上附着物，排除妨碍，并作出舒市水曲代执【2016】1号《代履行执行书》，告知李某丰已委托舒兰市住建局对其建筑物及附属物予以执行。

一审法院认为，李某丰在合理期限内拒不拆除其房屋及附属设施的行为，已经对吉荒高速公路舒兰段征拆工作构成妨碍。水曲柳镇政府相继作出《责令排除妨碍决定书》《代履行决定书》，但李某丰逾期经催告均未履行。故水曲柳镇政府根据《行政强制法》第50条之规定，将代履行拆除和清理吉荒高速公路辅路规划路径建筑控制区域内的房屋及地上附属物工作委托给舒兰市住建局，并作出《代履行执行书》。据此，被告的行政行为是基于确保高速公路顺利施工的公共利益，排除妨碍施工的因素，且对李某丰的损失进行了合理补偿，没有侵犯李某丰的合法权益。根据《公路法》《土地管理法实施条例》等法律法规的有关规定，被告的征拆工作符合法定程序，其依法作出的《代履行执行书》适用法律、法规正确，证据充分，依法应予维持，故根据《行政诉讼法》第69条之规定，判决驳回原告李某丰的诉讼请求。

二审法院确认被申请人作出的《代履行执行书》违法，原因之一就是本案因征地拆迁而起，被申请人依据《公路法》的相关规定，对李某丰房屋及附属物责令排除妨碍属于适用法律错误。

这类问题如果不能解决，很容易形成强制执行中的"木桶效应"，[1] 大量原本应该依法采取措施方能达到目的的，却借助于代履行得以实现。何谓危害交通安全、造成环境污染或者破坏自然资源？具体的情形是什么？由谁

---

〔1〕"木桶效应"又称"短板效应"，原意是指盛水的木桶由许多木板箍拼，其容积从理论上应由木板共同决定，但是如果一块木板很短，木桶的容积将受这块木板的限制。后来，这一现象逐渐用来指组织或者制度发展中劣质部分对整体效率的冲击。

来判断？可能都需要进一步的细化，以此避免行政机关在启动代履行程序裁量权上的恶性扩张。

在邓某华诉启东市城市管理局强制拆除房屋及行政赔偿一案中，启东市城市管理局为加强城市管理，提升城市形象，消除影响交通安全因素，对邓某华搭建的亭棚依据代履行的程序予以拆除。南通市中级人民法院认为，“代履行具有严格的适用条件，一般并不适用于对建筑物、构筑物、设施的强制拆除。代履行通常不具有强制性，只有在当事人怠于履行应负义务的情形下，行政机关才可以选择代履行的方式。此外，适用代履行方式还应以当事人不履行义务可能会导致迫在眼前的危害为前提。案涉亭棚早在 2011 年便存在于案涉地点，启东市城市管理局在未提交任何证据的情形下，认定本案符合适用代履行的条件，明显强词夺理，不能成立。……立法目的不应被无视。是否符合立法目的，是对法律适用产生分歧时作出判断和取舍需要考虑的一个重要因素，有悖立法目的的选择不应得到支持。对于建筑物、构筑物、设施的拆除，行政机关倘若不加区分地适用《行政强制法》第 50 条实施代履行，将会导致第 44 条所确立的特别规则被架空，立法目的被抛弃，严重违反法律适用的基本要求”。本案值得继续思考的问题是，在涉案房屋具有影响交通安全的后果时，行政机关能否予以拆除。

（二）代履行的适用条件

问题在于，即便符合前述范围是否意味着必须进行代履行？笔者认为行政机关于此处仍然存在裁量空间。

一般情况下，行政机关对于不履行行政义务的相对方应平等对待，否则即会产生对守法公民或积极履行行政义务者的不公平，这是平等原则要求的“禁止任意差别对待”的体现。但正如有学者所言，“禁止任意差别对待”仅仅是平等原则的一个层面——“等者等之”，“个案正义原则则是平等原则的另外一个侧面——‘不等者不等之’的具体体现”。[1]台湾学者更是指出，“惟从整个法律体系而言，并无一项法律硬性规定，行政机关对人民未履行之义务，不计代价或不问后果均应彻底强制执行，故支配行政执行者并非不具

---

〔1〕 尚海龙：《行政法的平等原则研究》，人民出版社 2017 年版，第 97 页。

弹性之合法主义，而是便宜主义。行政机关对于某项义务是否应强制其履行？何时以如何之适当方法实施强制？非无斟酌判断之余地”。[1]至于判断的具体路径，公法中的比例原则提供了引导。

比例原则产生于19世纪德国的警察法学，认为警察权力的行使唯有在“必要时”，才能限制公民之权利。Fleiner提出了一句脍炙人口的名言，“勿以炮击雀”，强调警察权力行使的限度。后来这一原理被扩充适用于公共权力整体，成为约束公权的宪法层次的“帝王条款”。比例原则尽管有“禁止过分”“尽可能减少干涉之要求”等不同称谓，但实质内涵都是着眼于目的与手段之间的关系，对于规范行政决定尤其是不利性行政决定具有重要意义。当一项行政决定仅为达成某一特定目的的手段时，必须符合比例原则，即适当性、必要性、均衡性的要求：①适当性，又称合目的性。这一原则强调行政措施应有助于预期目的的实现，避免治丝益棼，决定预期目的是否适当可以遵循四个标准：防止妨碍他人自由、避免紧急危难、维持社会秩序、增进公共利益；[2]②必要性。强调手段之间的权衡应该力求适度——避重就轻，此时需要考虑为达到相同目的的措施有几种，各种措施对基本权利有如何之限制，何种措施的限制为最低程度或者最为轻微；③均衡性。强调采取的行政措施虽然合乎目的，且属于必要的措施，但采取此种措施时仍然不能过度，即采取措施造成的损害不得与意图实现目的的利益显失均衡，即行政措施追求的公益应大于受损私益，不能杀鸡取卵。比例原则的审查一般采取阶段式，[3]即按照前述适当性、必要性、均衡性三阶段审查，不符合适当性的，无需审查必要性与均衡性，不符合适当性或必要性的，无需审查比例性，就可认定违反比例原则。

我国虽然没有出台《行政程序法》，但在《行政处罚法》《行政强制法》中比例原则已经展露，例如《行政处罚法》第5条第2款规定：“设定和实施行政处罚必须以事实为依据，与违法行为的事实、性质、情节以及社会危害程度相当。”《行政强制法》第5条规定：“行政强制的设定和实施，应当适当。采用非强制手段可以达到行政管理目的的，不得设定和实施行政强制。”

---

〔1〕 吴庚、盛子龙：《行政法之理论与实用》，三民书局2016年版，第528页。

〔2〕 李惠宗：《行政法要义》，元照出版公司2007年版，第112页。

〔3〕 林锡尧：《行政法要义》，元照出版公司2006年版，第58页。

第6条规定："实施行政强制，应当坚持教育与强制相结合。"第23条第1款规定："查封、扣押限于涉案的场所、设施或者财物，不得查封、扣押与违法行为无关的场所、设施或者财物；不得查封、扣押公民个人及其所扶养家属的生活必需品。"

以比例原则进行衡量，行政机关是否就行政义务启动代履行程序，可以分为三个层次进行判断：

1. 行政机关要求相对方履行的义务（同时也是代履行的内容）是否能够实现行政决定当初所欲实现的目的。行政决定生效后，如相对方已经自我履行或者行政机关已经强制执行，当然不存在重复履行的必要，除了此种行政决定正常的消亡情形以外，如果设定义务且尚未执行的行政决定已经客观上被消灭，"皮之不存，毛将焉附"，那么行政决定中包含的行政义务也就缺乏存在的必要性。"基础处分的有效性是执行行为合法性的前提。……基础处分的效力一旦不存（或无效或失效），执行行为即归于违法。"[1]从一般行政法理的角度看，能够引起行政决定效力消灭的情形有：行政决定被认定为无效，或者被有权机关撤销、废止，行政决定因附款而失效，因为客观情势的变化已无履行必要，等等。[2]出现这些情形时，代履行当然缺乏适用的前提。

另外，从更为具体的层面看，根据《行政强制法》的规定，代履行的适用范围仅仅局限于"其后果已经或者危害交通安全、造成环境污染或者破坏自然资源的"。[3]行政机关在决定是否代履行时必须考虑，行政决定要求相对

[1] 李建良："行政处分2.0：法治国家的制度工具与秩序理念（下）"，载《月旦法学杂志》2018年第7期。

[2] 宋功德：《聚焦行政处理——行政法上"熟悉的陌生人"》，北京大学出版社2007年版，第139~154页。

[3] 有人提出，将代履行的适用范围限定于三个领域，不仅存在不必要的创收担心，而且与立法实践、类型的开放性不符，代履行应该面向违法建设等替代性作为义务领域开放。参见刘磊："拨开代履行的迷雾：判断标准、适用范围及费用落实"，载《现代法治研究》2017年第1期。笔者认为，《行政强制法》对代履行进行普遍授权的同时，又规定了其适用范围与适用条件，其背后是立法者有意识在"维护公共利益和社会秩序"与"保护公民、法人和其他组织的合法权益"之间进行平衡，也是对代履行领域乱象的制度回应，代履行的扩张与立法本意相背。至于存在于三个领域以外的代履行，如果规定在法规、规章中，按照上位法优于下位法的原理，应属无效；如果规定在单行法律中，《行政强制法》作为规范行政强制领域的一般法应该具有优先性，除非其有除外规定。从《行政强制法》有关代履行的规定看，适用范围并不存在除外规定。

方履行的义务是否能够维护交通安全、避免环境污染、保护自然资源，在思维顺序上，应该考虑代履行的义务内容与代履行能够实现的目的之间的因果关系，而非简单的倒果为因，只要行政决定涉及交通安全、环境污染、自然资源就一概启动代履行程序。

2. 代履行的适用应该是穷尽其他更为轻微的手段之后的结果。《行政强制法》第 12 条对行政强制执行的方式进行了列举：加处罚款或者滞纳金，划拨存款、汇款，拍卖或者依法处理查封、扣押的场所、设施或者财物，排除妨碍、恢复原状，代履行，其他行政强制执行方式。直接与间接强制执行方法间是否具有优先适用的顺序，学界并非毫无争议。马古尔认为，所谓优先顺序排列的“优先等级”只不过是罗马法以来民事执行时的一种想法，代执行与执行罚之间除了本质上不可能对调之情形外，前者对后者并无优先性之存在。[1]台湾学者董保城主张：“间接或者直接强制之个别同种类执行方法变换或加重，为垂直关系，在法律规定限度内，执行机关有合目的性之选择自由，为下述便宜原则之适用，然间接强制与直接强制间水平关系执行方法转换，基于狭义比例原则之要求，仍有优先级问题。”[2]笔者认为，我国代履行制度具有自己的特殊性，《行政强制法》为代履行限定了较为严格的适用条件，此时在代履行与直接强制执行之间，理应从法律之内容辨别，不宜相混，行政机关应进行合目的性之选择。然而代履行与执行罚等执行方式的适用顺序，仍然值得学理讨论。

代履行与执行罚都为间接强制执行方式，在力度上轻于其他几种明示的直接强制执行手段。二者相比，尽管代履行“最大的特色在于‘缺乏义务人对义务履行的积极参与’并且在‘规避义务人之反抗意志’之下进行”。[3]但就外形而言，仍属于物理上直接变更，以图实现行政义务的内容（排除妨碍、恢复原状等），此点反而与直接强制执行有共通的一面，[4]相比之下，执行罚

---

〔1〕 城仲模：《行政法之基础理论》，三民书局 1999 年版，第 208 页。

〔2〕 董保城：“从行政强制执行一般原理原则——兼论引进‘代宣誓具结’及义务人‘名簿’之考虑”，载《2006 年海峡两岸行政（强制）执行理论与实务研讨会论文集》2006 年第 21 页。

〔3〕 城仲模：《行政法之基础理论》，三民书局 1999 年版，第 208 页。

〔4〕 正是在这一意义上，有学者提出“代履（执）行是间接强制执行吗？”的疑问。参见刘军、陈海英：“代履（执）行是间接强制执行吗？”，载《河北法学》2000 年第 1 期。

对相对方权利的影响更为和缓。换言之，即使相对方不履行义务，“其后果已经或者将危害交通安全、造成环境污染或者破坏自然资源的”，也并非必须代履行，依照比例原则仍然存在用执行罚加以逼迫的可能，但是这种理论上的推演却遭受到我国《行政强制法》关于所谓“加处罚款或者滞纳金”规定的限制。该法第45条第1款规定：“行政机关依法作出金钱给付义务的行政决定，当事人逾期不履行的，行政机关可以依法加处罚款或者滞纳金……”这就将执行罚的适用限制为金钱给付义务的履行上，在笔者看来，这种规定不尽合理。从学理讨论与法律规定的整体趋势看，与我国此种立法上的明显限缩相比，执行罚的适用越来越宽松。在日本，早期的《行政执行法》框架下，执行罚的作用对象是不可替代的行政义务，但随着该法的废止，此种限定也逐渐淡化。德国的执行罚制度主要适用于不可替代的作为、不作为与容忍，而如果代履行“不可行”，执行罚也可适用于可替代性的作为，行政机关在代履行方法上虽然理论上没有选择的裁量权，但就实务运作而言，常以怠金为之，且通常不区分该作为义务是否具有可替代性或不可替代性。执行罚的目的不在于对相对方的违法行为进行处罚，而是通过对不履行义务的相对方增处新义务的方式，使其产生经济与心理的双重压力，促使其履行原行政义务。“无论从理论上分析，还是实践中考察，以增科新义务为内容的执行罚对相对方不履行的义务，不必有他人能不能代替履行的要求。”[1]就此而论，如果《行政强制法》将来在执行罚的适用范围上放松，在执行罚与代履行之间就存在一个选择问题。

而且，也不能排除《行政强制法》第12条中的“其他行政强制执行方式”中有比代履行更为轻微的手段。余凌云教授就认为，“随着现代行政的发展，行政领域逐步扩大，行政现象日益复杂，为实现所预期的行政状态，完全依靠传统的行政强制执行手段在有的时候未必见得有效，因此，针对不同行政管理的特点和需要，就有必要采取多样化的强制手段”。[2]《行政强制法》为法律引入“多样化的强制手段”预留了制度性空间。在多样化的强制手段

---

〔1〕 傅士成：《行政强制研究》，法律出版社2001年版，第172页。

〔2〕 胡锦光主编：《行政法专题研究》，中国人民大学出版社2006年版，第191页。

中，吊销执照、公布违法事实、行政指导等都将成为行政机关的行为选项，甚至存在承认行政处罚可以作为确保行政义务履行强制手段的可能，这将极大丰富当今建立在民事强制执行基础上的行政强制执行制度。在这些由法律所创设的新型手段中，完全可能存在比代履行更为和缓的手段供行政机关选择。

3. 代履行的使用不应为追求较小的公共利益而牺牲较大的私人利益。根据《行政强制法》，代履行所保护的是交通安全、生态环境与自然资源，但如果为保护这三种公共利益，牺牲了较大的个人合法利益（例如生命健康权），代履行的采取就应谨慎而行。也就是说，行政机关在代履行时，应该在代履行可能造成的损害与代履行所保护的利益之间进行个案权衡，只有在后者明显大于前者时方才有采取的必要。在日本的司法实践中，代执行的适用存在相当严格的条件，必须是其他方法确保履行有困难；而如果放任，又会严重违反公共利益时，方才适用代履行，〔1〕对于违反义务行为不分轻重程度而一概适用代履行被认为是违法的。当然，不能采取代履行，不意味着行政机关不能采取其他措施。

“行政执行是行政机关为确保行政目的达成，以强制手段干预人民权益，因此具有最后手段性质，因此个案情形纵使符合行政强制规定时，行政机关仍得综合考量各项情况，以决定是否采取强制手段或斟酌采取何种执行方法，以实现行政目的，较为适当。”〔2〕行政机关对代履行的适用具有高度的裁量性，而且即便代履行程序已经启动，经行政机关催告后，相对方仍不履行行政义务，也并非必须按照催告的内容进行代履行，如果认为再一次的催告仍有机会达到目的时，也可进行重复催告。但是，当相对方的不履行行为对交通安全、环境与自然资源保护造成紧迫或重大损害时，这种裁量权将收缩转为羁束性义务，行政机关应当代履行而不代履行的，构成法定职责的懈怠。

有实务部门人士发现：“《行政强制法》自 2012 年 1 月 1 日起施行，但截至目前，却鲜有代履行的执法案例。究其主要原因：一、存在行政执法压力大，行政处罚案件多，环境修复鉴定难、阻力大、周期长、协调难等客观因

〔1〕［日］盐野宏：《行政法》，杨建顺译，法律出版社 1999 年版，第 165 页。

〔2〕李建良等：《行政法入门》，元照出版公司 2005 年版，第 429 页。

素。二、部分执法部门存在‘重打击、轻保护，重行政责任、轻民事责任，重处罚、轻修复，重物质、轻环境和重处罚、轻教育’等倾向，妨碍环境保护行政职能的有效发挥，也是将来需要下大力气解决的现实问题。”[1]实践中，有的行政机关不积极启动代履行程序，而是在相对方申请复议或提出行政诉讼的期限届满后申请人民法院强制执行，此种情况应该如何处理，有法院认为，“代履行是指在满足‘行政机关依法作出要求当事人履行排除妨碍、恢复原状等义务的行政决定，当事人逾期不履行，经催告仍不履行，其后果已经或者将危害交通安全、造成环境污染或者破坏自然资源的’条件下作出行政处理决定时行政机关可以适用的一种执行方式，其适用判断权在行政机关，并不是授权作出排除妨碍、恢复原状等处理决定的行政机关具有强制执行权”。[2]因而，对行政机关的强制执行申请，应予受理。有的法院认为，“申请执行人珠海市香洲区市政和林业局依据《中华人民共和国森林法实施条例》第43条第1款未经县级以上人民政府林业主管部门审核同意，擅自改变林地用途的，由县级以上人民政府林业主管部门责令限期恢复原状，并处非法改变用途林地每平方米10元至30元的罚款的规定，对被执行人杨某华作出责令停止违法行为、限期六个月内恢复原状的决定，且被执行人杨某华逾期不履行该项行政决定确定的义务，属于《中华人民共和国行政强制法》第50条规定可以由行政机关行使代履行职权的情形，申请执行人珠海市香洲区市政和林业局可以自行执行代履行义务，也可以委托没有利害关系的第三人代履行。因此，申请执行人珠海市香洲区市政和林业局申请强制执行该项决定不属于申请人民法院强制执行的范围，其申请不符合法定的条件，依法不应受理，已经受理的，应当裁定驳回”。目前，后面一种观点占据绝对主导地位，也与代履行制度的立法本意相符。

二、代履行的主体选择

虽然政府直接生产仍然是公共物品供给的支配性途径，但是公共物品的

---

〔1〕杜佳蓉、杜敬波：“代履行应成为环境修复的有效路径”，载《中国环境报》2018年4月19日。

〔2〕（2014）穗中法行非诉审复字第8号。

外部购买在提高效率、节约成本、推动创新等方面所具有的潜在优势已经刺激了政府业务外包的广泛应用。[1]在行政机关决定代履行后，究竟是行政机关代履行还是第三人代履行，需要考虑哪些因素？已有学者注意到该问题，“总结我国有关代履行的诸多法律、法规的规定来看，如果某事项的履行需要较强的专业技能和知识，并且在该领域内有具备相应资质和能力的个人和组织，那么这种情况下的代履行一般由行政机关委托第三人实施；如果某事项的履行不需要特别的专业技能，法律一般规定行政机关可以自行代履行。但是从明确政府职能定位、理顺行政管理关系、进行合理社会分工的社会发展趋势来看，代履行应该逐渐更多地交由第三人来实施”。[2]也有人指出，“行政机关可以根据行政决定所确定的义务的类型、所涉事务的专业性程度等因素来裁量决定。一般而言，如果义务的履行需要较强的专业技能知识，并且在该领域内存在具备相应资质和能力的个人或者组织，且该个人或者组织与案件没有利害关系，行政机关可以委托该个人或者组织实施代履行”。[3]专业技能是行政机关代履行还是第三人代履行的重要考虑因素。

笔者认为，这一问题的讨论可以从两个层次不同的标准展开：

（一）法律标准

“虽然契约隐含了双方或所有各方自愿的同意，公共组织的契约经常要受法律与制度上的限制，限定许可同意的范围与种类。”[4]代履行是行政强制执行的方式之一，从依法行政的原则出发，主体的选择绝非契约自由下的合意，首先要以法律作为依据。在域外立法中，行政机关能否作为代履行主体存在不同做法，以日本为例，代履行主体可以是行政机关，也可以是第三人，而同为大陆法系的德国，尽管联邦行政强制执行制度中，代履行主体被限定为第三人，但其大部分州在代履行的主体上并未与联邦法律保持一致，代履行

---

〔1〕 M. Warner & Hedbon, “Local Government Restructuring: Privitization and Its Alternatives”, *Journal of Policy Analysis and Management*, 2001, 20: 315.

〔2〕 张锋、杨建峰主编：《行政强制法释论》，中国法制出版社2011年版，第250~251页。

〔3〕 湛中乐、高俊杰：“代履行的适用条件、主体、程序和方式”，载《中国工商报》2012年8月9日。

〔4〕 Michael M. Harmon：《公共行政的行动理论》，吴琼恩等译，五南图书出版公司1993年版，第148页。

主体除第三人外，行政机关也包括在内。[1]

我国《行政强制法》草案曾将行政机关排除在代履行主体之外，但最终正式稿仍然确立了行政机关代履行制度，有人认为，“由于经济和社会发展程度的制约，我国在上述领域的服务机构在数量上较少，资质上也较为参差不齐，这一现象在某些不发达省份可能更加严重，若完全不允许行政机关自行代履行，则在效率上和成本上可能均不是最佳选择”。[2]也有人认为，“无疑体现了对行政机关公共权力的更多包容，但在执行效率上具有积极优势”。[3]可以说，允许行政机关作为代履行主体是既考虑了基本国情，也体现了行政管理的效率性要求。然而，具体到某一领域，究竟是行政机关代履行还是第三人代履行，不能根据《行政强制法》的规定简单地推导出二者均可的结论。

代履行的主体除受《行政强制法》约束外，还需考虑单行法律的规定。在单行法律与《行政强制法》关于主体的规定一致，或者仅规定代履行未规定主体，又或者对代履行及其主体均未规定但是符合《行政强制法》代履行适用范围的情况下，代履行的主体可以是行政机关，也可以是第三人，这一点不存在争议；问题在于，在单行法律对代履行主体明确规定为行政机关或第三人的情况下应如何处理？下表是部分单行法律关于代履行主体的规定。

图表 6

代履行主体	法律规范名称与内容
无明确规定	《防洪法》第 42 条：“对河道、湖泊范围内阻碍行洪的障碍物，按照谁设障、谁清除的原则，由防汛指挥机构责令限期清除；逾期不清除的，由防汛指挥机构组织强行清除，所需费用由设障者承担。” 《防洪法》第 56 条：“违反本法第十五条第二款、第二十三条规定，围海造地、围湖造地、围垦河道的，责令停止违法行为，恢复原状或者采取其他补救措施，

〔1〕 据说，主要的着眼点是解决财政的负担问题。参见吴志光：《行政法》，新学林出版股份有限公司 2017 年版，第 407 页。

〔2〕 陈映红、焦南：“我国行政强制中代履行诉讼类型及对策之探讨”，载董治良主编：《中国行政审判研究》第 2 卷，法律出版社 2013 年版，第 211 页。

〔3〕 张建颖：“行政机关委托第三人代履行制度存在的难点问题及其解决途径刍议”，载董治良主编：《中国行政审判研究》第 2 卷，法律出版社 2013 年版，第 232 页。

续表

代履行主体	法律规范名称与内容
无明确规定	可以处五万元以下的罚款；既不恢复原状也不采取其他补救措施的，代为恢复原状或者采取其他补救措施，所需费用由违法者承担。” 《防洪法》第 57 条：“违反本法第二十七条规定，未经水行政主管部门对其工程建设方案审查同意或者未按照水行政主管部门审查批准的位置、界限，在河道、湖泊管理范围内从事工程设施建设活动的，责令停止违法行为，补办审查同意或者审查批准手续；工程设施建设严重影响防洪的，责令限期拆除，逾期不拆除的，强行拆除，所需费用由建设单位承担；影响行洪但尚可采取补救措施的，责令限期采取补救措施，可以处一万元以上十万元以下的罚款。” 《道路交通安全法》第 93 条：“机动车驾驶人不在现场或者虽在现场但拒绝立即驶离，妨碍其他车辆、行人通行的，处二十元以上二百元以下罚款，并可以将该机动车拖移至不妨碍交通的地点或者公安机关交通管理部门指定的地点停放。” 《道路交通安全法》第 106 条：“在道路两侧及隔离带上种植树木、其他植物或者设置广告牌、管线等，遮挡路灯、交通信号灯、交通标志，妨碍安全视距的，由公安机关交通管理部门责令行为人排除妨碍；拒不执行的，处二百元以上二千元以下罚款，并强制排除妨碍，所需费用由行为人负担。” 《水法》第 65 条：“在河道管理范围内建设妨碍行洪的建筑物、构筑物，或者从事影响河势稳定、危害河岸堤防安全和其他妨碍河道行洪的活动的，由县级以上人民政府水行政主管部门或者流域管理机构依据职权，责令停止违法行为，限期拆除违法建筑物、构筑物，恢复原状；逾期不拆除、不恢复原状的，强行拆除，所需费用由违法单位或者个人负担，并处一万元以上十万元以下的罚款。” 《电力法》第 61 条：“违反本法第十一条第二款的规定，非法占用变电设施用地、输电线路走廊或者电缆通道的，由县级以上地方人民政府责令限期改正；逾期不改正的，强制清除障碍。” 《消防法》第 60 条：“有本条第一款第三项、第四项、第五项、第六项行为，经责令改正拒不改正的，强制执行，所需费用由违法行为人承担。”
行政机关	《森林法》第 81 条“违反本法规定，有下列情形之一的，由县级以上人民政府林业主管部门依法组织代为履行，代为履行所需费用由违法者承担：（一）拒不恢复植被和林业生产条件，或者恢复植被和林业生产条件不符合国家有关规定；（二）拒不补种树木，或者补种不符合国家有关规定。 恢复植被和林业生产条件、树木补种的标准，由省级以上人民政府林业主管部门制定。”

续表

代履行主体	法律规范名称与内容
行政机关	《海上交通安全法》第 106 条："碍航物的所有人、经营人或者管理人有下列情形之一的，由海事管理机构责令改正，处二万元以上二十万元以下的罚款；逾期未改正的，海事管理机构有权依法实施代履行，代履行的费用由碍航物的所有人、经营人或者管理人承担：（一）未按照有关强制性标准和技术规范的要求及时设置警示标志；（二）未向海事管理机构报告碍航物的名称、形状、尺寸、位置和深度；（三）未在海事管理机构限定的期限内打捞清除碍航物。" 2009 年《水土保持法》第 27 条："企业事业单位在建设和生产过程中必须采取水土保持措施，对造成的水土流失负责治理。本单位无力治理的，由水行政主管部门治理，治理费用由造成水土流失的企业事业单位负担。"
第三人	2008 年《水污染防治法》第 76 条："有下列行为之一的，由县级以上地方人民政府环境保护主管部门责令停止违法行为，限期采取治理措施，消除污染，处以罚款；逾期不采取治理措施的，环境保护主管部门可以指定有治理能力的单位代为治理，所需费用由违法者承担：……" 2008 年《水污染防治法》第 80 条："违反本法规定，有下列行为之一的，由海事管理机构、渔业主管部门按照职责分工责令停止违法行为，处以罚款；造成水污染的，责令限期采取治理措施，消除污染；逾期不采取治理措施的，海事管理机构、渔业主管部门按照职责分工可以指定有治理能力的单位代为治理，所需费用由船舶承担：……" 2008 年《水污染防治法》第 83 条："企业事业单位违反本法规定，造成水污染事故的，由县级以上人民政府环境保护主管部门依照本条第二款的规定处以罚款，责令限期采取治理措施，消除污染；不按要求采取治理措施或者不具备治理能力的，由环境保护主管部门指定有治理能力的单位代为治理，所需费用由违法者承担；……" 《海域使用管理法》第 47 条："违反本法第二十九条第二款规定，海域使用权终止，原海域使用权人不按规定拆除用海设施和构筑物的，责令限期拆除；逾期拒不拆除的，处五万元以下的罚款，并由县级以上人民政府海洋行政主管部门委托有关单位代为拆除，所需费用由原海域使用权人承担。" 2016 年《固体废物污染环境防治法》第 55 条："产生危险废物的单位，必须按照国家有关规定处置危险废物，不得擅自倾倒、堆放；不处置的，由所在地县级以上地方人民政府环境保护行政主管部门责令限期改正；逾期不处置或者处置不符合国家有关规定的，由所在地县级以上地方人民政府环境保护行政主管部门指定单位按照国家有关规定代为处置，处置费用由产生危险废物的单位承担。"

后两种情况下，单行法律的规定是否属于与《行政强制法》规定“不一致”，因而在代履行主体上应适用《行政强制法》的规定？笔者认为，此时单行法律规定的代履行主体落在《行政强制法》规定的主体范围内，而且更加明确，这是根据特定领域的特别需要、特殊情况作出的具体安排，不存在不一致的问题。考虑到《行政强制法》对代履行的普遍授权以及相当多的法律对代履行主体的开放式规定，代履行决策中，经常会面临行政机关代履行与第三人代履行的选择，毫无疑问，这亦是一个高度裁量的过程。

（二）经济标准

行政机关在选择代履行主体时，应当考虑经济因素即收益与成本。根据制度经济学的观点，第三人代履行实际上就是在公共物品的内部生产与外部购买之间进行的一种决策。后者具有较为明显的经济优势：

1. 第三人代履行体现了现代行政的专业分工原理。第三人代履行将行政任务的主体分为生产者与提供者，而传统的官僚制治理模式下，行政任务的执行者就是政府，行政机关既是生产者也是提供者。不同角色之间具有天生的矛盾性：作为提供者，行政机关与公众之间存在的契约联系使它必须以保护委托人即公众利益为目标，合法合理实现行政目标。作为生产者，行政机关必然以最大化自身利益为追求，表现出极强的自利性，且与公众相比，行政机关在实力上与心理上都处于强者的优势地位，现实的行政强制中，不计成本、违法执行等现象时有出现，行政机关对相对方的诉求往往无动于衷，相对方即便有所不满，也只能通过复议、诉讼等方式寻求救济。《行政诉讼法》施行二十多年，虽然公众的规则意识与权利意识在不断高涨，但面对行政执法时不敢告、不愿告的心理仍然普遍存在，再加上经济费用等方面的考虑，公众的理性程度越高，反而越是容易放弃对行政机关的责任追究。

管理理论中的整分合原理认为：任何一个管理对象都是由多种要素组成的系统，在对这个系统整体把握的前提下，进行深入了解，实施科学分析，即按照整体的目的和要求，将其分解为若干基本要素，进行合理的分工，明确各个局部的职责和功能，然后，再依据某种科学的原则，对分解的各个局部进行有效的组织综合，全面地协调和组织它们之间的合作关系，高效率地实现整体管理目标。美国著名的行政学者古利克将分工行为视为“人类在文明过程中挺起腰杆、提高自身地位的鞭襟”。分工的目的在于实现专业化，以提高工作效率。经济学家亚当·斯密认为社会分工具有以下几个方面的重要作用：一是社会分工有利于劳动者技术和熟练程度的提高；二是可以避免更换工作造成的时间损失和经验损失；三是可以将注意力集中，更易在工作方法的专业化方面有所突破，更有利于发明创造。将行政机关从生产者的角色中解放出来，使其专门负责行政任务的界定，将主要精力用于保障行政决定的合法性与合理性，至于行政决定中的义务履行环节，可以通过外包的方式交给私人完成。相比行政机关所代表的国家强制力，第三人代履行中展现出的柔性力量较易获得相对方的接受。

2. 第三人代履行能够提高行政义务履行的效率。行政机关的代履行，与其他行政工作一样，具有难以量化的特点。行政组织是一种特殊的公共组织，其代履行具有“非商品化”的特点，不能进入市场的交易体系，也不可能有一个反映其生产机会与成本的货币价格，也就难以对其进行数量上的准确测量。同时，政府具有的垄断性，使其缺乏提供同样产品的竞争主体，无法取得可以比较的成本与收益的数据。而且即便能够量化，以量化的结果来评价行政工作也存在是否适宜的问题。而民营化的最大优势在于，“把管制机关的职能转由私性质的市场经济承担，可以用来促进资源配置效率和私人自主权”。〔1〕一旦某项行政义务决定由第三人代履行，首先需要行政机关对代履行所需成本或费用、达到的状态、履行的标准、违约的责任进行较为细致的约定，这在一定程度上能够解决目前行政机关代履行难以测量的问题。第三人则能够据此决定是否参与义务履行，一旦参与能够在法律与合同的框架内降低费用，减少不必要支出。

3. 第三人代履行鼓励竞争。“任何公共机构都不欢迎竞争。但是，尽管我们中的大多数人喜欢舒适的垄断，竞争却促使我们实行革新，力争做出杰出的成就。竞争不能解决我们的一切问题。但是在解开使政府机构陷于瘫痪的官僚主义死结方面，它也许比本书中的其他任何概念更加关键。”〔2〕与私人

---

〔1〕［美］理查德·B. 斯图尔特：《美国行政法的重构》，沈岿译，商务印书馆 2002 年版，第 30 页。

〔2〕［美］戴维·奥斯本、特德·盖布勒：《改革政府》，周敦仁等译，上海译文出版社 2006 年版，第 46 页。

组织相比，政府效率低下的原因之一在于政府对行政任务的垄断，这种垄断使其免除外部激烈的竞争，以致不用于提高效率和服务质量。代履行活动位于行政程序的最末梢，即在行政义务履行阶段打破行政机关的独家垄断，通过引入私人，使执行过程充满竞争，这种竞争既有行政机关与第三人的竞争，也有第三人之间的竞争。

就行政义务的履行而言，这种竞争实际上是一种组织“冗余”现象。传统的公共行政实践主张公共产品供给机构的至精至简，在 Bendor 看来，如果有两个以上的机构共同行使同一职能，将导致效率的损失、重叠与责任确定的困难，消除这种现象进行机构的归并。但是，并非所有的“冗余”都构成浪费，一些“冗余”是良性的，能够增加组织的活力、效率、效能与可信赖度。[1]重塑政府的改革思维，一方面致力于降低行政体系内部的重叠，力求行政组织流线化以增强行政效率，[2]另一方面将组织之间的重叠作为公共物品生产中的竞争性结构，提高产出的满意度。代履行制度在行政义务的履行上体现了这种“冗余”，并通过良性的公私竞争机制，对提高行政效率、改善执行质量及保护相对方权利都有积极的促进作用。

4. 第三人代履行有利于直接监督绩效，规范履行质量。作为初始委托人的公众监督更为乏力，他们既缺少监督的动机，也缺乏监督须具备的诉求整合能力。相对方对行政机关代履行的控制，主要是行政诉讼与国家赔偿，但是这些机制成本较高，且受制于公众的畏官心理，制度运行中的梗阻现象较为普遍，即便相对方达到自身预定目的，行政机关也不会因此被淘汰出局，甚至可能在问题未获解决的情况下，得到官员数量与部门预算的增加，这无疑具有相当的讽刺意味。第三人代履行使政府不再限于琐碎的执行工作，而是致力于核心性业务——作出行政决定，并促使行政机关主要通过合同条款等方式控制执行性工作。“销售劣质商品和服务的生产商很快就会发现，自己的业务正在输给能够生产更好产品的竞争对手。失败

〔1〕 R Miranda. A Lerner, “Bureaucracy, Organizational redundancy, and the Privatization of Public Services”, *Public Administration Review*, 1995, 55: 193 ~ 200.

〔2〕 我国《行政处罚法》《行政许可法》《行政强制法》中规定相对集中行政处罚权、相对集中行政许可权、相对集中行政强制权可以看作是这一思维下的立法尝试。

者就会被淘汰出局。"[1]

第三人代履行制度的优势释放绝非毫无条件，行政机关必须首先对下列三个复杂问题进行审慎思考：是否将代履行交给第三人、确立和实施外部购买的程序、在选定第三人的情况下，对代履行过程进行积极管理，任何一个阶段的疏失都将产生代履行的失败。实际上，第三人代履行的适用范围越是广泛，行政机关越是要面对"精明的买主"与"精明的管理者"的压力。虽然在理论上为了防止行政机关与第三人之间的共谋，二者之间应该是"保持距离型"的关系，但是民营化的实践证明，行政机关的积极介入仍是实现行政任务的必要条件。[2]这就需要对第三人代履行决策及缔约后的合同管理进行充分关注。

此外，第三人代履行也需要耗费可观的费用，这种费用在威廉姆森等人的理论框架中，并非公共物品的生产费用而是为避免机会主义举动的交易成本，交易成本存在事前与事后的区分，[3]主要包括以下几种：①寻找适当第三人的费用。就代履行而言，垄断往往是单边的，即政府虽然保持独大地位，但是有能力参与代履行的第三人却数量极多，这也是在行政强制执行领域引入第三人的一个重要原因。尽管如此，不同的第三人在经营状况、声誉水平、资格资质等方面仍然会存在较大的差异，为了防止事前出现"逆向选择"问题，需要行政机关支出可观费用寻找适当的第三人。因为在第三人代履行后，违法代履行的结果一般由行政机关买单，理论上虽然行政机关对相对方承担责任后，可以依据合同相对性原则向第三人主张，但是如果第三人经营能力不佳，追偿极可能落空，而且即便能够追偿，追偿也必须支付一定的费用。所以，如何寻找适当的第三人在代履行决策中是相当重要的环节。②拟定合同即谈判的费用。合同的达成往往有一个讨价还价的过程，在这一过程中，彼此相互妥协，最后形成合意，签订书面协议，这个过程毫无疑问要支付费

---

〔1〕［美］唐纳德·凯特尔：《权力共享：公共治理与私人市场》，孙迎春译，北京大学出版社2009年版，第12页。

〔2〕 Trevorl Brownt, "Transaction Costs and Contracting: the Practitioner Perspective". *Public Performance & Management Review*, 2005, 28: 326～351.

〔3〕［美］奥利弗·E. 威廉姆森：《资本主义经济制度——论企业签约与市场签约》，段毅才、王伟译，商务印书馆2002年版，第8～30页。

用。而且在合同成立后，仍有可能因为外界情况的变化或者合同条款表达得含糊，需要进一步磋商以致修改的情形，这也需要支出费用。行政机关对这笔费用常常无可奈何，一旦签订了某个协议，就存在被锁定（locked in）的危险，因为更换合同当事人的成本过高，于是只能协商，甚至选择让步。③监督费用。因为委托代理问题的存在，行政机关必须对第三人进行监督，监督费用难以避免，费用高低则取决于行政机关在事前和事后对信息占有的程度。合同的不完备性决定了信息的不对称不可能获得解决，监督的费用可能十分昂贵。而且即便支付了可观费用，监督也未必能如人所愿，外部购买使政府失去了何种义务应该如何履行等方面的重要信息，而行政义务的内容越是复杂，工作的专业就越强，行政机关的监督就越容易流于形式，“委托人必须试着去找到一个平衡点，以平衡他们所能容忍的逃避水平和为了实现这一水平而必须支付的成本量”。[1]④腐败费用。代履行中的合谋，即行政机关工作人员与第三人相互串通，以损公肥私的方式强制执行，故意多支出代履行费用并从行政机关加以套取，再在行政机关工作人员与第三人之间进行分赃，这种形式的腐败比较隐形也不容易发现，但是损害了相对方利益与公共利益。即便在美国，大多数有关政府合同的讨论都为对腐败的恐惧所定格。因此，费用固然是行政机关作出第三人代履行决策的重要因素，但此种费用应该被广泛界定，其中就包括长期为人忽略的交易成本。

三、第三人代履行的决策框架

民营化领域的决策问题既具有高度的评价性，也带有鲜明的预测性。[2]从评价性的角度看，民营化受到政治、经济、技术等诸多因素影响，行政机关须于法定权限范围内，在审酌情势后作出决定，“外包或许能改善服务传递的质量，也或者会成为一种灾难，这要依靠潜在的市场条件与管理效果观察”[3]；

---

〔1〕［美］唐纳德·凯特尔：《权力共享：公共治理与私人市场》，孙迎春译，北京大学出版社2009年版，第12页。

〔2〕林依仁：“私营化的法之界限”，载李建良主编《2011行政管制与行政争讼：民营化时代的行政法新趋势》，2012年版，第209页、第210页。

〔3〕Trevorl Brownt, Mattew Potoski, David M. Van Slyke, “Managing Public Service Contract: Aligning Values, Institutions, and Markets”. *Public Administration Review*, 5 (6), 2006: 323 ~ 331.

在预测性的层面，行政机关必须考虑既有法律规定、提前预估民营化决策可能衍生的后果、后续规制性的保证责任如何展开等问题。民营化从来就不是公共管理的唯一工具，行政机关在是否外包的问题上，也并不享有自由的裁量权。“关于私营部门参与公共事务的一般正当性争论，尽管可能有趣，但绝大部分是浪费时间。只有当这个话题的谈论是针对特定的目标、特定的环境和具体的行为实施者时才有意义。”〔1〕

交易成本理论为我们理解第三人代履行决策提供了一种颇有启示的框架，不同的行政义务可能在交易成本的程度上具有不同的水平，这是作出第三人代履行决策的关键性因素。此处，值得讨论的因素有两种：资产专属性与可测量性。

1. 资产专属性。资产专属性涉及第三人在进行代履行时是否必须进行特定的投资，这会对竞争产生消极影响。这种所谓的特定投资包括：①以较大的成本使用特定的场所；②高度专业化的人力资源，而他们又不能被用于其他工作；③为单一目标使用高度专业化的工具或者复杂的系统；等等。〔2〕资产专属性将产生合同缔结上的风险，初次胜出者会因为进行了对于代履行所必需的投资，从而在随后的回合中具有内在的优势。潜在的竞争者难以出现，他们在难以预期赢得代履行合同时，不愿承担初始投资的高昂费用，这就在私人市场形成了事实上的垄断，前述的敲竹杠行为将难以避免。

行政机关进行代履行会缓解资产专属性产生的风险，然而，并非每个行政机关都能够负担特定投资相关的高昂费用，而第三人则不同，他们可以通过与多个行政机关缔约达到规模经济的效果。因此，如果某项行政义务的履行需要进行大量的投资，行政机关作出第三人代履行决策时必须高度警惕，因为低度竞争市场造成的第三人垄断会迫使行政机关被迫增强合同管理的能力：与第三人沟通、对第三人行为与绩效进行高密度监督以及时不时地敲打，这些活动的费用可能抵消第三人代履行带来的所有收益。

---

〔1〕［美］约翰·D. 多纳休、理查德·J. 泽克豪泽：《合作：激变时代的合作治理》，徐维译，中国政法大学出版社 2015 年版，第 11 页。

〔2〕 Trevorl Brownt, “Transaction Costs and Contracting: the Practitioner Perspective”. *Public Performance & Management Review*, 2005, 28: 326 ~ 351.

因此，如果在某一领域，排除妨碍、恢复原状等义务的履行需要第三人进行大量投资，而市场竞争程度较低，在作出第三人代履行决定时必须保持高度审慎的态度。

2. 可测量性。可测量性意味着行政机关对第三人行为绩效测量或者观察其如何代履行的能力。“当某项公共服务具有可感知的产出，例如垃圾处理，意味着技术上对其进行测量是可行的。”[1]这种可测量性将对代履行决策有重要影响，“合约（订立合同）可能对我所称之为生产型和工艺型部门而言最行之有效；也就是说，有可以看得见，经常是可以度量的产出的部门”。[2]

内部生产在成本测量上的困难曾经是作为进行外部购买的有力理由，但承担具体生产职责的行政官员因为行政体系内存在细密的对其行为进行监督的各种机制，行政机关的代履行有时反而能够降低交易成本。行政机关当然能够通过多种方式对第三人进行监督，但是当第三人就代履行业务比政府更具专业知识时，行政机关的监督行为是否能够产生良性效果值得怀疑。在经济学家看来，难以测量是一种“非可缔约性”，“当难以明确质量时，就更难以证明供应商未能满足契约的具体要求，再者可能给供应商造成以质量为代价削减成本的激励，因为质量的损失在技术上不会违反契约的规定”。[3]

诚然，与其他政府业务相比，第三人在行政义务履行中的角色一般被认为是行政助手，并无任何强制性权力。但是基于其在某一领域所具有的深奥知识与专业技能而产生的强势地位，却是难以否认的事实，这种地位实际上是第三人在代履行中的所具有的“规范性权力”[4]的折射，权力是依赖性的函数，行政机关极可能遭受第三人的各种蒙骗。

就目前单行法律的规定看，代履行所涉及的违法设施或者障碍物拆除、车辆拖移等行政义务多具操作性、事务性，一般不会发生难以测量的问题。

---

〔1〕 Deborah A. Auger, “Privatization, Contracting, and the State: Lessons from State Government Experience”. *Public Producativity & Management Review*, 1999, 22: 435 ~ 454

〔2〕［美］詹姆斯·Q. 威尔逊：《官僚机构：政府机构的作为及其原因》，孙艳等译，生活·读书·新知三联书店 2006 年版，第 493 页。

〔3〕［美］朱迪·弗里曼：《合作治理与新行政法》，毕洪海、陈标冲译，商务印书馆 2010 年版，第 659 页。

〔4〕 J. Clarke & J. Newman, *The Managerial State*. NewYork: Sage Press, 1997, p. 63.

但是，如果考虑到《行政强制法》在代履行上的普遍性授权，所谓的“排除妨碍，恢复原状”中很可能存在一些测量程度较弱的具体行政义务，更何况《行政强制法》第50条在“排除妨碍、恢复原状”后面还有一个存在争议的“等”，如果将其理解为等外等的话，可测量性问题就更值得关注了。

资产专属性与可测量性的叠加将使交易成本问题变得更为复杂，根据二者的程度高低，可以将代履行的交易类型做如下图示：

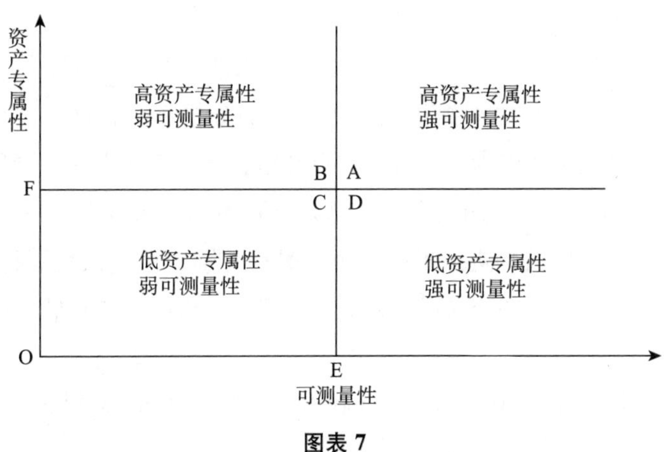

图表 7

上图以资产专属性为纵轴，距离O点越远，资产专属性程度越高；以可测量性为横轴，距离O点越远，可测量性越强。F点是资产专属性程度的分界点，E点是可测量性的分界点，坐标轴被从F点出发的横线与从E点出发的纵线划分为四个象限。

B为“高资产专属性、低可测量性”。如果行政义务的履行同时具备这两个特点，原则上应该内部生产，即由行政机关代履行，而如果自行履行的条件不具备，行政机关应该对方案设计进行审慎考虑，例如将合同进行拆分，不同的义务类型交给不同的第三人履行，或者同一义务交给不同的第三人履行，同时对私人第三人的履约行为保持高度的警觉，尽管如此，交易成本的攀升仍是不可避免。

D为“低资产专属性、强可测量性”。低资产专属性意味着较高的市场竞争，而强可测量性意味着行政机关监控成本的下降，因此，第三人代履行具有“高收益、低风险”的特点。代履行义务一旦委外，行政机关仅仅需要做的就是对合同履行过程进行关注，交易成本比 A 情形大幅度下降。

A 与 C 分别为“高资产专属性、强可测量性”与“低资产专属性、弱可测量性”，交易成本从一个角度看较高，但从另一角度看又较低，这属于混合情形。行政机关可能会基于片面考虑而选择行政义务履行的外部购买，这是最应该引起警惕的情形。此时，是否第三人代履行不能一概而论，必须进行决策上的事前分析，在成本方面的损益计算、政府对合同履行的监督能力等方面作出综合判断。

“民营化的形成并非不可避免：这是一种人造物品”，[1]交易成本为行政机关作出第三人代履行决策提供了一个基本的分析框架，这一框架意味着，一方面，行政机关不能因为交易成本的存在就“因噎废食”而一概地“内部生产”，相反，应该积极地建立第三人代履行决策的分析或者评估机制，对行政义务所存在的具体情势进行准确拿捏；另一方面，第三人代履行决策一旦作出，同样必须认真对待交易成本，通过构建激励机制以使其最小化。

第二节　第三人与行政机关的关系形成机制

一、第三人与行政机关的关系

根据《行政强制法》第 50 条的规定，行政机关在代履行决策作出后，可以“委托”没有利害关系的第三人代履行，因此，委托是法律明确规定的第三人与行政机关的关系形态。

（一）委托

委托是公共行政民营化中较为常见的方式，这一点并无争议。令人生疑的是，委托可以分为民事委托（民事代理）与行政委托两种，行政机关将代履行业务委托第三人实施，究竟属于何种性质，值得讨论。

王克稳教授认为，行政委托是“行政主体将其职权的一部分，依法委托

---

〔1〕［美］朱迪·弗里曼：《合作治理与新行政法》，毕洪海、陈标冲译，商务印书馆 2010 年版，第 579 页。

给其他组织的法律行为”，代履行属于政府行政性业务的委外，是行政委托的一种表现形式。[1]这种观点结论正确，但推理的过程忽视了代履行的特殊性。代履行就其实质而言，是私人参与行政过程的一种体现，行政机关从事行政决策即是否进行强制执行，而将技术性、事务性的环节交给社会力量完成，后者并不因此获得任何行政权力，代履行不是第三人代替或者以行政机关名义在行使行政权，而是对行政机关行使权力过程中的事务性工作的一种协力。如果将行政委托的客体仅限于行政职权的话，代履行很难归入行政委托之列。

问题在于，行政委托的客体是否只能为行政职权？在我国的法律制度层面，涉及行政管理目标的活动几乎都在可委托的范围之内，既有管制性活动，也有给付性活动；既有终局性活动，也有过程性活动；既有权力性权利，也有事务性活动。在理论认知上，行政委托的对象也并非只能为行政职权，“行政委托是指，处于管理上的需要，某一行政主体委托另一行政主体或其他组织及个人以委托人的名义代行其职权或其他事务，其行为效果归属于委托人的法律制度”。[2]从这个意义上讲，行政机关与第三人的关系是委托，但这种委托并不涉及行政职权。第三人在代履行中不享有任何的国家公共权力，其之所以能够参与到行政义务履行的过程之中，恰恰是接受了行政机关的委托。离开这一点，第三人行为的合法性与正当性都会面临挑战。

那么，行政委托与合同又是何种关系？“行政委托发生在平等的横向关系中，委托关系的双方当事人之间没有命令与服从关系。如果将行政委托作为一种行为来考察，那么它是一种合同行为，而不是单方的行政行为。”[3]根据这种观点，委托与合同并不矛盾，二者其实是同一现象，或者说互为表里，代履行的委托从本质上讲是一种以行政义务履行为内容发生在行政机关与第三人之间的合同关系。第三人对来自行政机关的委托享有是否接受的权利。

既然是合同，其签订与履行必然存在交易成本，有些费用发生在合同签订之前，有些费用发生在合同履行之中，有些费用是必然出现，而有些费用则是可能出现。但是，相较无合同的局面，合同能通过双方当事人共同认可

---

〔1〕 王克稳：“政府业务委托外包的行政法认识”，载《中国法学》2011 年第 4 期。

〔2〕 胡建淼：《行政法学》，法律出版社 2003 年版，第 177 页。

〔3〕 胡建淼：《行政法学》，法律出版社 2003 年版，第 177 页。

的交易规则及制度化的缔约与履约机制降低交易成本。具体而言，合同的优势在于：首先，法律制度提供的统一规则对降低交易成本的作用。根据制度经济学的观点，人遵守规则的原因在于有限理性下不能避免的信息成本、决策成本及认知与信息处理上的约束。如果规则得到共同认可，交易的差异性将最大程度被压缩，使一定地域内特定的交易者遵循一种交易规则，规则一旦被诸多交易者所共同遵循，交易者的利益预期就能稳定下来，从而降低交易者的防御费用。换言之，交易中，因为各自信息的私人占有，交易方都担心对方利用各自的信息损害自己，此种信息的不对称使交易变得困难，合同制度的优点在于将信息搜寻外化为对参与交易者的强制性要求，减少信息搜索量，最大程度降低信息费用；其次，合同程序对降低交易成本的作用。法律规定的要约与承诺步骤是合同成立的主要程序，交易者在此制度下虽然未必要进行面对面的交流，却必须达成意思表示上的一致。与行政决定相比，其形成基础的合意性决定了当事人可以就合同的内容自行协商，这就在相当程度上确保了合同具有一定的自我实施能力，交易成本因此得以降低；最后，违约责任追究对降低交易成本的作用。违约后果的明确约定将减少双方的防御性支出，这是当事人为了确保自身利益不受对方侵扰而作出的各种防御性行为而产生的所有费用。在对方诚信状况良好的时候，防御型支出较小，但在陌生人社会中，诚信风险可能相当大，有必要通过制度防范或尽量降低风险。违约产生的责任追究能够迫使当事人诚信履约，促进当事人之间的合作，有效降低双方的防御性费用。总之，作为一种源自私法的机制或工具，建立在协商、沟通基础上的合同在促进当事人履约上具有明显优势。

接下来的问题是，合同是否是行政机关在代履行上可以运用的唯一手段？对此，德国学者毛雷尔认为："是否与行政机关签订合同是第三人的自由。但是在紧迫的、不能采取其他方法消除危险时，行政机关通过单方面的行政决定而不是根据合同，以强制方式命令第三人代为履行。"[1]在毛雷尔看来，代履行的形成机制除了合同以外亦应包括行政决定。根据余凌云教授的介绍，

---

〔1〕［德］哈特穆特·毛雷尔：《行政法学总论》，高家伟译，法律出版社2000年版，第380页。

在韩国行政强制制度中，根据概括授权条款，警察官可以让非责任者防止警察危害,〔1〕这与德国的学说似乎一致。

国内有学者主张，在代履行中，行政机关与第三人之间的关系，除了表现为合同的委托，还包括表现为行政决定的命令，这种观点与德国学者相呼应。但是，令人不解的是，论者又认为，“在特殊情况下代执行人与行政机关之间是行政委托的公法关系，此时的代履行人不仅仅是执行行政决定确定的义务而已，同时也在一定程度上代表了行政机关，是代表行政机关履行义务”。〔2〕既然是通过行政决定命令第三人代履行，其性质是公法关系当无疑问，只是单方的命令又如何能够形成委托？而且，在行政机关委托第三人履行行政义务时，第三人难道不代表行政机关？笔者认为，在代履行的产生机制上，不宜在委托与命令之间混同，二者适用的程序、遵循的法理都有较为明显的差异。

值得注意的是，在行政强制领域，行政机关通过何种机制与第三人发生联系，法律规定并不明晰。有时是委托，《海域使用管理法》第 47 条规定：“违反本法第二十九条第二款规定，海域使用权终止，原海域使用权人不按规定拆除用海设施和构筑物的，责令限期拆除；逾期拒不拆除的，处五万元以下的罚款，并由县级以上人民政府海洋行政主管部门委托有关单位代为拆除，所需费用由原海域使用权人承担。”有时是指定，如《水污染防治法》第 85 条：“有下列行为之一的，由县级以上地方人民政府环境保护主管部门责令停止违法行为，限期采取治理措施，消除污染，处以罚款；逾期不采取治理措施的，环境保护主管部门可以指定有治理能力的单位代为治理，所需费用由违法者承担……”委托与指定之间的关系是什么？有人认为，“法律用词不同，内涵自然也不同”,〔3〕却对不同之处未见清晰论述。从语义角度进行分析，委托是把事情托付给他人或别的机构办理，既然是托付，委托

〔1〕胡锦光主编：《行政法专题研究》，中国人民大学出版社 2006 年版，第 182 页。

〔2〕李大勇：“公私合作背景下的代履行——以行政强制法草案相关条文为分析对象”，载《河南政法干部管理学院学报》2011 年第 4 期。

〔3〕李文：“水土保持行政强制执行中代履行制度研究”，载《中国水土保持》2018 年第 6 期。

者必须与受托者进行协商，达成合意后方可完成委托，行政机关不能强迫第三人代替相对方履行行政义务，第三人亦不能强行要求行政机关将原本应由相对方履行的行政义务转交由他加以履行，委托是协商达成合意后的结果；指定则有“指明、确定”之意，它既可以是行政机关单方面、依职权，带有一定强制色彩的指令，被指定者无故不得拒绝履行行政义务，也可能是行政机关与第三人依据法定程序进行协商后，在不同的第三人之间的选定。“在这种情况下，指定就可以理解为从事前确定的代履行人名单中进行选定……”[1]因而，指定不排除行政机关与相对方之间的协商，二者不存在非此即彼的关系，从与《行政强制法》衔接的角度，《水污染防治法》上的指定应该是第二层意义上的。

（二）指令

接下来的问题是，行政机关能否通过行政决定单方面指令第三人履行相对方承担的行政义务呢？通过行政决定指令第三人代履行行政义务，在促进行政效率等方面的优点毋庸讳言，现实亦不能排除其必要，特别是行政机关难以与第三人达成代履行的合意、相对方对行政义务的拒绝履行已经或者将危害交通安全、造成环境污染或者破坏环境资源时、行政机关自身又不具备代履行条件之时，借助行政决定命令第三人履行行政义务应该有其存在的空间，否则公共利益将会陷于危境。[2]

其他国家及地区也不乏委托与指令（指定）并存的情形，例如我国台湾地区“行政执行法”第 29 条第 1 项规定：“依法令或本于法令之行政处分，负有行为义务而不为，其行为能由他人代为履行者，执行机关得委托第三人

---

〔1〕 马识途：“环境法行政代履行探析”，载《西南林业大学学报（社会科学版）》2021 年第 5 期。

〔2〕 正因如此，有人认为，这些关于环境污染问题的法律法规中，对代履行人的选择上使用的并非“委托”字样，而是用了“指定有治理能力的单位”，治理环境污染具有特殊性，故在环境污染领域中的代履行，必须限制第三人的契约自由，一旦被指定作为代履行人，除非有特殊情形并且经指定机关同意可拒绝成为代履行人，否则就必须履行义务。参见孙婷婷：《论行政代履行》，南京大学 2013 届硕士学位论文，第 16 页。不过，在笔者看来，被指定后的第三人不得拒绝代履行，并非基于对于契约自由的限制，而是诚实信用原则的要求，至于论者所称之“治理环境污染具有特殊性”，其实适用代履行的三个领域甚至每个行政管理领域都具有特殊性，这也是行政管理行业性、专业化的原因，不能因为具有特殊性，就否认一般性的程序规则。

或指定人员代履行之。”何谓指定？尽管有人将其理解为行政机关指定其工作人员实施代履行，以符合实务运作之需，但该主张极易造成代履行与行政机关直接强制的混淆，故学理上认为，指定针对的对象仍为第三人。“所谓指定人员应所谓‘指定人员’应系指，行政机关以行政处分之行为方式，指定行政机关以外之第三人，作为代替义务人履行义务之人。这是因为，在行政机关透过契约关系，委托第三人代履行之情形，必须经由双方之合意才能达成，是若；在行政机关找不到第三人代履行的情形下，则可以行政处分指定第三人代履行。”〔1〕

但在另一方面，必须认识到：其一，与合同相比，通过行政决定指令第三人代履行行政义务最大的问题在于行政决定的单方性，可以不顾第三人意愿强行为之，尽管行政法制度上有保证公民、法人或者其他组织体现诉求、表达意见的各种机制，但行政机关在履行程序性义务后，仍然可以“一意孤行”，行政决定的单方性会招来作用对象的淡漠、反感甚至反抗，虽然行政机关追求的法律效果可能实现，但后续的复议、诉讼、信访实则加大了行政机关与第三人的交易成本；其二，通过行政决定指令第三人代履行行政义务，实际上相当于对第三人课以行政法上的义务，此义务不同于相对方承担的行政义务，是行政机关为尽快实现相对方的行政义务履行状态而对第三人施加的一种行为上的负担。既然是行政决定，其不免具有行政法上的公定力、确定力、拘束力与执行力，第三人即便对行政机关的指令行为不服，也只能先

---

〔1〕 姚其圣：“行政执行代履行之研究”，载《全台律师》2014 年第 7 期。对此也有不同理解，例如吴志光教授认为，法律规定的指定人员既然与第三人并列，即表示指定人员应指公务员而言，若其为执行机关内部公务员则属自行执行而归类于直接强制之方法，即不得请求义务人支付代履行费用；若非执行机关内部之公务员，则应属法律职务协助之范畴，学界批评者众多。参见吴志光：《行政法》，新学林出版股份有限公司 2017 年版，第 406 页。

也有学者提出，若将指定人员解释为执行机关所属人员，则由指定人员所为之代履行，即与直接强制方法之概括规定（“其他以实力直接实现与履行义务同一内容状态之方法”）无差别，且如果执行机关采取法律列举的直接强制方法（扣留、收取交付、解除占有、处置、使用或限制使用动产、不动产；进入、封闭、拆除住宅、建筑物或其他处所；收缴、注销证照；断绝营业所必须之自来水、电力或其他能源），义务人需承担费用，又会造成对执行机关直接强制方法选择的限缩以及义务人之间不平等的对待。论者故提出，“明定执行机关采直接强制方法时，若属第三人得代履行者，义务人既为可归责之人，亦应负担由执行机关代履行所产生之费用”。参见张永明：“行政执行法制之发展与争议回顾”，载台湾行政法学会主编《台湾行政法学会研讨会论文集【2016】》2017 年版。

行给予尊重并积极执行。

行政机关此种义务课处行为是否有法可依？公民、法人和其他组织生活在一定的政治体内必然要接受来自法律规范对其人身自由、财产和行为上的约束，否则个人的理性选择可能产生损害社会秩序与公共利益的后果。但是，对于这种“约束性行政”，立法者一贯恪守的原则是“法无规定即禁止”，即公共权力对公民权利与自由的限制必须存在法律层面的明确依据，行政机关有权要求公民、法人和其他组织履行义务，但是应当严格依法进行，除法定义务外，行政机关不得违法要求公民、法人和其他组织履行任何的法外义务，否则就是违法要求履行义务，构成对其合法权益的侵害。行政机关通过单方面的行政决定以强制方式指令第三人代履行，其实质是对权利的一种限制，应该以法律存在明确的授权为前提条件。[1]

因此，若将指令作为代履行的具体机制，首先需要《行政强制法》的明确规定，并且为指令的适用设置明确的条件，毛雷尔教授提出的“紧迫的、不能采取其他方法消除危险”可资借鉴。当此种情形出现的时候，实际上在行政机关与第三人之间发生的行政法上的劳务征用关系，行政机关不仅承担了劳务征用的理由说明义务，而且事后要对第三人因此付出的特殊负担或者特别牺牲进行补偿。在《行政强制法》没有明确之前，个别法律条文中的“指定”应理解为经过委托程序后的对特定第三人的确定。

二、委托关系的程序规制

如前所述，代履行是行政机关对行政义务履行的“外部购买”，这种购买通常在形式上表现为合同，在内容上则是第三人履行行政义务，行政机关支付相应的费用。为了保证一个“良好的交易”的形成，行政机关必须进行积极而又审慎的事前规划，并追求下列目标：①不管是从减少成本还是降低交易成本的角度，行政机关应该从第三人那里以最合适的价格，获得最合格的服务；②行政机关必须能够有力地阻止可能出现的腐败，促进行政官员的诚

〔1〕 据介绍，在有当前之重大危险，无法由肇事人及警察予以排除，发生所谓“警察紧急状况”时，德国各邦之警察法，有规定得强制第三人从事工作者。参见陈敏：《行政法总论》，新学林出版有限公司 2017 年版，第 873 页。

实或者正直；③这一过程对于那些意图与政府缔约的第三人而言，应该保证基本的平等。公平意味着同等情况同样对待，不同情况区别对待，它要求所有适格的第三人都有平等接近合同的权利。“外包决定应该是不偏不倚，并且与效率与效益相关。”〔1〕为实现这些目标，必须对行政机关的购买程序进行合理的设计。

依据《行政强制法》第 50 条的规定，行政机关与第三人之间是委托关系，然而这种委托关系的形成程序未作任何安排。第三人进入行政义务履行过程，主要是基于效率与成本的考虑，但是如果缺乏合理的委托程序，将可能导致“所托非人、遇人不淑”的后果，不仅不能找寻到适格的第三人参与代履行，无法履行排除妨碍、恢复原状等行政义务，影响到交通安全、环境与自然资源的保护，而且因为没有明确的程序，行政机关委托行为的公正性将受到质疑，代履行制度的公信力亦会下降。“公权力机构需要服从特定的程序性要求，以平衡其支配性地位和庞大的缔约权力。”〔2〕要解决前述问题，首先需要通过制度层面，对承接代履行业务的第三人选择（source selection）作出机制上的规定或安排，这种机制的核心是竞争性。〔3〕

（一）竞争性政府采购程序的适用

代履行从广义上是一项公共服务，我国现行《政府采购法》第 2 条的政府采购的概念界定除了货物、工程，还包括服务，其中服务指的是“除货物和工程以外的其他政府采购对象”，理论上似乎可以将代履行包括在内，但是在随后细化的《政府采购品目分类表》中，服务被明确为行政机关的后勤事项，例如印刷出版、维修、交通车辆维护等。2015 年实施的《政府采购法实

〔1〕 Lester M. Salamon, *The Tools of Government: A Guide To The New Governance*, London: Oxford University Press, 2002, p. 5.

〔2〕［英］L. 赖维乐·布朗、约翰·S. 贝尔、［法］让－米歇尔·加朗伯特：《法国行政法》，高秦伟、王锴译，中国人民大学出版社 2006 年版，第 195 页。

〔3〕奥斯本与盖布勒指出，政府与企业签订合同的过程，往往充斥着腐败，“如果签订合同符合四项标准，腐败就很难产生。这四项标准是投标确实是竞争性的；竞争的依据是关于成本费用和业绩质量的可靠资料；对承包商进行严密的监测；建立一个相对的政治性机构履行这个任务”。缔约过程的竞争是发挥合同优势、避免欺诈的前在性基础。参见［美］戴维·奥斯本、特德·盖布勒：《改革政府：企业家精神如何改革着公共部门》，周敦仁等译，上海译文出版社 2006 年版，第 53 页。

施条例》第2条，将服务界定为“包括政府自身需要的服务和政府向社会公众提供的公共服务”两种，至此，代履行具有了适用《政府采购法》的制度基础。

代履行适用政府采购的优点在于：①代履行的政府采购能够降低事前交易成本。统一的政府采购减少了行政资源的浪费，分布式的购买固然较为灵活，却需要逐次支付信息搜索等费用，而如果行政机关在代履行决策作出后，通过媒体广泛发布招标公告，行政机关寻求第三人厂商的信息费用将大大减少。通过资格预审，使那些信誉好、技术性强、专业能力较高的第三人参加投标，减少开标、评标的工作量，这些环节的费用得以降低。将行政机关与第三人的谈判转变为公开竞标，减少了行政机关为寻求合理价格而付出的时间费用，同时，在公开、公平、公正的竞标程序之下，行政机关受贿、第三人行贿的风险得以升高，前述的腐败费用也能够被有效遏制；②代履行的政府采购能够降低采购后的事后交易成本。因为投标文件与合同对第三人的行为、代履行的质量、技术提出了非常明确的要求，行政机关与第三人在履约阶段的扯皮现象得以避免，行政机关在代履行事务上的验收费用亦得以降低。一般是在代履行结束后才进行代履行费用的结算，因此，因采购周期延长等原因而造成的资金占用费问题不存在。政府采购应作为行政机关选择第三方的一般程序。

（二）政府采购程序的具体方式

《政府采购法》规定的政府采购程序有公开招标、邀请招标、竞争性谈判、单一来源采购（直接磋商）、询价和国务院政府采购监督管理部门认定的其他采购方式。结合代履行自身的特征，可以将委托关系的形成程序概括为以下几种：

1. 招标。招标意指由行政机关确定代履行合同的标底和主要条款，第三人根据要求承诺并相互竞标，行政机关依法经过法定评标等程序，选择确定最优者为中标方，并与之缔结合同。根据招标范围的差异，可将其分为公开招标与邀请招标两种，公开招标被普遍认为是最能体现民主竞争精神，也最能有效促进竞争、降低采购费用和提高效率的机制，对代履行的缔结而言，应当作为优先采用的方法。而邀请招标是招标的一种特殊类型，即行政机关发布第三人资格预审公告，公布投标人资格，对其进行条件审查，然后再从合格者中确定三家以上的投标人作为正式投标者，向其发出投标邀请书邀请其投标。

当行政机关适用招标程序确定第三人时，公开招标是原则，邀请招标是例外。这种关系反映在立法层面，通常不会对前者的适用条件作出明确限定，而是通过对后者的适用情形作出规定的方式，来弥补适用前者可能导致的缺陷。根据《政府采购法》的规定，只有出现下列情形时，才可以考虑采用邀请投标法：①事项具有特殊性，竞争性不强，只有少量第三人提供该项服务，例如《海域使用管理法》第47条的规定："违反本法第二十九条第二款规定，海域使用权终止，原海域使用权人不按规定拆除用海设施和构筑物的，责令限期拆除；逾期拒不拆除的，处五万元以下的罚款，并由县级以上人民政府海洋行政主管部门委托有关单位代为拆除，所需费用由原海域使用权人承担。"相较一般的拆除而言，拆除用海设施和构筑物专业性较强，市场竞争有时并不充分，邀请招标就存在适用的空间；②采用公开招标方式的费用占政府采购项目总价值的比例过大的。公开招标虽然较为公正，透明度较高，也符合平等竞争的精神，但是研究、评审第三人递交的代履行标书需要耗费一定的时间与费用，如果这方面的支出与代履行的标的价值不成比例，行政机关就可以通过邀请招标这种方式限制投标人的数量从而达到经济和效益的目的。

招标是行政机关与第三人缔结合同的主要方式。在号称"行政法母国"的法国，金额在一定数额以上，除了少数概况特别看重当事人的个人因素或紧急情况以外，必须采用招标的方式缔约。招标虽然存在公开程度上的差异，但行政机关只能和要价最低或出价最高的相对方缔结合同。[1]

2. 竞争性谈判。是指行政机关对那些不能或者不宜采取招标方式缔约的代履行事项，通过与多个第三人分别谈判，从中选择最为合适的人缔结合同。竞争性谈判是对前述招标方式的替代，行政机关明显处于较为主动的地位。根据《政府采购法》的规定，符合下列情形之一的代履行，可以采用这一方式：其一，招标失败。代履行业务招标后没有供应商投标或者没有合格标的

〔1〕 王名扬：《法国行政法》，中国政法大学出版社1988年版，第191～192页。

或者重新招标未能成立的；其二，代履行的行政义务可测量性相对较低。特定行政义务的代履行所需的技术较为复杂或者性质特殊，难以确定详细规格或者具体要求的；其三，时间紧迫。代履行如果采用招标，需要消耗时间，但这可能不能满足行政机关的紧急需要；其四，不能进行总体性定价。代履行行政义务所需的费用不能事先计算出总额，无法在招标程序中事先确定。

行政机关通过竞争性谈判选择参与代履行的第三人，因为不像招标等方式存在较为严格的程序与实体限制，其意图能够得到充分的体现，但是"物极必反"，这种方式的评审过程难以控制，极易产生行政机关与特定第三人的共谋，诱发腐败，因此各国对这种采购方式的适用条件与谈判方式都有着严格的限制。

3. 直接磋商。我国《政府采购法》将这种方式称为"单一来源采购"。也有人将这种形式称为协议。[1]这种缔约方式下，行政机关事先有一定的意向，然后再自由地和任何潜在的第三人直接就合同内容协商并缔结合同。与直接磋商相比，其他缔约方式往往因为程序公开的要求，周期较长且会因此出现各种费用的增加，在生产费用上，直接磋商具有不能比拟的优势。

毫无疑问，此时行政机关享有相当宽泛的裁量空间，为避免行政机关滥用裁量权，法律对此设有严格的限制。在法国，根据1964年以后补充的公合同法的规定，直接磋商方式仅仅适用于下列特定紧急情况：研究、实验和试验合同；招标和邀请发价没有取得结果的合同；情况紧急的合同、需要保密的合同；只能在某一地方履行的合同、需要利用专利权和其他专有权利的合同；需要利用特殊的和高度专门技术的合同。[2]

因此，如果特定行政义务的履行需要较高的技术、资金、设备和人员条件时，行政机关可将直接磋商作为缔结代履行合同的一种选项。具体而言，根据我国《政府采购法》的规定，如果代履行合同出现以下情形的，行政机关可以使用直接磋商进行代履行事务的采购：①只有唯一第三人处才能完成代履行的行政事务；②发生了不可预见的紧急情况不能有其他第三人完成代

〔1〕 施建辉：《行政契约缔结论》，法律出版社2011年版，第55页。
〔2〕 王名扬：《法国行政法》，中国政法大学出版社1988年版，第192页。

履行的行政事务；③必须保证义务履行一致性，需要继续从原第三人处购买，且资金总额不超过原合同采购金额 10% 的。直接磋商的一般程序是：行政机关选择条件、资质适合的第三人，再向该第三人发出缔结代履行合同的要约邀请，然后由第三人提出缔结代履行合同的条件，行政机关与第三人就条件进行磋商，最后双方完成缔约手续。

显然，即便对直接磋商的情形进行明确的设定，这种缔约方式仍然存在难以克服的先天缺陷。基于此点考虑，承认这种方式的国家与地区往往也通过法律对其程序加以限制，要求行政机关采用直接磋商作为缔结合同的方式时，必须尽量的鼓励竞争。我国澳门特别行政区《行政程序法》要求，行政机关采取直接磋商方式缔结行政合同时，一般应向至少三个相对人进行查询。[1]

代履行实践中，竞争性的程序已经出现。早在《行政强制法》颁布前，厦门市环保局就规定，代执行主体从三家单位中随机抽选，这无疑是一种竞争性机制。在《宁波市政府服务外包暂行办法》中，“代履行等行政执行的辅助性工作”被明确列入可以外包的事项，并就其外包方式进行了具体规定，且方式与《政府采购法》第 26 条基本一致。《如皋市行政机关实施代履行若干规定》第 9 条第 2 款规定：“依法需要通过招投标等方式确定第三人的，应通过招投标等方式确定。”该规定亦将第三人的确定原则上纳入竞争性程序之内。

三、代履行合同缔结程序的裁量基准

对代履行合同的缔结机制而言，前述几种程序都存在使用的空间，可以说有利有弊。招标，尤其是开放式招标，能够在最大范围内选择有意愿参与代履行业务的第三人，并在第三人之间形成高度的竞争态势，程序上的透明也能够避免采购中的官商勾结等现象，但行政机关筛选符合条件的第三人往往需要支付相当多的费用，而且耗费时间；而竞争性谈判与直接磋商中，不仅第三人参与缔结程序的成本较低，而且行政机关的灵活性相当明显，更有

---

〔1〕 施建辉：《行政契约缔结论》，法律出版社 2011 年版，第 56 页。

把握筛选出合适的第三人，特别对于那些具有较高技术性要求的行政义务，此二种程序较为合适。但它们在限制竞争、缺乏公开性、阻止新进入者方面的缺点也不能忽视。

三种机制各有优劣，立法层面不宜做过于细致的限定，应该给行政机关一定的裁量权，即便这种裁量会造成决策上的困扰。在英国，“关于招标程序，究竟是应选择一个完全公开的招标程序，即任何人都可以投标的程序；还是应选择一个有限制的招标程序，即政府可以从有意参与投标的人中选择至少五个组成一个招标池的程序，政府面临着很大的压力”。[1]行政机关的裁量权不可避免，但无论如何，存在三个底线性的要求：其一，客观性。客观性要求行政机关在选择第三方时必须存在符合代履行性质的明确条件，既要避免笼统含糊，也要防止量身定做，应该对诸如参与者的资格、最终胜出的判断标准等条件作出合法、合理的规定，然后根据这些条件确定最终承接代履行业务的第三方，“第三方主体的选择必须是客观的，不能以行政机关负责人的主观意志为转移”。[2]其二，竞争性。行政机关选择第三人时，应引入竞争机制，通过符合条件的第三人的相互角逐，使代履行费用尽可能接近市场最低水平，并提高其参与代履行缔约程序的压力与责任感，同时，程序上的竞争也是预防腐败的制度屏障。其三，公正性。无论行政机关选择何种程序性机制，行政机关都应该确保透明，禁止秘密接触，允许公众参与，接受来自新闻舆论、行政相对方、同时参与竞争的利害关系人、普通公众的监督，这是行政机关承担的一种前决策责任（pre-decision accountability），对于防止代履行领域的官商勾结现象而言，这些机制尤为关键。公众参与对代履行决策的确定将产生一定的影响，其本身具有赋权的效果更加值得重视。“合同化并非旨在减轻公共服务对其消费者应承担的责任。相反，围绕着合同化的是消费者授权的概念。”[3]章志远教授对拖车公司产生的天价救援单曾评价道，

---

〔1〕［英］A. C. L. 戴维斯：《社会责任：合同治理的公法探析》，杨明译，中国人民大学出版社2015年版，第18页。

〔2〕范明星：《行政强制执行中的代履行制度研究》，辽宁大学2014届硕士学位论文，第16页。

〔3〕［英］A. C. L. 戴维斯：《社会责任：合同治理的公法探析》，杨明译，中国人民大学出版社2015年版，第25页。

“交警和拖车公司的关系，应采取回避指定原则。如果行政机关指定拖车公司来施救，无论最后花费数额是不是天价，总让人感觉二者会有什么猫腻，质疑行政机关是不是从中牟利。为了避嫌，施救环节中纯粹操作性和技术性的工作应当分解出来，交给市场第三方来处理，行政机关从中抽身，这样更科学，既减少当事人的不安，也让行政机关避免卷入纠纷”。[1]对于代履行合同的缔结而言，该论断同样是适用的。

即便满足了前述底线性要求，行政机关在代履行合同缔结程序上的裁量仍然不是毫无限制，缔约程序的选择应该考虑以下合理因素：①招标等程序需要支付的费用；②代履行行政义务的专业技术性；③代履行的时间紧迫性；[2]④代履行对相对方的影响等。“在任何情况下，行政在职能意义上都远不是铁板一块。不同的机构行为产生不同的结果以及依赖于不同类型的前提这样一个事实自然而然地表明：决策应该反映出不同的程序标准。”[3]例如，招标虽然最符合民主政治的要求，行政机关的行为也因此处于社会公众的广泛监督之下，同时亦能减少人情压力与利益输送的不良影响，但这不意味着行政机关在确定第三人时，只能采用招标的方式。招标等程序必然会产生成本，如果该成本超过了代履行的费用，程序上的规则此时不具有经济上的合理性，至于没有遵循可能产生的公开性不够、透明度不强、公正性不高以及腐败，可以通过内部监督、相对方投诉、利害关系人诉讼等方式解决。

《行政强制法》不仅未就代履行原则适用招标程序作出规定，而且即便对于竞争性较低的单一来源采购或者直接磋商也没有任何适用性规定，最低程度的程序性要求都难以满足。这不能不说是第三人代履行制度的一大缺憾。建议《行政强制法》第51条增加1款：“行政机关委托第三人应当遵守《政

---

〔1〕 王心禾：“天价拖车费频现 专家：交警应回避指定拖车”，载江苏检察网，http://www.js.jcy.gov.cn/yaowen/201608/t2974069.shtml，访问时间：2018年11月19日。

〔2〕 例如有人提出，紧急情况下，海事管理机构可以成立事后的费用专家评估小组，小组成员可以广泛吸纳社会专家，利用小组的专业技术能力，在海事代履行费用的预算与核定中，提供专业技术的支持，同时也间接监督了海事主管部门的公共权力运行。参见郭文杰：“关于海事行政强制执行中代履行费用问题的探讨”，载《中国海事》2016年第10期。

〔3〕 [美] 威廉·F. 韦斯特：《控制官僚：制度制约的理论和实践》，张定淮等译，重庆出版社2001年版，第201页。

府采购法》等法律规定，坚持公开透明、公平竞争的原则，接受社会监督。公开招标是委托第三人的主要方式，行政机关不得规避。采用竞争程度较低的其他方式时，应当事先向公众进行理由说明，并接受监督。”

第三节　第三人资格与合同内容

一、第三人资格

“由于行政合作契约的缔结最重要的问题在于，原本由国家自己执行的公共任务，必须仍能透过私人参与而顺利符合应提供给付之标准完成，因此对于缔约相对人之选任资格与程序，应为行政合作法的规范重心。”[1]民营化意味着行政职能任务主体与履行主体的分离，从而发生职能承接或履行继受的法律效果。事实上，参与政府采购程序的私人拥有行政机关所没有的充分信息，无论进行程序上的何种详尽设计，行政机关永远都无法保证找寻到最合适的私人。甚至于私人的缺陷很可能只能随着合同的实施才能暴露，行政机关很难在事先的筛选中做到尽善尽美，效率与效力的损失在所难免，逆向选择是行政机关选择代履行后必须承受的代价。

具体到行政强制领域，在代履行成为必要之时，行政机关必须积极寻找适合的第三人，斟酌其承接或者继受能力，避免因履行缺损导致劣质履行。《行政强制法》对代履行的第三人，除了“没有利害关系”以外，并没有规定任何的资格条件。有学者指出，“行政机关挑选代履行的第三人必须进行综合考虑，如果随意指定第三人，既不利于对相对方权益的保护，也会降低行政机关的公信力”。[2]虽然，由于代履行业务的多样性，对于第三人的资格限定，应当以行政义务履行的特征及其履行需要为考虑重点，为避免妨碍民营化的推动，统一的第三人资格条件设立，应该避免失之过严，但是，仍然可以就一般事项展开讨论：

---

〔1〕 程明修：“公私协力契约与行政合作法”，载《兴大法学》2010 年第 7 期。

〔2〕 莫于川主编：《行政强制操作规范与案例》，法律出版社 2011 年版，第 140 页。

(一) 积极资格

积极资格即接受代履行委托的第三人在正面应该符合的条件，在《行政强制法》出台之前，一些单行的法律对第三人应具有的条件进行了限定。例如，《水污染防治法》第 94 条规定："企业事业单位违反本法规定，造成水污染事故的，除依法承担赔偿责任外，由县级以上人民政府环境保护主管部门依照本条第二款的规定处以罚款，责令限期采取治理措施，消除污染；未按照要求采取治理措施或者不具备治理能力的，由环境保护主管部门指定有治理能力的单位代为治理，所需费用由违法者承担；……"《海域使用管理法》第 42 条规定："违反本法第二十九条第二款规定，海域使用权终止，原海域使用权人不按规定拆除用海设施和构筑物的，责令限期拆除；逾期拒不拆除的，处五万元以下的罚款，并由县级以上人民政府海洋行政主管部门委托有关单位代为拆除，所需费用由原海域使用权人承担。"但是，何谓"有治理能力"，"有关单位"又是哪些单位，法律规定得都不甚清楚。

《行政强制法》对此问题亦未作出规定，在《行政程序法》没有出台的情况下，受委托组织的基本资格也缺乏讨论。因此，有人主张，代履行的第三人资格可以借鉴《行政处罚法》中关于受委托组织行使行政处罚权的条件限制。该法第 19 条规定，受委托组织必须符合以下条件：①依法成立的管理公共事务的事业组织；②具有熟悉有关法律、法规、规章和业务的工作人员；③对违法行为需要进行技术检查或者技术鉴定的，应当有条件组织进行相应的技术检查或者技术鉴定。[1]法律规范的借鉴本是制度发展的常例，不过这种借鉴存在既有的原生制度如何在借鉴后"耦合"的问题，在代履行制度中，第三人资格的限定必须关注代履行本身的特殊性质，提出具有合理性的制度设计模式。在此前提下，笔者认为，需要注意以下问题：

1. 第三人是否应限制为非营利性组织？《行政处罚法》将接受委托的组织定位为"管理公共事务的事业组织"，意味着行政机关只能委托非营利性质的组织进行行政处罚，企业以营利为目的，如果拥有与其业务相关的行政处

---

〔1〕 参见李大勇："公私合作背景下的代履行——以行政强制法草案相关条文为分析对象"，载《河南政法干部管理学院学报》2011 年第 4 期。作者发文时，《行政处罚法》尚未修改。

罚权，将导致权力进入市场的可能，为以权谋私提供了机会。但是，《行政强制法》是否有必要亦将第三人限定为“管理公共事务的事业组织”？笔者认为似无必要，代履行与行政处罚权的委托不同，后者虽不是行政处罚的责任归属者，却在处罚关系中有独立的主体地位，在委托关系形成后，受委托者完全是凭借自己的主观认识判断是非，根据自己的意志决定是否处罚以及如何处罚，是具有行政处罚权能的主体之一，因此为防止处罚权行使的偏私或者滥用，将营利性质的企业排除在外，即在情理之中。代履行法律关系中，第三人并不因为接受行政机关的委托而享有行政强制权，其实施的仅仅是代替行政相对方履行义务，没有必要进行非营利的限定，事实上，相当多的企业进入代履行过程恰恰为了营利，人为的限制初衷可能是为避免代履行成为营利性工作，却也可能影响第三人接受委托进入代履行过程的主动性，阻却竞争局面的形成。

2. 第三人必须具备何种人员与设备条件？在日本，有关行政机关委托第三人处理政府事务时，对于受委托者存在积极条件的规定。依据日本“预算、决算及会计令”第 72 条规定，必要时得要求参与竞争者具备一定的条件，此处的条件指实绩证明、从业员人数、资本额以及经营规模等，甚至亦可限定中、小企业，以助成之。[1]

因为一般情况下，第三人的确定需要经过政府采购程序，政府采购中对供应商的资格限定构成参与代履行的最低程度的限定。我国《政府采购法》第 21 条规定：“供应商是指向采购人提供货物、工程或者服务的法人、其他组织或者自然人。”第 22 条规定对第三人的资格进行了明确：“供应商参加政府采购活动应当具备下列条件：（一）具有独立承担民事责任的能力；（二）具有良好的商业信誉和健全的财务会计制度；（三）具有履行合同所必需的设备和专业技术能力；（四）有依法缴纳税收和社会保障资金的良好记录；（五）参加政府采购活动前三年内，在经营活动中没有重大违法记录；（六）法律、行政法规规定的其他条件。”第 22 条第 2 款规定：“采购人可以

---

〔1〕 林子仪：《行政检查业务委托民间办理法制之研究》，“研究发展考核委员会”1998 年编印，第 150 页。

根据采购项目的特殊要求，规定供应商的特定条件，但不得以不合理的条件对供应商实行差别待遇或者歧视待遇。”第 23 条规定：“采购人可以要求参加政府采购的供应商提供有关资质证明文件和业绩情况，并根据本法规定的供应商条件和采购项目对供应商的特定要求，对供应商的资格进行审查。”

就积极资格而言，行政机关在遴选第三人时，除代履行费用外，还应该考虑第三人的能力、人力素质、资本、设施及代履行的经验等因素。例如，第三人应该具有一定的资本，保障代履行过程的顺利进行并对代履行失败可能产生的损害能够承担赔偿责任；第三人应该具有与代履行业务本身相适应的人力资源、设备设施等条件，具有对一些专业程度较高的行政义务的代履行的行为能力。

3. 有人主张借鉴《行政处罚法》关于受委托组织的规定，代履行的第三人必须是“依法成立的事业组织或企业”，[1]强调第三人的组织属性，在笔者看来，仍无必要。代履行与处罚权行使后的法律后果虽然都由行政机关承担，但处罚权的行使涉及立案、调查取证、作出处理决定等环节，必要时还需召开听证会，组织无论在实际能力或者公正性上都较个人胜任。对代履行而言，主要是一些技术性、操作性的事务，个人只要具备条件，在工作量较小、难度不高的情形下，完全可以承担，排除个人将增加代履行成本（履行支出的费用与组织内部的协调费用），降低第三人代履行的积极性。这一点在《行政强制法》制定过程中得以支持，该法草案三次审议稿曾在第 49 条第 1 款规定：“行政机关可以委托没有利害关系的其他组织代履行。”经过研究后，立法者将其他组织用外延更为宽泛的第三人替代。因此考虑到行政义务的复杂性，组织或个人的选择不妨交给行政机关进行个案裁量。

（二）消极资格

相较于《行政强制法》在第三人遴选上积极资格的沉默，该法第 50 条对消极资格进行了明确，即“没有利害关系”，这对于防止利益输送或利益冲突，消除行政机关与第三人的机会主义举动，尤其是逆向选择现象，最终维

---

〔1〕 李大勇：“公私合作背景下的代履行——以行政强制法草案相关条文为分析对象”，载《河南政法干部管理学院学报》2011 年第 4 期。

持代履行行为的公共性品质，具有重要的意义。但是，在目前的代履行制度中，从文本到实践似乎还存在一定的讨论空间。

何为利害关系？《政府采购法》第12条规定："在政府采购活动中，采购人员及相关人员与供应商有利害关系的，必须回避。供应商认为采购人员及相关人员与其他供应商有利害关系的，可以申请其回避。"此种"回避"制度设计的立意与《行政强制法》的第50条的规定有异曲同工的效果。容易产生疑问的是，利害关系的具体判断标准是什么？《行政强制法》对"利害关系"没有明确界定，在具体要求上，到底是与相对方没有利害关系，还是与行政机关没有利害关系？有人仅仅排除了第三人与行政机关之间的利害，第三人"与作出代履行决定的行政机关之间没有任何法律或事实上利害关系"。[1]另有人指出，"关于是否要求第三人与行政相对方没有利害关系的问题，笔者认为，一般情形下，行政机关在选择代履行人时可不予考虑代履行人与行政相对方是否有利害关系，因为从客观方面，行政机关在选择第三人时无从知晓第三人与行政相对方是否存在利害关系"。[2]有人则认为，利害关系"还应当包括第三人与环境行政代履行标的之间的利害关系"。[3]

笔者认为，从这一制度试图实现的程序公正来看，行政机关与相对方似乎都应该包含在内，不过侧重点不同而已。

一方面，对行政机关而言，代履行的第三人不能与之有"利益"来往。《行政强制法》制定中，有人提出，"'没有利害关系的其他组织'概念模糊不清。各地拆迁工程中，很多项目是由各地方国土局打包，再委托给下级政府设立指挥部进行拆迁，这样令不少民众产生抗拒心理，从而引发社会矛盾。因此，这一条款应明确规定，行政部门所委托的组织是没有利害关系的第三方机构。此外，通过法律形式确定代履行组织的资格，将进一步规范代履行拆迁的委托程序，更好地保障公民、法人的合法权益"。[4]但是，最终立法似

---

〔1〕 范明星：《行政强制执行中的代履行制度研究》，辽宁大学2014届硕士学位论文，第16页。

〔2〕 孙婷婷：《论行政代履行》，南京大学2013届硕士学位论文，第14页。

〔3〕 马宇佳：《环境行政代履行制度研究》，长春理工大学2014届硕士学位论文，第18页。

〔4〕 "关于行政强制法的其他审议意见"，载中国人大网，http://www.npc.gov.cn/npc/xinwen/2009-09/27/content_1520360.htm，访问时间：2014年8月3日。

乎仍未彻底解决该问题。

第三人不宜是其他行政机关或者与行政机关存在隶属关系的主体。其一，尽管《行政强制法》没有对其他行政机关作为第三人参与代履行明确排除，但笔者仍然认为其他行政机关不宜为第三人。有学者针对《行政强制法》中的第三人提出了“公第三人”与“私第三人”的划分，[1]前者指的是其他行政机关，法律、法规、规章授权的组织，后者则为企业法人、其他组织等私法组织以及个人。笔者对此持怀疑态度，因为第三人代履行的目的之一在于通过私人力量的介入，减少成本并缓和官民对抗，如果允许其他行政机关代履行，不仅这一目的难以实现，而且也会出现机关之间协调的成本。而且，其他行政机关以第三人身份参与代履行，是否会造成对该机关原有行政职能的冲击或干扰？考虑到行政资源的有限性，行政机关的原有职能无法可能因此缺位，或者不具有强制执行权行使主体资格的组织借助于代履行的委托实现了强制执行权的行使？这是否又与行政职权法定原则相冲突，这些问题理论上都值得研究。更何况，行政协助制度即可以解决行政机关代履行时可能面临的人员、技术、资源不足的问题，没有必要通过行政机关之间缔结合同的方式，履行行政义务。[2] 有学者亦敏锐地指出，“在法律上，‘利害关系’一般理解为上下级隶属关系、经济往来关系、负责管理人之间的近亲属关系等，但在实践中较为突出的问题是类似关联交易的行政关联利益关系。行政关联利益关系在相对集中行政执法实践中较为常见，执法职能相互集合的几个行政管理部门，彼此之间多具有共同的行政隶属关系或经济往来关系，如

---

〔1〕 邹焕聪：“‘私代履行人’的理论定位及规范建议”，载《行政法学研究》2013 年第 1 期。

〔2〕 实践中，确实也存在少量所谓“公代履行人”的案例，但不具有普遍性。在“再审申请人王某东、王某华因诉吉林市昌邑区人民政府、第三人吉林省公路管理局、吉林市交通运输局强制摧毁鱼塘、强占承包地行为及行政赔偿一案”中，最高人民法院查明“吉林省公路管理局作出行政强制执行代履行决定，昌邑区城市管理执法大队受吉林省公路管理局委托，实施强制拆除鱼塘的行为，吉林省公路管理局应当是本案适格被告”。故，王某东、王某华以昌邑区政府为被告提起本案诉讼，被告不适格。在“李某丰诉舒兰市住房和城乡建设局其他一案”中，法院认为，“被告舒兰市水曲柳镇人民政府遂根据《中华人民共和国行政强制法》第五十条之规定，将代履行拆除和清理吉荒高速公路辅路规划路径建筑控制区域内的房屋及地上附属物工作委托给第三方，即本案被告舒兰市住房和城乡建设局，并作出《代履行执行书》。被告舒兰市水曲柳镇人民政府委托被告舒兰市住房和城乡建设局具体实施代履行行为，其对实施代履行行为第三人的选择是其内部事务。被告舒兰市住房和城乡建设局根据委托授权，履行代履行职责有相应依据”。

城市成立综合执法局下属的各部门之间多存在行政关联利益关系，其利益交换关系较为隐蔽，可在其上一级行政、事业管理部门进行利益交换和重组二次分配，监管难度较大。此种行政关联关系尚不认同为利害关系，但实践中对相关行政部门的实际影响颇大，应给予足够关注”。[1]

如果选定的第三人与行政机关存在隶属关系或者利益关系，可能在行政机关与第三人之间产生共谋，借履行盈利，以多收费用的方式置相对方于不利境地，因此也不应作为代履行的第三人。从行政法理角度看，行政机关不能通过直接或者间接经营企业的方式参与市场竞争。行政机关的运作本身需要消耗经济剩余，而不能反过来去创造物质财富，虽然在理论与实践上，公众普遍认可，行政机关的合法有序运转间接为物质财富的增加创造了必不可少的条件。但是如果行政机关能够创造归自己支配的经济利益，意味着局部的对经济利益上的追求通过垄断性的行政权力得以实现，从而偏离了社会公众对其基本的公共性期待，行政机关也就演化为政商合体的怪物。行政组织一旦创收，它将对以下几点公众关心的问题讲不清楚：一讲不清楚生产要素的来源和生产过程；二讲不清楚它在经济生活中应当扮演的“角色”；三讲不清楚它是否遵循了全心全意为人民服务的宗旨；四讲不清楚赚到的钱准备如何进行合理分配；五讲不清楚公共权力是否还属公正；六讲不清其经营过程与行政职能的关系。[2]总之，如果行政机关能够被允许去创造经营效益，行政职能与公共权力的“贞洁性”将成为悬疑。然而，理论上看似严丝合缝的推理并不必然在实践中能够全然得以印证。改革开放后的相当长时期，国家财政力量并不充足，行政机关借助于经商改善自身办公与执法条件的情形屡见不鲜，“执法产业化”受到广泛诟病。早在1986年中共中央、国务院就出台了《关于严禁党政机关和党政干部经商、办企业的规定》，即是对前述现象的政策回应。目前，行政自办企业的现象已经得到清理，但是行政机关与个别企业存在的深层次利益关联仍然是值得警惕的现象。

从确保代履行公正性的角度看，承担该项业务的第三人必须要排除那些

---

〔1〕 张建颖：《行政机关委托第三人代履行制度存在的难点问题及其解决途径刍议》，2012年行政审判理论专业委员会论文。

〔2〕 杨宇立、薛冰：《市场、公共权力与行政管理》，陕西人民出版社1998年版，第175页。

与行政机关存在隶属关系或者行政机关本身即为投资者的企业。

这一点在环境保护领域限期治理污染的代履行中得到印证。为了提高代履行的质量，根据《环境污染源治理专项基金有偿使用暂行办法》[1]的基本精神，有些地方政府曾经尝试投资成立专业化的环保公司，由行政机关牵头充分发挥限期治理制度的保全环境的“末端控制”的潜能和作用。[2]但是，这一做法最大的问题在于，如何切断环保公司与行政机关之间的利益输送，如果不能做到这一点，因代履行产生的费用计算及过程监督很难取信于人。也许正是意识到前述问题，《国务院办公厅转发国务院环境保护委员会关于积极发展环境保护产业的若干意见的通知》[3]规定：“各级人民政府的环境保护行政主管部门作为执法监督管理部门，一律不得成立直属的环境保护公司，不得参与环保产品的经营活动。”因此，在实现限期治理污染代履行专业化的同时，必须强调市场化，通过多种手段鼓励市场主体投资成立环保治理公司，调动民间参与环境治理的积极性与创造性，在这一领域形成公私协力的良性局面。这也将对我国目前较为落后的环保产业的发展起到扭转作用，从而在落实依靠群众保护环境基本原则的同时，为我国培育新型的经济发展增长点，其社会效益与经济意义不容低估。

另有学者对绍兴市购买拖车服务进行了实证研究后发现，绍兴市为解决城市道路的清障工作，专门成立了道路交通保障服务中心，提供市区二环以内的道路（含人行道）清除拖车、设施维护等服务，实行公司化运作。[4]这实际上是一种形式性的政府购买公共服务，购买服务不过是给传统的预算管理穿上了一件新潮的外衣，交警部门从原来的拖车主体成为财政部门与道路交通保障服务中心之间的简单“二传手”。后者虽然实行公司化运作，身份却是事业单位，不仅缺乏市场竞争力，而且往往打着购买服务的幌子安置编制人员、维持机构运转。甚至于购买主体与承接主体签订服务购买合同仅仅是个别现

---

〔1〕 1988 年 7 月 28 日国务院令第 10 号发布。

〔2〕 赵旭东：“限期治理污染代履行的实施形式研究”，载《法学杂志》1999 年第 4 期。

〔3〕 1990 年 11 月 5 日国办发［1990］64 号文件。

〔4〕 王彦樑：“政府在购买公共服务中的行为研究与对策分析”，载《公共治理评论》2014 年第 2 期。

象，即便有合同，也未载明提供服务的目标、效果、标准等要素，这种购买与传统模式没有本质区别，反倒因为多了一个层次，可能造成浪费。

为了避免第三人与行政机关之间可能存在的“利害关系”，从程序上讲，“可以借鉴价格鉴证、拍卖程序中的资质准入、名册管理、摇号确认等程序性机制”。[1]这是可资借鉴的观点。

另外，第三人也不能是与行政机关工作人员存在法定回避情形的主体。[2]

另一方面，对相对方而言，第三人不能与之有“相害”情形。行政机关委托的第三人不能与相对方之间存在“相害”，如此引起的对抗丝毫不小于行政机关亲自执行，也可能在代履行过程中造成更大损失。

这种利害关系有时在事前的缔约程序很难确定，因而需要在代履行决定书确定的第三人为相对方知晓后，[3]由其提出异议并举证。所谓“相害”，既包括情感上的影响，也包括经济上的影响，既包括现实性影响，也包括潜在性影响。例如，相对方发现，受行政机关委托的第三人与相对方之间存在业务竞争关系，此时如果该第三人参与代履行过程，可能会以损害相对方在某一领域的竞争能力为目标，从而产生不利于相对方权益的后果，既包括现实性影响，也包括潜在性影响。

有时，在行政决定作出以后“相害”情形即可发现。例如行政决定存在事实上的受益方，例如 A 公司在某处设置一大型户外广告牌，该广告牌遮挡了 B 公司的牌匾，造成 B 公司生产经营的诸多不便，B 公司多次以此为由要求 A 公司自行拆除屡屡被拒。后来，行政机关基于设置广告牌已经危害交通安全的考虑，准备启动代履行程序予以拆除，B 公司即在有“相害”情形之列，拆除广告牌事实上对其有利影响，更可能出现代履行的违法、失当，应

---

[1] 张建颖：“行政机关委托第三人代履行制度存在的难点问题及解决途径刍议”，载董志良主编：《中国行政审判研究》，法律出版社 2013 年版。

[2] 2015 年 6 月 14 日，受马龙县城管局委托的安顺城市交通服务有限公司工作人员发现一辆宝骏牌面包车违规停放在医院门口盲道线上，严重影响行人通行。在对车辆进行拖移过程中，与当事人发生冲突，后经查，该公司法定代表人的丈夫系马龙县城管局聘用城管。“云南马龙回应城管妻子开公司执法：涉事者已辞退”，载手机央广网，m. cnr. cn/news/20150615/tzq50613_518845974. html，访问时间：2022 年 6 月 13 日。

[3] 按照《行政强制法》的规定，这个时间往往就是行政机关向相对人送达代履行决定书后。

当在代履行程序中将其排除。

前述“利害关系”是否概括了利害关系的全部？为防止行政机关与第三人之间出现利益输送的现象，杜绝委托或采购可能发生的弊端，从参与代履行的第三人的角度进行限定确有必要，第三人既不能是其他行政机关，也不是与行政机关存在隶属关系或者利益输送关系的主体，但在另一方面，也必须从作出代履行决定的行政机关的角度进行考虑，只要存在影响代履行公正进行的情形都应该纳入利害关系的范围。例如，遴选第三人过程中，如果行政机关负责该项工作的人员：①现在或者在采购活动发生前三年内，与第三人存在雇佣关系；②现在或者在采购活动发生前三年内担任第三人的财务顾问、法律顾问或技术顾问；③现在或者在采购活动发生前三年内是第三人的控股股东或者实际控制人；④与第三人的法定代表人或者负责人有直系血亲、三代以内旁系血亲及姻亲关系；⑤与第三人之间存在其他影响或可能影响代履行活动依法进行的利害关系。这为判断“利害关系”提供了具有操作性的标准。

然而，仅此仍然不足以防止“利害关系”的存在与发酵，回避制度的引入势在必行。《政府采购法》第 12 条第 1 款规定：“在政府采购活动中，采购人员及相关人员与供应商有利害关系的，必须回避。供应商认为采购人员及相关人员与其他供应商有利害关系的，可以申请其回避。”就立法表述来看，回避的启动仅限于依申请的情形，这无疑等于将是否存在“利害关系”的查证责任完全移转至他人。

依据麦库宾斯等人的分析，法律的执行有两种基本的方式：公共执行与第三人执行。前者由行政机关工作人员对违法行为进行调查并对违法者进行惩戒或者提出诉讼，后者则是指个人或者企业调查违法行为，缉拿违法者或者提出诉讼。相对于税收成本而言，监督违法者的成本较低的话，那么私人执法比公共执法的社会经济效率更高，而当监督成本较高，采用公共执法模式更好。[1]回避申请即为私人执法的一种体现，参与代履行业务竞争的私人对此有充分的行为激励。但是，考虑到第三人并非行政机关，缺乏权威身份，

---

〔1〕 李波：《公共执法与私人执法的比较经济研究》，北京大学出版社 2008 年版，第 1 页。

对“利害关系”的判断往往难以全面准确，行政机关的公共执法确属必要。在我国台湾地区，机关首长发现承办、监办采购人员有应当回避的情事而未依规定回避的，有权责令其回避，并另行指定承办、兼办人员。此种制度设计，相较单纯的申请回避，效果更为突出，能够将防止共谋的责任，不全部由公众负担，而由行政机关担当，确有其可供借鉴之处。

利害关系也应该不妨碍行政机关另行作出有关参与代履行业务的第三人消极资格的限制。在日本，有关行政机关委托民间处理政府事务时，对于“①曾故意草率从事工作或有舞弊行为者；②曾有围绑标事实者（不以法院判决为必要）；③曾有妨碍得标者缔约或履约者，④曾有妨碍监督或检查人员执行公务行为者，⑤有正当理由足有认定有不履约之虞者，均不具备受委托之资格”。对第三人消极资格的限制，除了可以参考日本的做法以外，别国在此方面的相关举措也可供考虑。例如美国为避免利益冲突，规定一定身份之人不得承接民营化的行政任务，议员、退休的公务员在一定的期限内的行为皆受到限制。[1]

二、代履行合同的内容

作为公共行政民营化的具体类型，第三人代履行的益处毋庸讳言，但同时也蕴藏着难以承受的风险。正如学者所言：“民营化就像拆除炸弹，必须审慎对待，因为错误的决定会导致危险的后果。”[2] 行政机关选定第三人后，必须与之缔结代履行合同。

（一）代履行合同的功能

合同具有法律与管理的双重功能。一方面，从形式上看，合同不是法律，具有法律地位的是合同法，“在商业时代，财富都是由允诺构成的”，[3]合同法因此扮演着重要角色，它“赋予单个公民订立合同的权利，并规定了谈判

〔1〕 林子仪：《行政检查业务委托民间办理法制之研究》，“研究发展考核委员会”1998年编印，第152页。

〔2〕［美］E. S. 萨瓦斯：《民营化与公私部门的伙伴关系》，周志忍等译，中国人民大学出版社2002年版，第305页。

〔3〕［英］P. S. 阿蒂亚：《合同法概论》，程正康等译，法律出版社1982年版，第3页。

和签约程序。通过订立合同，单个公民创立了法律义务并使其目标生效。对于自愿形成的私人关系来说，合同法就像一部宪法，而具体的合同则像宪法下新颁布的法律”。[1]依据合同法缔结的合同，事实上具有“准法律”的功能，确认并定义着双方的关系。另一方面，经济学与组织学的大量研究已经证明，良好的合同管理包括项目设计、沟通与评估等多个环节，合同作用发挥的重要步骤是对合同条款认真地加以规划，并且存在充分的监督以保证合同不折不扣的实施，正如 Jones 认为的那样，“即便这些潜力存在于经济合同有效率和有效力的运作中，这一结果在实践中的达成却依赖于合同设计、报酬、监控和实施的细节”。[2]行政机关能否达到外包的目的，合同管理能力的高低是关键，这无论对于提高效率，又或者增进责任、保障民主与权利都极具价值。“民营化是一种复杂、接续的‘行政过程’，而非只是单一或点状的行政作为，尽管目的多端，皆指向一个共通的支点，也就是民营化过程的契约设计、契约形成及必要备置。”[3]然而，具有讽刺意味的是，尽管合同构成了行政机关与第三人关系的基础与核心，对于双方均具有拘束力，但公共行政民营化的实践中，对合同条款的设计仍然关注不够。

（二）合同设计中的矛盾

合同的条款设计虽然重要，但常常面临以下一些矛盾，合同管理就是不同矛盾的妥善处理。

1. 完备性与不完备性的矛盾。一般而言，合同内容越能够多地涵盖合同履行涉及的必要情形，交易双方机会主义的发生概率就越低。有人统计，公共行政民营化实践中，因为合同条款不够完备导致民营化失败的概率达到80%。[4]这要求行政机关在与第三人缔结代履行合同时，对合同条款周密考

〔1〕［美］理查德·A. 波斯纳：《法律的经济分析》，蒋兆康译，中国大百科全书出版社 1997 年版，第 149 页。

〔2〕 P. Vincent Jones, *The New Public Contracting: Regulation, Responsiveness, Relationality*, Oxford University Press, 2006, p. 193.

〔3〕 李建良：“民营化时代的行政法新思维”，载李建良主编：《2011 行政管制与行政争讼：民营化时代的行政法新趋势》，2012 年版，第 10 页。

〔4〕 C. Saunders, M. Gebelt & Q. Hu, “Achieving Success in Information Systems Outsourcing”, *California Management Review*, 1997, 39 (2): 63 ~ 79.

虑，尽可能地将必要情形纳入合同条款之中，理想的合同应该是“无所不包”的。

然而真实情况是，任何合同都具有严重不完备的特点，不完备有时是迫不得已，“合同往往省略了那些与合同当事人有潜在关系的各种各样的变数和偶然性”,[1]期待用文本固定将来可能出现的所有情形是不切实际的空想，合同约定的内容不能配置与未来状态相联系的所有情形。按照经济学家西蒙的观点，每个人仅仅拥有“有限理性”，不可能获得决策所需要的全部信息，也受到大脑思维能力的限制，“最优的结果”是不存在的，因此，合同的不完备是必须接受的现实。不完备有时又是行政机关在刻意为之，如果要在合同文本上约定出合同相关的全部条款，要让当事人去发现特定领域所有可能发生的事件，并在此基础上确定各自的最优反应，这意味着缔约环节的成本将直线上升，大量的交易将因此无法进行。为促成当事人之间达成更多的交易，一种现实的选择是合同仅仅约定一些双方看来重要的条款，其他的或者无暇顾及，或者有意搁置。

2. 严密性与疏松性的矛盾。严密性指的是合同条款的用语应当没有弹性、足够明确。唯此，行政机关才能对私人提出清晰的要求，避免因为合同条款本身发生的争议。“尽管完美的明确性既过于昂贵而且实践上又不可行，那么认真说明契约的条款就有助于减少不明确性，为事后的监督提供基础。”

问题是，就像法律成立后需要解释一样，合同既然以语言作为表达方式，而语言的含义往往与特定的文化背景、使用者的立场、身处的情景密切相关，不同的人可能对同一语言作出完全不同的界定，“各种各样的法律争议，几乎都是围绕语词含义、语句指向、话语结构、上下文之间的关系而展开的，即从语言及其使用的细节开始”。[2]语言产生的争议，通过理性只能减少不可能消除，甚至也无需消除，合同条款需要透过疏松的语言给当事人以必要的自由空间。从理性的角度看，代履行合同使用的语言当然是越明确越好，但是过分明确可能导致自主性的丧失，“使契约足够明确以便进行有意义的监控的

[1] [美]斯蒂文·沙维尔：《法律经济分析的基础理论》，赵海怡、史册、宁静波译，中国人民大学出版社2013年版，第272页。

[2] 葛洪义主编：《法律方法论》，中国人民大学出版社2013年版，第26页。

期望，与使规定保持足够的灵活性以便容许根据变化的条件进行调整的诱惑，二者必然会产生张力”。〔1〕

代履行合同内容的设计，一方面，要严谨地约定合同涉及的条件与要求，使行政机关在合同实施过程中能够深入观察并评判第三人的工作，否则可能遗漏各种潜在的恶行与灾难，合同条款的用词尽量避免歧义与含混不清，避免危害结果形成后事后消除的被动性与高成本，毕竟违法代履行的法律后果首先由行政机关承担，行政机关寄希望于合同语言的设计达到“防患于未然”的结果，无疑是一种成本较低的选择。“虽然起草一个全面的合同，这有时被称为不完全性问题，但当事人会尽力在更多的方面设定详尽的标准。购买方的目的在于最大化其对提供方的控制。全面性有助于减少因缺乏有关特定问题的标准，购买方无法要求提供方承担责任的情形。清晰明确的标准有助于尽可能地解决有关定义方面的纠纷。”〔2〕另一方面，代履行合同的设计也要防止对第三人自主性的过度压缩，使其成为行政机关手臂的延伸（大陆法系所谓的“紧随警察”），行政机关与第三人的分界线将趋于消失，第三人的意志完全被行政机关的考虑吞没，代履行原本展现的民间活力与柔性优势难以释放，相对方也因第三人对行政机关的亦步亦趋陷入“狼狈为奸”的疑虑之中。因此，“合同细则应该尽量避免不必要的限制，如详细规定承包商如何去做，这远远超出绩效标准的范围，也超出了管理者的权力，限制了承包商的自由”。〔3〕具体到代履行，第三人在代履行中使用的机械设备、配备或使用多少名工作人员、给工作人员发放的工资数额，这些不仅超越了行政机关的权限范围，而且超出了代履行合同的合理范围，对第三人产生了过重负担。“私人如果被要求承担太多的义务，甚至作为成功的承包人那样作为，这种负担将导致其错失良机，并导致较少的项目竞争。”〔4〕代履行的正当性将大为降

〔1〕［美］朱迪·弗里曼：《合作治理与新行政法》，毕洪海、陈标冲译，商务印书馆2010年版，第480页。

〔2〕［英］A. C. L. 戴维斯：《社会责任：合同治理的公法探析》，杨明译，中国人民大学出版社2015年版，第92页。

〔3〕句华：《公共服务中的市场机制：理论、方式与技术》，北京大学出版社2006年版，第85页。

〔4〕［美］E. S. 萨瓦斯：《民营化与公私部门的伙伴关系》，周志忍等译，中国人民大学出版社2002年版，第197页。

低。“我们必须承认，尽管详尽准确值得提倡，但当面临环境的突然变化时，详尽本身会成为问题，而一些笼统、含混的提法范围会成为优点。”[1]而且，从行政廉洁的角度看，过于明确细致也不足取，“合同规定得过于详尽也出现问题，如面临环境的突然变化时猝不及防难以调整，也可能有为特定承包商‘量体裁衣’之嫌”[2]，应该接受合同条款一定程度上的疏松。

3. 静态性与适应性的矛盾。合同是当事人对已经发生或者虽未发生但是能预见到的事实形成共识后所作的静态记载，静态的合同至少在缔约之时为当事人提供了权利与义务的基本框架，超出这一框架意味着行为的偏离及随后的惩罚，静态的合同条款利用第三人的理性对其施加的事前限制，是减少委托代理关系间隙的重要工具。合同当事人跳出合同约束范围之外的能力因而受到了限制，此时，静态条款是实现资源配置优化的手段，对实现经济效率相当重要。“在一个混合式行政的时代，在一个对公共权力和私权利的创造性相互作用极其依赖的时代，合同乃行政法之核心。”[3]民营化过程中，运用合同条款对双方权利义务进行安排成为各国首要的做法。

但是，外部情形是不断变化的，社会发展中出现的新问题、新需求往往在缔结之时考虑不到，即便考虑到解决问题的方案，“世易时移”之后也未必合理，合同管理就是要外部环境发生变化时，如何对合同进行适当的变更，以及合同应该在多大程度上考虑可能出现的例外情况，并且提供例外情况的解决方案。很多合同不仅存在缔约之时已经形成共识的条款，而且允许透过附随性条款弥补合同约定的不足，合同的变更、解除，当事人对合同条款的解释在实践中亦被广泛应用，这是鼓励交易、增加社会财富的政策选择。

（三）代履行合同的主要条款

代履行合同中除了一般合同的常规项目，例如当事人、合同事项、合同

---

〔1〕［美］E. S. 萨瓦斯：《民营化与公私部门的伙伴关系》，周志忍等译，中国人民大学出版社 2002 年版，第 197 页。

〔2〕［美］E. S. 萨瓦斯：《民营化与公私部门的伙伴关系》，周志忍等译，中国人民大学出版社 2002 年版，第 85 页。

〔3〕［英］卡罗尔·哈洛、理查德·罗林斯：《法律与行政》，杨伟东等译，商务印书馆 2004 年版，第 554 页。

期限、合同费用等以外，需要重点关注以下条款：

1. 目标条款。目标即对通过代履行合同意图实现的状态，清楚说明的目标会给行政机关与第三人以及连接双方的合同赋予生命，没有目标或者目标错误，合同当事人将无从选择与调整自身行为。而且，代履行合同是行政强制这一制度契约的延伸，不能偏离“维护公共利益和社会秩序，保护公民、法人和其他组织的合法权益”这一法定目的，通过目标条款的设定有助于实现该目的。代履行合同约定的目标，任务表述要准确，要能够简化成可以实施的语言，否则，第三人很难了解行政机关的期望，行政机关也很难对第三人代履行的绩效进行有效测评。例如，海事管理机构在与第三人签订代履行协议时，应该明确清污措施采取后应达到的标准，减少事后纷争。

2. 权利义务条款。权利义务的安排是代履行合同的核心。其中，行政机关的基本权利主要是对代履行合同的监督权，这是确保第三人合法、合约履行行政义务，维护社会秩序与相对方权益的重要手段，“所有的代理管理系统都减少了责任的清晰度。风平浪静的时候，这可能是不是问题，但是，如果出现危机时，在一个或一系列契约和转包契约中缺乏明确的责任经常是政治调查的理由”。[1]监督权具体包括代履行过程的指挥权、合同的变更与解除权、对第三人违法与违约行为的制裁权、代履行造成损害的追偿权等；主要义务包括代履行费用的给付义务、代履行变更或者解除的损害补偿或赔偿义务等。第三人的基本权利包括获得资料权、主张代履行费用权、损害的补偿赔偿权等；主要义务包括合同正确履行义务[2]、及时且不中断履行义务、接受行政机关监督义务、保守国家秘密、商业秘密和个人隐私等。在所有的权利义务条款中，对激励机制的设计比较关键，需要进行明确的表述。在理想状态下，激励机制应该高到足以奖励好的绩效，而制裁应该严厉到足以阻止

---

〔1〕［美］乔治·弗雷德里克森、凯文·B. 史密斯：《公共管理概论》，于洪等译，上海财经大学出版社 2008 年版，第 116 页。

〔2〕在美国菲尼克斯市，政府将资金偿付与承包商的业绩密切相连，并将拒付条款写入合同，这样不履行合同的承办商就得不到钱。它根据地区和事件，对公民的投诉进行跟踪，这样管理人员可以确切地告诉承包商问题之所在，并推迟付款，直至问题解决为止。参见［美］戴维·奥斯本、特德·盖布勒著：《改革政府：企业家精神如何改革着公共部门》，周敦仁等译，上海译文出版社 2006 年版，第 53 页。这就是利用合同权利义务条款，对私人之间施加行为限制的典型例子。

差的绩效的程度。"将激励和制裁加在一起，其恰当的平衡点应该是委托人能够以最低的成本从代理人那里获得最想得到的行为。"[1]这一点固然很难，但寻找这一平衡点确实是代履行合同缔结中的焦点问题。

3. 付款方式条款。合同约定的付款方式，有很多方法可以激励良好的绩效并应付不确定因素。在民营化大师萨瓦斯将付款方式概括为成本加固定费用、成本加一定的费用、固定价格、固定价格加额外费用、单位计价或者小时计价等。每一种付款方式都有其适用的范围与优缺点。代履行中付款方式的确定需要考虑代履行义务的明确程度、出现频率、难易系数、变化可能以及对代履行费用节约的激励等因素进行确定。

4. 违约责任条款。违约责任即代履行合同的当事人违反法律规定或合同约定的义务所承担的责任，详尽的违约责任条款是将合同当事人将来从事机会主义行为的可能性降低到最低程度的有效手段，因而是合同内容中最为重要的部分。对行政机关而言，滥用监督权、随意变更与解除合同、不作为等行为可能产生纠正或停止违约行为、责令履行或者国家赔偿责任；对第三人而言，违约责任通常体现强制履行、接受行政处罚、损害赔偿、违约金等，特别是明确约定的违约金，对于保护公共利益、防范或制裁第三人的机会主义行为方面有重要作用。

5. 第三人的设备或设施条款。[2]第三人因为参与代履行，多数需要购买设备或设施，如果代履行合同期满后，没有再次中标，就会出现第三人因遭受损失而失去再次参与的积极性。域外国家对公共行政民营化领域此种问题的做法有：合同期限与资产寿命相同；制定合理的设备或设施折旧率，如果没有中标，在减除折旧之后出售给新的中标商，政府负责购买使用寿命较长的设备或设施，然后以一定价格租赁给承包商使用，这些做法对于代履行合同如何安排设备或设施有较大的启发价值。

6. 争端解决机制条款。代履行合同虽然在多数情形下能够得到自我实施，

---

〔1〕［美］唐纳德·凯特尔：《权力共享：公共治理与私人市场》，孙迎春译，北京大学出版社2009年版，第23页。

〔2〕此处参考了王丛虎：《政府购买公共服务理论研究——一个合同式治理的逻辑》，经济科学出版社2015年版，第87页。

但是基于合同当事人的利益对立与外界情势的变化，争端在所难免，而一旦出现争端，行政义务背后所保护公共利益或者受第三人行为影响的相对方利益可能受到不利影响。因此，有必要事先明确争端处理程序以减少交易成本。目前，多数代履行合同在这一点上语焉不详，亟待改变。有些问题需要理论与实践中摸索，例如如何引入替代性纠纷解决机制，代履行合同能否约定仲裁都有待讨论。

一方面，考虑到“对私人企业来说，政府合同代表着非常有吸引力的商业机会。为了赢得这样的合同，企业愿意同意很多政府提出的条款和条件”。[1]因此，对代履行而言，合同条款的设计应成为行政机关事前约束第三人机会主义行为的重要工具。另一方面，“站在民营化的驱动性格与国家担保责任必须兼顾的前提下，行政契约的法律的规范取向在于为高度复杂的契约形成问题定出基本规范与防弊条款，并确保公权力可以毫无间断（直接或间接）的控制行政任务的完善履行”。[2]法律对合同条款的形成不能完全交由行政机关与第三人协商，应规定具有框限性的条款，防止合谋的出现。

---

〔1〕［英］A. C. L. 戴维斯：《社会责任：合同治理的公法探析》，杨明译，中国人民大学出版社2015年版，第20页。

〔2〕李建良：“民营化时代的行政法新思维”，载李建良主编：《2011行政管制与行政争讼：民营化时代的行政法新趋势》，2012年版，第17页。

第四章　第三人代履行的过程监督

代履行，并非意味着行政机关对自身责任的卸除。相反，基于行政机关与第三人之间的委托代理关系，行政机关必须对代履行过程行使监督控制的“剩余权力”，以消除第三人可能出现的与公共利益相反的行为，并使第三人在作出的机会主义行为无利可图甚至于遭受惩罚，理性的第三人自然会选择放弃。监督机制的构建是对第三人行为的有力约束，可以说，代履行合同的监督机制越健全，第三人机会主义行为的发生率就越低。过程监督具有降低代履行交易成本的积极功能。

第一节　过程监督的基础

一、过程监督的现实基础

在世界范围内规制缓和的背景下，民营化呈现出风起云涌的趋势，大量的原本由政府垄断的行政任务开始向私人转移，市场活力得以激发。但是，公共行政民营化并非意味着政府的彻底退出，毋宁说，是政府行为的重新定位。当政府从繁重琐碎的行政事务中抽身而出，成为相对较为局外的行动者，反而更可能达到“当局者迷，旁观者清”的效果，更能以客观、中立的立场扮演自己角色。

（一）民营化背景下的政府责任

“私人与公共提供的混合是仍在持续的范式，这一点毋庸置疑，重要问题是什么力量导致了这种结果。”[1]民营化的坚定支持者不仅认为所有的政府职

〔1〕 Ellen Dannint, “Red Tape or Accountability: Privatization, Publicization, and Public Values”, *Cornell Journal of Law and Public Policy*, 2005, 15: 111～163.

能都存在合同外包的可能，政府的直接供给会产生不可避免的高成本、低质量和呆滞，而且民营化之后也没有施加法律责任的必要，市场竞争的压力将促使私人自动调整其行为，任何施加法律责任的努力都是在制造繁文缛节（red tapes），而这恰恰是政府低效的原因。问题是，市场机制作用的发挥需要满足一系列的条件，例如，存在众多的卖家与买家、双方对彼此的信息拥有完整的信息、交易者具有平等的协商权，在民营化的实践中，这些条件大多数情况下都不可能具备或者只能部分具备。而且，将规则理解成所谓的繁文缛节，本身就是一种“标签化”的简单处理，缺乏对规则价值的细致分析，大量的规则不仅是必需的，而且在以下方面发挥着重要的作用：①剔除私人主体的不合法目标；②保护弱势群体；③监督私人主体雇员的行为；④确立服务对象的公民而非消费者身份，这是实践行政民主不可缺少的环节。因此，任何旨在提高效率的市场机制，都必须是一种受管控的竞争，政府不能在进行合同外包的同时，放弃自己对私人主体施加行为限制的责任。唯有如此，“公共服务的外包才可能持续下去，不仅因其看起来是种节省费用的途径，而且更为确定的是它日益成为实现共同目标的关键”。[1]公共行政不再是政府单方面干预或给付进而实现公共利益的领域，而是不同行动主体相互作用、共同协力实现特定目标的事业，行政机关将扮演更为复杂与多元化的角色，他们是“经纪人、沟通者、监督者、执行者和合作者等”。[2]任何一种身份或者多重身份的结合都要求行政机关尽力避免因为公私关系变化所产生的诸多风险。就此点而言，公共行政民营化后，政府责任更为复杂，民营化的范围与限度、流程塑造、监督与保障都成为不能回避的问题。

大陆法系学者认为，公法任务的所有光谱都涉及政府责任，同时决定国家与私部门共同履行任务时国家所负责任的种类与范围。Schuppert 根据国家执行行政任务密度的差异，将行政责任依据强弱次序进行了划分，分别为履

---

〔1〕 John Johnston, “Public Servants and Private Contractor: Managing the Mixed Service Delivery System”, *Canadian Public Administration*, 1986, 29: 549～543.

〔2〕 黄学贤主编：《中国行政法学专题研究述评（2000—2010）》，苏州大学出版社 2010 年版，第 66 页。

行责任、担保责任与网罗责任。[1]履行责任是指国家行政机关或者公法人亲自从事特定任务的责任，国家对该项业务具有义不容辞的担当，此时该项业务处于公共权力的直接支配之下，行政机关可能对要求私人提供履行所需要的协助，但只限于技术层面，私人不能参与行政机关的决策。网罗责任，则着重限于前述规制无法实现预期效果时，以至于有发生危险或重大照顾不周的情形时，国家承担的备位身份，潜在的国家履行责任开始被显性化，网罗责任在实质上是具有补充或保证导向的国家责任。担保责任处于二者之间，意味着行政任务虽然由私人或者社会执行，但是国家必须承担担保私人或者社会执行任务的合法性，积极促成其行为符合公共利益的责任，主要包括：①规范相关手段，以确保私人给付提供的质量与结果；②规范选择私人合作对象之程序以及确保其质量之程序；③规范竞争者、使用者与消费者之间的第三人保护机制；④设立相关机制，以担保进行必要的创新与学习意愿；⑤赋予国家有效的撤回选择权。[2]担保责任一方面使法律的普遍性规范与行政机关特殊性要求能够在民营化实践中得以落实，另一方面又通过行政机关对民营化过程的积极介入，避免可能造成的违法侵权后果，使国家不致落入自作自受的窘困之中。担保责任与网罗责任相结合共同构成公共行政民营化下政府责任体系，其目标在于通过法律或合同设定的条件以及结构性要求对私人的逐利行为进行控制。

在上述责任类型中，履行责任关乎民营化的决策自主性，行政机关必须就“内部生产”与“外部购买”进行决策，一旦选择前者，必须亲自进行公共物品的供给，如果选择后者，则进入民营化的实施阶段，行政机关必须积极地承担网罗责任与担保责任。“在此阶段，依民营化类型的不同，国家对于行政任务履行仍负有程度不等的责任，此部分法框架秩序的重要性还远甚于决策阶段的法框架秩序，尤其是‘程序控制机制’的建立。”[3]

---

〔1〕 詹镇荣：“民营化后国家影响与管制义务之理论与实践”，载《东吴法律学报》2003 年第 1 期。

〔2〕［德］施密特·阿斯曼：《秩序理念下的行政法体系建构》，林明锵等译，北京大学出版社 2012 年版，第 165 页。

〔3〕 李建良：“民营化时代的行政法新思维”，载李建良主编：《2011 行政管制与行政争讼：民营化时代的行政法新趋势》，2012 年版，第 14 页。

不可否认，在公共行政民营化的时代，市场机制的运用已经并且正在取得惊人的成就，早在2008年，美国政府问责办公室列出的“高危名单”中共有28个项目，除了人力资本和信息技术等一些管理领域被要求使用合同，几乎所有的项目都使用了合同外包,〔1〕这意味着，私人行为将通过合同直接影响公共利益的实现。但是，逐利性是私人行为的基本动机，此种天性不会因为参与行政任务的实现而有所改变，如果没有外在的制度介入，私人对自身利益的追求将可能导致公共利益的损失，事实上，私人伙伴的贪婪、欺骗、腐败甚至是犯罪的活动在民营化实践中并不罕见，“政府面临的挑战是如何监督私人，以及如何激励私人像政府自身一样地进行抉择”。〔2〕有些国家为此出现了专门的“合同监督人”职位。在行政机关一端，“它是公众的代表，它的目标一定是要代表法律所赋予的公共利益。追求这些目标以及这些目标背后的公共利益则是政府的核心任务”。〔3〕问题在于，政府也是独特利益的主体，完全可能出现的情形是，行政机关将民营化视为职能与工作的卸载，在消极地风险规避抑或主动地寻租牟利的逻辑支配下，心存私念的政府经常出现行政责任的淡漠、缺失甚至是扭曲。在民营化较早的英国，为确保电信市场化后政府对公共利益的监护责任，1984年国会对《电信法》进行了修改，导入了两个著名的控制性条款——RPI以及黄金股权或称“金边股”条款。〔4〕我国公共行政民营化后的政府责任问题较为突出，章志远教授以特许经营为例，将其概括为三个环节：特许经营者选择过程的不合理、特许经营合同的不规范以及政府后续监管的不到位。〔5〕

公共行政民营化意味着政府的淡出，但淡出并非完全的抽身而退，否则

---

〔1〕［英］斯蒂芬·奥斯本编著：《新公共治理？——公共治理理论和实践方面的新观点》，包国宪等译，科学出版社2018年版，第228页。

〔2〕DEM Sappington，“Incentives in Principal-agent Relation”，*Journal of Economic Percrectives*，1991，5（2）：45～66.

〔3〕［美］唐纳德·凯特尔：《权力共享：公共治理与私人市场》，孙迎春译，北京大学出版社2009年版，第20页。

〔4〕［英］Tony Prosser：“民营化的社会限制”，葛宗萍译，载浙江大学公法与比较法研究所编：《公法研究》，中国政法大学出版社2005年版，第232页。

〔5〕章志远：“民营化、规制改革与新行政法的兴起——从公交民营化的受挫切入”，载《中国法学》2009年第2期。

民营化将陷入困境，种种机会主义将获得滋生的温床，对社会公众而言无疑意味着灾难，最后导致政府自受其害，出现合法性的全面沦陷。行政机关必须对以逐利为其本能和最终追求的私人进行积极的规制，履行民营化后的监督职责。监督当然需要支出可观的费用，据说政府合同的费用中有20%用于监督，但是只要我们承认："公共官员不仅仅是市场机制的驾驭者，也必须平衡技术和政治关注以获得的公共价值"，[1]监督就必不可少。除此之外，对行政机关的监督懈怠或可能出现的与第三人的共谋也要保持高度的警惕。

（二）过程监督的基本理念与具体机制

公共行政民营化背景下，过程监督从基本理念到具体的机制体现为以下几点：

1. 以问责为基本理念，将民营化合同纳入公法框架之内，并形成过程监督的规则。问责，从一般意义讲，是指具有特定身份的自然人或组织有义务就与其身份相关的职责接受责任授权人的质询并承担相应后果的制度。对某人进行问责的前提是自然人或组织基于其身份承担着必须履行的责任，此种责任内容上或者是完成一项具体的工作，或者对他人行为的失察、松懈。问责的第二个要素是问责者对特定自然人或组织的责任履行享有合法利益，履行责任不能视为特定自然人或组织的基于自身利益作出的某种行为，相反，该行为存在一个委托人，后者提供了行为的依据或资源，委托人有权获得代理人的解释。民营化背景下，问责既有政治上的可接受性、适合性与有效性。[2]在政治上的可接受性层面，行政机关接受公民委托提供公共服务，前者又将其职能委外由私人行使，两种类型的权力授予对应两种不同的问责程序，一个要求行政机关要对公民负责，"政府并不能仅仅通过缔结那些设计用来提供所需的服务水平的合同而在提供服务逃避对公众的政治责任"。[3]另一个目的则是保证私人的行为符合应由行政机关追求的公共利益，这对于防止权力滥用、

---

〔1〕 Amir Hrfetz, Mildred Warner, "Privatization and Its Reverse: Explaining the Dynarnies of the Government Contracting Process", *Journal of Public Administration Research and Theory*, 2004, 14: 171 ~190.

〔2〕［英］A. C. L. 戴维斯：《社会责任：合同治理的公法探析》，杨明译，中国人民大学出版社2015年版，第74页。

〔3〕［英］休·柯林斯：《规制合同》，郭小莉译，中国人民大学出版社2014年版，第337页。

促进效率都具有积极功能；适合性上，前述问责的两个要素，行政机关与私人签订的合同均具备，合同会事先约定双方义务，通常为行政机关付费，私人生产或供给服务，私人履行合同是其应履行的义务，行政机关则对私人行为具有合法利益；从有效性的角度看，通过问责确立的规则能够保证合同涉及的任务合法适当的实现。问责的理念，不仅要求行政机关要承担监督责任，也意味着私人对来自行政机关的监督有忍受与配合的义务。

2. 建立相对独立的专司监督职能的机构，优化监督效果。公共行政民营化后，合同成为行政机关规制私人行为的主要工具，带来的法律问题是，“是否应当由合同私法的法律话语提供可适用的规制子系统，还是政府合同的特殊属性会要求引入一个公法的视角，它强调诸如程序公平、个人不可剥夺的权利、政府的理性行为，以及集体利益和公共产品的重要性等价值”。〔1〕实践证明，私法机制不足以应对私人作为承包商后的种种作为，因为作为消费者的公众并非民营化合同的当事人，依据合同相对性原则，公众缺乏对私人违约发起有效法律挑战的手段，因而有必要确立公法制度加强合同监督。在这套体制机制中，具有一定独立地位的监督机构是重要的组织安排，独立性不仅体现为监督机构与私人不能存在利益输送关系，而且监督机构在组织体制上也独立于作出民营化决策的行政机关。在民营化较为发达的西方诸国，各类独立于行政体系的监督机构星罗棋布，有效地发挥着监督作用。就我国政治行政体制的情形而言，完全照搬域外做法不具有可行性，至少现阶段缺乏操作上的空间。可以尝试的做法是，在行政机关内部设立相对独立的监督机构，专司负责民营化后的监督，这符合当前行政体制改革中决策、执行、监督分离的思路。一方面，作为行政机关的内设机构，监督机构独立于承接民营化业务的私人，与私人不应存在利害关系，保障其能以客观公正的立场对私人的行为进行监督；另一方面，监督机构也要相对独立于决策与执行部门，避免权力合流后产生的扩张。这意味着要对监督人员提供职务上的基本保障，授权监督机构充分的资金支配权，使其免除后顾之忧。

3. 完善监督途径，增强监督行为的实效。从一般意义上，对民营化的监

---

〔1〕［英］休·柯林斯：《规制合同》，郭小莉译，中国人民大学出版社 2014 年版，第 333 页。

督存在着不同的途径，以美国为例，承包商的报告、政府检查、公民的投诉和满意度调查以及舆论监督，[1]其中前两者属于委托代理理论中的“警察巡逻”（police patrol）机制，涉及具体、经常性的巡视与探查，或要求私人就其行为进行汇报，虽然产生一定的成本，却是行政机关履行自身规制责任最直接的体现。在公共行政民营化时代，政府规制的重点可以概括为以下方面：[2]①绩效评估，即在实现某种行政任务时，依据可量化的指标对私人的工作过程、结果进行测量，以改善工作绩效；②价格监管，建立维护公共事业公共性特点，又能够对私人的合理利润进行适度容忍的价格形成机制，其关键是允许广泛的利害相关方进入价格制定过程，通过面对面的直接交涉达成妥协，进而在价格上尽可能形成最大程度的共识；③质量规制，行政机关要以公共服务的质量提升为基准，对私人的行为进行适度干预，确保公众享受到优质的公共服务。进行质量规制最为常见的方法是进行标准的制定，这一点在当下的市政公用事业特许经营领域体现得极为明显。除此以外，财政、审计、技术等方面的监督也必不可少。该观点对公共行政民营化的大多数领域基本适用，以代履行为例，绩效评估涉及第三人代履行行为的过程与结果评价，价格监管要求行政机关对代履行行为保持高度警惕，防止给相对方产生过重负担，质量规制意味着代履行既然是行政强制过程的一环，因而代履行行为要考虑公法的原则与规则对行政行为的要求。

4. 实现监督程序的合理化，维护私人的合法权益。行政机关在民营化后进行监督不仅关涉公共利益与相对方利益，也与私人利益之间存在紧密的联系。行政机关无论是对于手段的选择，抑或某种特定手段具体运用时的方式、力度，都有相当宽泛的自主空间，其存在可能催生出行政机关在手段上的滥用、错用或者弃用，不按照公共利益与法治原则规范自身行为。解决这一问题首要是进行法律规范的制定，所谓“无以规矩，不成方圆”，使行政机关的监督行为有章可循，对行政机关行使监督权的规范依据、职权划分、具体手段、责任追究等问题进行明确，促使行政机关在法治的框架内进行监督。行

---

〔1〕 王丛虎：《政府购买公共服务理论研究—— 一个合同式治理的逻辑》，经济科学出版社 2015 年版，第 116 页。

〔2〕 章志远：“公共行政民营化的行政法学思考”，载《政治与法律》2005 年第 5 期。

政机关对监督权的行使要遵循公开、民主、可接受的基本要求，以建立透明互动式的监督机制为目标。监督的依据要向私人进行充分说明，行政机关不能进行暗箱操作，将监督异化为行政机关单方面的自说自话，必须允许私人的参与，强调权力作用对象的权利，对其在监督过程中表现出的合理诉求进行充分的尊重与吸纳，这是保障监督公正性的必然要求。监督固然属于行政机关依据法律或者合同约定享有的权力，但是其行使必须实现规范化，换言之，要建立起对规制者进行规制的程序机制，这也是现代行政法治的核心命题。

二、过程监督的理论基础

行政机关对代履行进行过程监督既是民营化时代政府责任的必然要求，而且也能在行政机关与第三人合同关系的性质上找寻到基础。

（一）是否存在公法合同

在大陆法系，关于公法合同是否存在的争议源远流长，颇有“罗生门”的意味。传统观点认为，合同所蕴含的平等、妥协、合意与行政活动基于高权造就的支配性、强制性是格格不入的，公法合同是一个不可能存在的现象与制度。瑞士学者吉尔克麦蒂曾言，由于契约所固有的合意、自愿的特点似乎与公共管理领域行政权行使的单方性和强制性水火不容，难免使人对以行政命令和服从为特征的行政法领域到底有多大的契约空间产生怀疑，进一步说，行政权的行使不太可能借助契约方式，行政与契约凑在一起，本身就自相矛盾。[1]

公法合同否定者的主张大致可以归纳为以下几点：公法行为的统治性与合同自身平等性的矛盾、依法行政与契约自由的抵牾、契约行政不能混同为行政契约等。如果不能从理论上对前述观点作出回应，不仅有关公法合同理论研究与实践探索将缺乏基本的根基，而且后文有关代履行合同的性质的讨论也就无从谈起。

1. 合同即合意，欲合意先平等？作为一种现象与制度的合同是现代经济生活中的基本支点，重要性无需赘言，“合同时代”的惊呼绝非夸大之词。合

---

〔1〕 转引自吴庚：《行政法之理论与实用》，三民书局1996年版，第363页。

同源自私法，从罗马法沿袭而来的《法国民法典》在第1101条规定："契约作为一种合意，以此合意，一人或数人对于其他一人或数人负担给付、作为或不作为的债务。"当事人之间意思表示的合致是合同的本质性特征，合意是合同的基本内核。但是，能否据此判断，合同就是合意，合意必须以当事人法律地位为前提？在笔者看来，此种将合同完全等同于合意，将平等作为合意的前置条件的论调未免走入复杂问题简单化的误区。

一方面，合同等于合意混淆了理论与现实、历史与当前。合意即当事人双方意见的一致，意味着各方当事人在缔约环节必须互相作出意思表示且互相一致，从私法理论的自洽性与合同制度发展的传统看，此种理解并无问题。但现实情况是，随着经济的发展，合同的形态日趋复杂，非依缔约方式、完全经由事实过程而成立的合同不在少数，此时当事人的意思表示无需过问，甚至当事人表达出相反意思表示也并不影响合同的成立，依交易观念的事实行为被认为是产生合同关系的关键，城市公共汽车的乘坐、自来水的供应等皆属此种情形；随着时间的推移，附随义务的出现不仅在理论上被证成，而且逐渐被制定法确认，无论当事人是否有特别约定，附随义务都被认为合同的当然内容，该义务基于诚信法律原则产生，具有法定的特点，同样与合意无关。

另一方面，将平等作为合意的前置条件是在以私法眼光审视公法实践与公法制度。退一步讲，即便不考虑前述事实合同与附随义务，仅从经典理论出发，承认合意是合同的内核，合意是否一定要平等才能达成？有学者认为，"身份平等是民法赖以构建的基础，只有在身份平等的社会中，彼此靠自由意志分配财富才成为可能。……意思自治是身份平等和分工社会的必然"。[1]进而认为不平等、无合意，这种观点在我国私法学界颇有市场。大陆法系国家的早期行政法学者也不乏持相同见解者。余凌云教授早在2000年出版的《行政契约论》对此就回应道："在签订契约过程中，对等地位对于合意自由性的实现，仅仅是充分条件而不是必要条件，平等地位能够实现自由合意的事实，并不否认在不对等基础上就不能实现自由的合意。"[2]至于如何在行政

---

〔1〕 阎磊：《行政契约批判》，知识产权出版社2011年版，第114页。

〔2〕 余凌云：《行政契约论》，中国人民大学出版社2000年版，第16页。

机关与相对方之间实现合意，一是事先进行合同内容的限定，防止不对等地位扭曲合同内容；二是构建程序性装置，行政机关在缔约过程中承担告知、回避等义务，相对方则有权获得充分信息、申请听证、申辩等程序性权利与义务的配置，实现行政机关与相对方意思表示的沟通与洽商；三是确立有效的归责机制，通过对行政程序形成的抉择方案及过程进行客观的评价，保证选择建立在彼此合意的基础上，余凌云教授对此问题的精彩分析虽然体现了公法思维与公法路径的特殊性，学界仍有人对此批判，“如果在订立契约时双方的地位不平等，一方在对方的威慑下订立‘城下之盟’，我们可想这时的所谓：‘自由的合意’是一种什么样的‘合意’，……没有平等的地位，就不会有真正的合意”。[1]笔者认为，行政机关与相对方的关系，的确具有“支配”的一面，这是实力上的不对等，但是当行政法律规范对此调整后，双方当事人各自享有权利、承担义务，权利义务从内容、性质等角度体现出不对称性的特点，这同样是一种不对等，正是借助此种法律上的不对等，实力上的不对等方才得以缓和与消除，法律上不对等的双方仍然具有达成合意的可能，在达成合意上，私法强调对参与缔约当事人平等地位的法律推定，公法则关注通过不对等的当事人在权利义务上的配置以缓和双方实力的不对等。将平等作为合意的前置条件是我国部分私法学者的理论推导，在德国，“‘合同’一语不独私法使用，在国际法以及公法上也使用，它可以用来指一切意思的合致”。[2]换言之，合意是内核，至于如何达成合意允许存在多样化的形态。

2. 契约自由与依法行政无从调和？契约自由与依法行政是否真如有人所说存在无可调和的矛盾？首先需要对二者各自的源流进行简略梳理。

契约自由是私法领域最具魅力的法律原则，也是整个私法理论与制度的基石，其内核分为缔约自由、选择相对方自由、契约内容与契约方式自由等方面。契约自由的基本功能在于打破身份限制，保护经济主体从事市场交易的自主意志与自主行为，同时，“该原则具有防范政治国家的作用，主张抑制国家以‘正义’的名义随意介入经济活动”。[3]契约自由原则是资本主义初

---

〔1〕 秦宗文：“行政契约的契约基础”，载《行政与法》2000 年第 4 期。

〔2〕 韩世远：《合同法总论》，法律出版社 2011 年版，第 3 页。

〔3〕 韩世远：《合同法总论》，法律出版社 2011 年版，第 3 页。

期，自由主义经济思潮与个人主义政治哲学在私法领域的映现。随着经济社会的进一步发展，不同阶层社会地位的日益悬殊，一味坚守契约自由将不免对经济弱者造成损害，危及实质正义的实现，契约自由的限制或者修正成为理论与制度的课题。法律越来越渗入合同过程中，在照顾弱者、抑制强权、追求契约正义的理念支配下，按照契约自由原则确立的诸多合同在内容与效力上被矫治，绝对的契约自由逐渐被相对的契约自由替代。

人类社会进入到法治国阶段后，“国家应该创设法律体系，并且依此法律规定来治理国家，已是每个民主国家的立国原则。国家这个依法而治的属性也被认为是最进步，且合理理性的国家形态”。[1]公共行政领域，法治国转换为依法行政，“其基本含义载于行政机关和其他公务组织必须依法行使行政权或从事行政管理活动”。[2]大陆法系不同国家强调的“依法行政”虽然在基本内容上有差异，法律优先与法律保留为其最初内容与主要支柱上却并无不同看法。法律优先强调的是法律对行政活动的支配性，禁止行政机关采取违反法律的措施；法律保留则将对公民最基本权利的限制划入代议机关权限范围，排斥行政机关的任何活动。近年来，有学者对“依法律行政”与“依法行政”两个概念进行了区分，并研究了前者向后者蜕变的理论背景、社会认知与权力结构，进而提出“依法律行政是形式法治国的产物，易言之，依法律行政的‘法律’只问形式，不论实质。……依法律行政原理是以确保行政的合法律性为目的，而非以保障人的权利、自由为目的，只是间接保障了权利和自由”。[3]与依法律行政不同，依法行政关注到，随着委任立法大量涌现，依法律行政不符合现代国家行政权力运行的真实情形，更重要的是，历史已经证明单纯依靠法律而不问其本身善恶与否很可能使国家陷入专制主义泥沼，依法行政之“法”除了包括实定法条文以外，还包括法的原则、精神，法律规则的合理性以及没有法律规则调整的领域，创造性行政活动的依据如何确定，成为思考的重心。陈新民教授在比较英德两国法治国概念后，也认为法治国在承继形式意义的法治国杰出理念的同时，“必须符合国家追求整体实质

---

〔1〕 陈新民：《德国公法学基础理论》，山东人民出版社 2001 年版，第 37 页。

〔2〕 应松年主编：《行政法与行政诉讼法学》，高等教育出版社 2017 年版，第 36 页。

〔3〕 王贵松：“依法律行政原理的移植与嬗变”，载《法学研究》2015 年第 2 期。

正义以及将国家行为确实用法而非单纯用法律加以束缚，使得法治国无疑地可透过违宪审查权的制度，来摒弃恶法亦法，而达到良法之治”。[1]考虑到人权在维系自然人生存尊严、满足其发展需要方面的功能，是否尊重与保障人权是判断法律规范善恶以及行政机关在法外行政领域合法性的重要标准之一，依法行政必然内在包含着尊重与保障人权的理念。

契约自由要求的讨价还价与依法行政的法定性是否存在矛盾？笔者基于前述认识，对此持否定态度。其一，契约自由与依法行政的目的具有兼容性。契约自由在尊重当事人选择、允许讨价还价的同时，本身有防范国家行政权进入市场、保护经济主体权利的功能，相对契约自由的出现更是以易受优势力量强迫的弱者为保护目标。契约自由虽然经过内涵的流变，但从来就不是纯粹的经济原则，富有强烈的正义意蕴。依法行政的精义在于规范行政权力，但规范行政权力绝不是依法行政的唯一目标，毋宁说，只是实现最终目标过程中的手段，保护公民权利才是依法行政的本质目标。规范行政权力与保护公民权利的关系，从管理学的角度，近似于西蒙所说的目的—层级系统，“就效力而言，某个目标可能依赖于另外一些更遥远的目的。这一事实告诉我们，这些目标的结构是层级式的；整个层次系统的每一层次，都可以视为下一层次的目的和上一层次的手段。行为的整合性与一致性，就是通过这种目的的层级系统而获得的。因为，只要有了这种层级系统，我们就能用一个综合的价值尺度去衡量一系列行为的每一部分。这里所说的价值尺度就是最终目的”。[2]保护公民权利是依法行政的最终目标，同时也是行政法律制度整体的价值尺度。在法学的角度，德国学者告诫，“讨论活动和组织形式过程中切记，最后总会牵涉到实质问题。组织、程序和活动形式的本身不是目的，而是实现目的的手段。在形式的活动形式背后隐藏着这类问题，允许何人参与决定以及对何人有何种权力，在公法或私法性质的活动中受实体性质基本原则约束的问题，例如基本权利”。[3]依法行政以权利保障为最终旨归。我国台

---

〔1〕 陈新民：《德国公法学基础理论》，山东人民出版社 2001 年版，第 100 页。

〔2〕［美］西蒙：《管理行为》，杨砾、韩春立、徐立译，北京经济学院出版社 1988 年版，第 61 页。

〔3〕［德］平特纳：《德国普通行政法》，朱林译，中国政法大学出版社 1999 年版，第 84 页。

湾学者李惠宗论及公法合同与依法行政关系时，认为“依法行政法理基本的出发点是限制国家权力恣意的运作，其主要目的是以此获得人民之信任，而不是要遂行国家权威而已。限制国家权力恣意的运作，主要目的还是在促进公共利益，保障人民权利，此为国家权力存在实质正当性之所在，如果能以其他手段，而不以单方高权手段即能达到目标，应无不可的问题。”〔1〕

其二，依法行政绝非无法律即无行政，行政所享有的裁量空间能够与契约自由共存。有学者认为，“依法行政原则的主要含义是，行政主体的行为必须要有明确的法律授权，在没有法律授权的范围，行政主体不得任意为之；行政主体的行为不得违反法律的规定，否则无效并应追究其法律责任”。〔2〕这种观点将依法行政简单地等同于依法律行政，法律对行政的支配从来不是依法行政的唯一内容，法对行政的约束作用依据强弱程度呈现出阶梯式结构：从法律明确约束的行政、法律约束不明确的行政、法律约束的裁量行政、塑造性行政等，将行政机关的自由意志从其行为中剔除出去即便理论上可能，也不具现实性，“通过行政任务甚至法律也不能完全展示行政活动的细节；行政被委以权限，采取最符合目的的方法实现既定目标，运用现代手段和技术，寻求有效的组织形式”。〔3〕行政机关享有相当宽泛的裁量权，并且呈现出丰富的形态。在一些领域，法律甚至仅仅规定了行政机关应该履行的职能，至于履行职能的方式方法，则由行政机关自行采取措施或者进行决断，此时行政机关的行为主要由法而非法律约束，行政机关自行选择合同方式履行职能并无问题。即便在羁束行政与法规裁量领域，法律对行政机关的职能以及履行职能的方式方法均作出规定，行政机关如果以合同代替行政行为是否与依法行政原则抵触？德国的实践是，“应当从法律无明文禁止中证明公法合同因此合理。……不违反法律的通过合同的调整，在当今的法治国家中不但无损于正确理解当局权威的正确意义，而且有助于法律和行政任务相对单方措施而言能更好更有效地实现”。〔4〕只要法律不存在对合同的禁止使用，亦未明确反

〔1〕 李惠宗：《行政法要义》，元照出版公司2007年版，第380页。

〔2〕 阎磊：《行政契约批判》，知识产权出版社2011年版，第132页。

〔3〕 ［德］平特纳：《德国普通行政法》，朱林译，中国政法大学出版社1999年版，第83页。

〔4〕 ［德］平特纳：《德国普通行政法》，朱林译，中国政法大学出版社1999年版，第147页。

对协商的内容，行政机关对如何更好履行职能上仍有事实上的裁量权，[1]合同因此获得适用上的容许。

3. 契约行政是国家私法主体身份加强的产物？有学者认为，公法领域出现合同的理论基础是私经济行政理论，“私经济行政往往给行政主体和相对方提供更多的相互选择的机会和条件，并且要求他们在一定条件下，应以必要的妥协换取意思表示的一致。……私经济行政虽然从广义上讲，也是一种行政手段，其与公共权力行政一起构成政府的行政内容，但这种手段本身是性质的，这些契约均是政府以私法主体身份参与的民事行为，应受私法调整而不受公法的限制”。因此，只有所谓的政府合同或契约行政，行政合同是一个伪概念，笔者认为前述论点有失偏颇。

第一，在政府推行行政任务中，私经济行政领域内的合同较为普遍是一个不争的事实，但笼统地讲，这些合同不受公法限制与实际情况并不符合。辅助行政、营利性行为主要受私法制约，而从事行政职务之私法行为或称行政私法，不能规避公法的拘束，此种拘束除去基本权利保障外，公法上关于管辖权的规定、基本原则等对行政机关都有约束力。换言之，行政机关在行政私法领域达成行政任务，并不可能完全适用私法上的契约自由，“如果仅强调私法中的私法自治，解除对国家所有的限制，那么国家是否在它的活动中符合宪法和法律地使用它的特殊权力，就十分值得怀疑。……私法与公法因而不是两个完全不同活动范围的领域，而是两个不同程序形式；国家仅适用私法（作为技术性的活动方式），而不拥有私法自治”。[2]显然，这是一个公法与私法混合适用的领域。

第二，公共权力行政领域没有合同存在的可能？行政机关能否在公共权力领域通过契约达成行政任务？从大陆法系行政实践看，行政合同的重要功能之一在于对行政决定的替代，具有上下服从关系的行政机关与相对方可以

---

〔1〕 这种意义的裁量与大陆法系较为精致的裁量显然不同，“自由裁量是指行政机关对于作出何种决定有很大的自由，可以在各种可能采取的行动方针中进行选择，根据行政机关的判断采取某种行动，或者不采取行动，行政机关自由选择的范围不限于决定的内容，也可能是执行任务的方法、实践、地点或侧重面，包括不采取行动的决定在内”。参见王名扬：《美国行政法》，中国法制出版社 1995 年版，第 545 页。

〔2〕［德］平特纳：《德国普通行政法》，朱林译，中国政法大学出版社 1999 年版，第 90 页。

缔结“隶属关系契约”，例如为调查某企业最多为新台币5万元的逃漏税额，税捐机关却必须投入7万元的代价，显非适当的手段，此时即可与当事人成立和解契约，就事实认定方面，以逃漏4万元之事实作为基础已进行行政程序，如此可减少行政成本，增进行政效率。[1]公共权力行政领域的合同不仅客观存在，而且被立法确认。当然，相比私经济领域的合同而言，其受到的公法约束的密度更高。以前述和解契约为例，必须符合：①行政决定所依据的事实或法律关系不明确；②行政机关已尽职权调查义务；③缔结和解契约符合行政目的，并解决争执；④互相让步解决事实或法律关系不明确，防止发生行政机关出卖公共权力的情事。认为合同只存在于私经济行政领域的观点显然过于狭隘，不符合法律规定与行政实践，“没有看到：行政法合同是行政行为的替代方式，而行政行为恰恰是干涉行政和秩序行政领域里的常用手段。”[2]那种将行政领域的合同看成是国家以民事主体身份参与经济社会活动的方式，进而认为所有的行政合同实际上本身就是私法合同的观点，是在用理论的典型掩盖现实中的真实。

对行政合同而言，尽管零星的反对声音仍不时响起，但是，在大陆法系的诸多国家，否认行政合同的观点已不是主流，相反，“一般研究兴趣已转移到公法合同的细节问题”。[3]实践中，“国家作为契约之行动者、不居高权地位的做法，于政治上早已蔚为趋势”。[4]

具体到我国，2004年3月出台的《全面推进依法行政实施纲要》明确提出，通过行政合同等手段的作用发挥，改革行政管理方式。湖南省、山东省、西安市、海口市等地出台的行政程序规定，也纷纷对行政合同进行专门规定。这些都是对行政领域广泛存在的合同进行的政策与规范化探索。但客观讲，有关行政合同应当遵循的原则和规则尚不足够明确，2015年修改后的《行政诉讼法》及2019年《最高人民法院关于审理行政协议案件若干问题的规定》

---

〔1〕 李惠宗：《行政法要义》，元照出版公司2007年版，第385页。

〔2〕［德］汉斯·J. 沃尔夫、奥托·巴霍夫、罗尔夫·施托贝尔：《行政法》，高家伟译，商务印书馆2002年版，第150页。

〔3〕［德］平特纳：《德国普通行政法》，朱林译，中国政法大学出版社1999年版，第147页。

〔4〕 Jan Ziekow：“行政契约之发展状况与前景”，载李建良主编：《2012行政管制与行政争讼》，2013年版，第116页。

对行政合同案件的起诉、管辖、举证责任等问题作出了明确的规定，有助于破解行政合同案件司法审查中的诸多难题，“而且必将反推和促进有关规范行政合同的前置性法律制度的建立和完善”。[1]

（二）代履行合同是公法合同

基于行政机关身份的多重性，其缔结的合同可能是公法合同，也可能是私法合同，如何对二者进行辨识是重要的理论问题，这绝非空对空的学说争议，而是关乎合同适用的法律规范、纠纷救济途径的重要实践问题。

对于公法合同与私法合同的区分方法，同属大陆法系的不同国家发展出不同的标准。法国在行政合同的判断上，坚持的是“法律规定 + 主体标准说”，即法律明文规定属于行政合同的，从其规定，法律没有作出明文规定的，法国行政法院认为，如果当事人有一方为行政主体、涉及对公务的直接参加、存在超越私法的条款或者合同为行政机关保留了特殊权力的，合同为公法合同，公法合同具体又可以分为公共服务特许合同与公共采购合同，后者涉及公共工程、公共产品、公共服务。德国适用的是以“合同标的说”为基础的多层次标准：首要的判断标准是合同标的，如果合同内容是私法的民事关系，属于私法合同，反之若涉及公法关系的产生、变动、消灭，则属于公法合同，例如：①目的是执行公法规范；②包含有作出行政行为或其他主权性职务行为的义务；③针对公民公法上的权利义务。[2]当合同标的难以判断时，可供使用的有合同目的与合同的整体特征，“如果人民所负之金钱给付义务，仅以获得行政机关之公务行为为目的，则属行政契约。契约内容虽未明白表示以某公务行为为目的，但系以某公务行为为缔结契约之基础者，亦属行政契约。”[3]近年来还出现了“合同主体推定说”，即只要合同的当事人中存在行政机关，就直接反推合同属于行政合同，这种观点在实务届因其应用方便而广受欢迎，但尚未被普遍接受。日本行政法上对公法合同的识别受德国影响颇深，行政领域的合同被分为公法合同与私法合同，前者以公法关

〔1〕 王周户：“将行政协议纳入行政诉讼的‘后置性’法律制度价值”，载“行政执法与行政审判”公众号，2019 年 12 月 11 日。

〔2〕［德］哈特穆特 ·毛雷尔：《行政法学总论》，高家伟译，法律出版社 2000 年版，第 351 页。

〔3〕 林锡尧：《行政法要义》，元照出版公司 2006 年版，第 433 页。

系的设定、变更或者废止为目的，这与前述“合同标的说”一致。但是，也有人主张，应该借鉴法国理论将公务为判断标准，甚至比法国走得更远，“公法契约与私法契约的二分论不可取，将行政体视为它的一方或将双方当事人的契约普遍看成行政契约，从而研究其中行政具有的特有法理，才是合适的”。[1]

以德国标准进行判断的话，代履行合同被大多数学者定位为私法合同，论者大多主张直接依据合同标的所涉及的行政任务性质进行区分，通说认为：“即使私人被委托的任务限于纯粹预备性或者内部的协助事务，这只是需求行政的满足，为此签订的合同属于私法合同。”但是，以法国的理论与司法标准及个别日本学者的观点，代履行合同是公法合同。我国台湾地区的通说认为是私法合同，但亦有人观点较为模糊，“代履行由行政机关派员或委托第三人为之，行政机关委托第三人为执行时，得同时与第三人订定私法上之契约。在契约中明定行政机关对于第三人之给付义务。此给付义务以第三人完成受委托之行政执行行为为条件。此外，行政机关亦得与第三人订定行政契约，而在此行政契约中表明委托第三人执行及对第三人为对待给付义务的意旨”。[2]至于公法合同与私法合同分别在哪种情况下缔结以及条款的具体差别，却语焉不详。

与大陆法系的分歧截然相反，传统上不存在公私法划分的英美国家倒是在公共行政民营化的外包合同的公法性上形成了共识。爱尔兰学者 Morgan 认为，外包合同中“与第三人缔结合同追求的商业目标不同，公法原则应当适用于合同的缔结”。[3]英国学者 Davis 亦指出，外包合同具有公法性质，其原因有两点：其一，“如果合同中的当事人存在违约行为，基本公共服务的连续性就会遭到破坏，因此政府有必要提前决定对方的资格并控制公共服务的运行”；其二，“如同其他政府活动，政府合同应该在法治、民主之类的宪法价值框架内展开，这需要公法规则的运用”。[4]合同的公法性质仍然受到认可。

---

〔1〕［日］室井力主编：《日本现代行政法》，吴微译，中国政法大学 1995 年版，第 142 页。

〔2〕黄异、许春镇：《行政法总论》，三民书局 2017 年版，第 160 页。

〔3〕Anne Cl Davies, “English Law's Treatment of Government Contracts: The Problem of Wilder Public Interests”, *The Public Law/Private Law Divide*, *Oxford*: *Hart Publishing*, 2006, p. 113.

〔4〕David Gwynn Morgan, *Administrative Law In Ireland*, London: Round Hall Sweet & Maxwell Bublin, 1998, p. 776.

美国保罗 Paul 认为，“接受民营化并不当然意味着公法的结束，毋庸置疑，在政府功能被外包之时必须首先满足公法规则约束的存在”。也有部分学者主张合同的公私混合性质，“政府合同是一个公私区分应该明确化的领域。这不必然意味着一个有别于‘合同私法’的完全的‘合同公法’，取而代之的应该是‘公共合同法’：既然合同的一方是政府，那么就应该用公法原理补充或修正合同的一般法律”。[1]这种观点看到了外包合同中，公私法因素并存的现象，应该说很有见地。

与我国学界主流声音将代履行合同归为私法合同不同，笔者认为，代履行合同应为行政合同。

1. 代履行合同的性质与一国的理论传统与法律体制相关，对其性质的定位更多是一种立法层面的政策选择。同为大陆法系，法德两国对代履行合同的定位即有不同，我国台湾地区有学者认为，“拖吊业者负有听从公安指示拖吊的义务，如仅以此拖吊合同之标的——拖吊行为及给付价金——来看。拖吊行为当为公共权力之行为，所以此拖吊合同可被认为乃行政合同。但是如以此拖吊合同之目的及合同之整体特征来看，此合同乃公安机关限于人手及设备不足，而和民间业者缔结一个协助公安执法、拖吊违规车辆的合同。就此而言，存在于公安机关与拖吊业务的公司之间的，是私法关系”。[2]这显然是德国式立场。然而，即便依据德国的标准，我国《行政强制法》上的代履行合同仍然具有公法性质，代履行合同的标的系第三人代替相对人履行行政义务，行政机关就其履行行为支付费用，合同标的均为中性内容，此时无法判断其合同性质，应引入合同目的与合同的整体特征加以判断，“有关‘契约目的’或者‘契约整体特色’应该如何探求？则应视缔结具体个别契约之‘背后原因’及所欲达成之‘特定行政任务’而定”。[3]代履行合同的一方当事人是作出代履行决定的行政机关、代履行的内容由行政机关依据行政法律规范作出的行政决定确定、行政机关对第三人履约行为有到场监督的权力、

〔1〕 Anne Cl Davies, “English Law's Treatment of Government Contracts: The Problem of Wilder Public Interests”, *The Public Law/Private Law Divide*, *Oxford*: *Hart Publishing*, 2006, p. 113.

〔2〕 陈新民：《中国行政法学原理》，中国政法大学出版社 2002 年版，第 177 页。

〔3〕 林明锵：《行政契约法研究》，翰芦图书出版有限公司 2006 年版，第 141 页。

代履行的费用按照成本合理确定，行政机关委托第三人代履行并进行费用支付的目的在于实现与相对方履行义务相同的状态，及时维护特定领域的公共利益与社会秩序。代履行合同是实现行政任务的工具。正因如此，德国亦有学者开始公开质疑代履行合同的私法性质，认为代履行的整个法律关系或者过程都是一个一体性的公法关系，合同虽具有一定的私法性，但该性质不足以改变法律关系的整体定位。我国台湾学者李震山也提出，“行政机关与第三人间之法律关系，不论从契约标的论或契约主体论以观，宜认定为私人受委托行使公权力或作为行政助手所缔结之行政契约，受公法原理之拘束，特别应受行政程序法之规范”。[1]

2. 代履行本身虽然在目的上是对行政义务的替代履行，从而被归结为非权力性，但非权力性未见得就一定能归结为私法性。现代国家的公法活动早已摆脱命令与服从的单一化权力性形态，发展出诸如社会福利、社会救济等具有服务性质的领域，从发展趋势上看，后者在政府职能中将占有越来越大的比例。将公法活动简单等同于公共权力的行使，不仅不符合政府职能展开的真实情形，而且不利于对行政活动的规范。代履行合同产生的纠纷并非不能通过私法救济机制解决，但其毕竟涉及行政任务与公共利益的实现、公众的平等参与、公共资金的严格使用，应该受到公法性质的法律规范的调整。德国有学者主张，行政机关执行行政任务，不因运用私法手段而丧失公法属性，不允许行政机关借私法手段逃避责任，行政领域的合同应受法治国原则的支配。英美法系对政府合同，同样提出特殊性要求，行政机关在合同缔结过程中，必须遵守公正、公开等程序规则，一位学者甚至公开声称：“在未来的公共部门中仍然会有公法，公法满足的是一个宪政民主国家的最基本的需求，合同制是无法满足这些需求的。……实际上，当一个社会中的政府运作受到有效的宪法的严格制约，必须需要满足公开性的需求时，在这个社会中，公法就必不可少。”[2]

3. 就我国代履行制度的特殊性而言，代履行合同应被归结为公法合同。

---

〔1〕 李震山：《行政法导论》，三民书局2014年版，第427页。

〔2〕［英］简·莱恩：《新公共管理》，赵成根译，中国青年出版社2004年版，第218页。

《行政强制法》基于对危害交通安全、造成环境污染或者破坏自然资源的防范或者制止，对排除妨碍、恢复原状等行政义务的代履行进行了普遍授权，同时要求行政机关到场监督，这些均与域外代履行制度存在明显不同。如果说普遍性授权传递的是立法者对于三个领域公共利益受到破坏后修复的迫切性认识，行政机关到场监督则是为避免第三人在代履行过程侵害相对人合法权益的有意而为的制度设计，这是判断代履行合同属性的关键基点。私法合同中，一方当事人对另一方的监督虽非常态，但也并非没有，例如承揽合同履行中，承揽人在完成工作时，应接受定作人必要的监督和检验，以保证工作符合定作人的要求。代履行制度下的行政机关到场监督不是合同当事人的权利，而是法律赋予行政机关的职权与职责，如果将其理解为与私法合同中类似的监督，意味着行政机关对第三人的违法违约行为即便发现了，也只能诉诸司法机关解决，这显然与代履行的制度本意不符。近年来，有学者提出，“如何判断行政合同，还存在一个反面的否定性评价标准，即以‘公共权力是否发挥了效果’作为本质性标准”。[1]进而认为，公共权力标准是判断行政合同的核心标准，也是区分公法合同与私法合同的最大公约数，笔者对此表示赞同。代履行合同的标的虽然不是公共权力，但其履行过程中，公共权力的影响较为明显：其一，行政机关的到场监督是一项具有强制力的权力，不仅要积极行使，更需切实履行，无需第三人或者相对方申请；其二，行政机关在代履行过程中具有优势地位，既是代履行合同的缔约者，也是代履行合法适当与否的判断者，具有一定的“行政特权”；其三，行政机关对第三人的行为具有影响力，能够透过到场监督左右代履行的进程，目的在于“以积极促使人民切实遵照契约要求，执行公法上之任务，并可以避免人民履约之偏差或不当，而能及时纠正，不至于铸成错误，无力回天，使公共利益蒙受重大难以弥补之损失”，[2]因而是具有法律效果的，代履行合同应当定位为公法合同。

---

〔1〕 于立深：“行政协议司法判断的核心标准：公权力的作用”，载《行政法学研究》2017年第2期。

〔2〕 林明锵：《行政契约法研究》，翰芦图书出版有限公司2006年版，第119页。

第二节　过程监督的目标与限度

一、过程监督的目标

“行政代表国家追求公共利益，形成社会生活，其运作方式通常力求相互配合，以完成行政任务，故在组织构造上，行政具有一体性，上下隶属，层层节制，且以首长制为组织通例；在运作上，上级机关对下级机关有指挥监督的权限，下级机关则有服从上级机关的义务。”[1]此所谓行政一体性原则。在有上下级关系的行政机关之间，上级机关基于此原则，为了确保行政目标合法并适当地达成，需对下级机关行使监督权，这是行政组织法上确定无疑的规则，内部监督固然是为确保效率效能的制度安排，同时也是最终落实政治问责的体制设计。然而，随着公共行政民营化时代的到来，此种具有层级节制特征与规则绵密性的监督必然面临如何调适的问题。

合同外包，“这里关键的理论点是连续的科层和一个契约之间的差别。对于前者，动机、工人对指令的接受度、团队行为、角色区别以及管理风格都非常重要。对于后者，这些要求都输出给了缔约的公司中，政府承担契约的监管和勘漏工作”。[2]行政一体性原则下的监督从科层制下的上级行政机关对下级行政机关转向行政机关对私人。有关民营化的改革，并不否认代议机关的必要制衡，或甚至上级机关之适度监督，[3]毋宁说，仅仅是监督对象与监督力度上发生了变化。

在代履行领域，行政机关与第三人之间，虽然不是行政机关之间的上下级关系，但将本应由相对方履行的行政义务转而委托第三人履行，固然应当肯定行政机关享有手段选择的自由，这绝不表示行政机关最终可以完全摆脱干系。行政一体性原则强调行政任务的“一个整体”，意味着行政机关提供的

---

〔1〕 李建良：《行政法基本十讲》，元照出版公司2018年版，第58页。

〔2〕［英］乔治·弗雷德里克森、凯文·B.史密斯：《公共管理概论》，于洪等译，上海财经大学出版社2008年版，第112页。

〔3〕 黄锦堂：《行政组织法论》，翰芦图书出版有限公司2005年版，第63页。

服务或者管制，即使借助于他人，仍然对包括相对方在内的社会公众亦负有保证“过程合法、结果适当”的责任。

（一）行政机关对第三人的监督是其法定职责

代履行在行政机关与第三人之间不发生行政权力移转的后果，第三人不因委托而享有行政强制执行权。但在另一方面，第三人基于代履行合同的代履行实施会对相对方在行政法上的权益产生影响，是行政任务实现的环节之一，既然代履行只是行政机关借助于第三人达到义务履行的状态，法律对相对方提供的权益保护机制必然对第三人的行为产生一定的约束。问题在于，“私人所采取的行动及其理性计算标准，并不是以行政所认定的公益来决定进而‘确立’下来。毋宁，私人仍抱有其自主的弹性”。[1]如果第三人能够良性释放其弹性，代履行的制度优势亦会最大程度体现，反之，可能损人利己，伤及行政任务的实现。为防止代履行出现对公共性的偏离，行政机关必须对第三人行为进行持续的监督，确保其履行行为符合法律规定的标准。监督是义务履行在外部购买后行政责任的重心，行政机关要“建立系统的程序来监测承包商的绩效，比较承包商绩效与合同规定的绩效标准，切实落实合同的条款”。[2]监督合同的履行就是行政机关在合同缔结后的合同的管理行为，这是代履行合同取得预期效果的关键步骤。尽管政府与第三人就义务履行缔结了合同，但需要警惕的是，“与政府签订的合同不同于私人组织之间的协议，前者的情况远比后者复杂得多。因为政府承担着私人企业无需承担的责任，面临着私人组织无需考虑的限制”。[3]在私法合同中，当事人均为自己的利益而采取行动，代履行合同等行政合同则不同，参与者并非都会将公共利益作为自己行为的出发点，不仅第三人如此，行政机关也存在这种可能，毕竟，公共利益与政府利益、公务员的个人利益存在差别。

---

〔1〕［德］施密特·阿斯曼：《秩序理念下的行政法体系建构》，林明锵等译，北京大学出版社2012年版，第164页。

〔2〕［美］E. S. 萨瓦斯：《民营化与公私部门的伙伴关系》，周志忍等译，中国人民大学出版社2002年版，第212页。

〔3〕［美］菲利普·J. 库珀：《二十一世纪的公共行政：挑战与改革》，王巧玲、李文钊译，中国人民大学出版社2006年版，第187页。

《行政强制法》第 51 条在规范层面确立了代履行过程中行政机关的监督职责，这是民营化后政府规制在代履行领域的具体体现，“委外经营结合市场竞争与国家管制，因此才能使委外的提供者确保提供可接受的标准化服务，也才能获取大众的支持”。[1]行政机关到场监督的职责有两个层面的意义：一方面，到场监督是行政机关的法定权力，行政机关不能放弃。法律规则从其内容上可以分为义务性规则，授权性规则和权义复合规则，[2]义务性规则是直接要求人们从事或者不从事某种行为的规则，又可以分为命令式规则与禁止式规则，命令式规则的特征在于，它使用的属于通常表现为“应当”“应该”“必须”等，从此种角度观察，到场监督是行政机关必须行使的权力，不应该放弃或者懈怠；另一方面，在行政法上，行政机关的职权与职责又具有一体两面的特点，职权同时就是职责，如果说有区别的话，职权针对的是权力作用的对象——第三人，职责强调的是权力授予的主体——权力机关，而在具体个案中两者则相互统一的，这种统一不仅体现在量上，有多大的职权就有多少的职责，职责是对职权的全程覆盖，而且体现在质上，只要存在职权，就必然存在与此种职权对应存在的职责。行政机关对代履行的到场监督是行政机关不能推卸的责任。

（二）行政机关对第三人进行监督的目标

委托第三人履行的行政义务，原本可以由行政机关履行或强制执行，只是出于经济等考虑转移给第三人，但是因为第三人实施的仅仅是行政决定实现中的技术性、事务性活动，从整体上不能改变履行行为的性质，所以，法律上对行政活动的要求也适用于代履行。行政监督的目的就是要保证代履行活动符合法律规定的原则，尤其是对代履行过程中的第三人裁量保持高度的警惕。弗里曼指出：“供应商（无论公私）在执行当选官员的政策选择时，都拥有巨大的裁量权。这种裁量权提供了重新界定政策选择或以决策者不曾预料的详尽程度说明相关政策选择的机会。基层的政策实施决定与由集权化公共机构直接设定资格标准或总体方案规定的决定同样重要。即便只是提供被

---

〔1〕 李宗勳：《政府业务委外经营：理论与实践》，智胜文化事业有限公司 2002 年版，第 12 页。
〔2〕 张文显：《法哲学范畴研究》，中国政法大学出版社 2001 年版，第 50 页。

非常详细说明的服务的权力，亦会产生委托代理问题，承包商可以在不违反任何技术性合同条款的情况下拥有很大的操作空间。”〔1〕如果允许第三人参与行政任务却不受任何的约束，其后果将不堪设想。

代履行中，行政机关与第三人形成了行政目的实现过程中的委托代理关系。第三人参与行政过程的目的，往往是利润的最大化，这种动机反过来可能会促成其为了追求利益不择手段的后果。反映在代履行上，第三人在代履行利润最大化的动机支配下，极有可能出现违法或者不当的情形。一旦这种情形出现，相对方的合法权益在代履行过程中直接受到损害，行政机关不仅面临相对方要求赔偿的主张，公共利益与代履行制度的公信力也将因此受损。事实上，“只要政府依靠代理人来提供服务，它就面临着试图将它的目标强加在代理人十分不同的目标之上的任务。这一过程所产生的最小结果是冲突，最大结果是导致政府目标与代理人目标之间的偏差。”〔2〕行政机关的监督一般涉及以下几个方面：①监督所依据的标准的内容；②施加私人行为的具体方法；③监督者的技巧。其中，第一个方面解决的是监督的目标问题，即通过监督缩小私人利益与行政机关的偏好差异，有人认为“政府监督公共服务合同的目标就是承包商在履行合同的过程当中，按照合同的要求达到政府和公民都满意的结果”。〔3〕实际上，能否达到这一目标取决于两个不同但是相关的因素：对代履行合同的履行而言，存在满意的结果吗？如果存在的话，怎么从法律上实现？

第一个问题，代履行合同并非如有些公共服务委外是所谓尽力型合同（best-efforts contract），相反，它是有着明确任务的完成型合同（completion contract），〔4〕衡量代履行合同是否令人满意的唯一标准就是行政决定确定的行

---

〔1〕［美］朱迪·弗里曼：《合作治理与新行政法》，毕洪海、陈标冲译，商务印书馆2010年版，第611页。

〔2〕［美］詹姆斯·W. 费斯勒、唐纳德·F. 凯特尔：《行政过程的政治——公共行政法新论》，陈振明等译，中国人民大学出版社2002年版，第187页。

〔3〕王丛虎：《政府购买公共服务理论研究——一个合同式治理的逻辑》，经济科学出版社2015年版，第116页。

〔4〕尽力型合同即行政机关只要求私人尽最大努力完成委派目标，完工型合同则是合同要求私人达到特定的结果或者生产出特定的产品。参见［美］莱斯特·M. 萨拉蒙主编：《政府工具：新治理指南》，肖娜等译，北京大学出版社2016年版，第245页。

政义务是否得到履行。

第二个问题，满意虽然是代履行合同的目标，但它是一个政治标准，不是法律标准，甚至连管理学标准都不是。政治标准需要转化为法律标准，才具有明确的指引性。

过程监督的法律目标可以归结为以下两个方面：

1. 针对代履行主体的监督：禁止转包。行政机关与第三人缔结代履行合同后，双方便会因此形成所谓"合同之债"，第三人必须承担自己履行合同约定的义务，只有出现例外情形时，才能由外在于行政机关与第三人的其他主体代为履行，这是传统理论主张的合同"相对性"的必然要求。行政机关之所以通过合同方式将行政义务的履行交由第三人完成，目的在于实现与相对方自身履行相同的状态，以柔性面目达到与行政机关强制执行或者自己代履行相同的结果，尽快矫正因违法造成的社会关系的失序状态。第三人在合同中承担的义务带有强烈的公务属性，是行政决定实施中的不能切割的环节，这就对第三人的资质、能力、经验等条件提出了较高的要求。如果第三人未经行政机关同意擅自将合同履行义务再次委托给他人，将使行政机关在缔约环节的各种考虑付之东流，使选择第三人的公开竞争程序失效，严重违反第三人确定中的竞争性原则，必然会对代履行合同的目标实现造成负面影响。

当然，考虑到现实的复杂性，禁止转包不意味着代履行合同的履行绝对地排除代为履行的情形，不过此种情形应经过行政机关的同意且应作出严格限制。

2. 针对代履行行为的监督：正确履行。第三人必须按照法律与代履行合同约定的期限、地点、质量、数量、费用履行行政义务，不能发生迟延或者履行上的错误。至于行为监督的具体类型，有学者将其分为专业性监督与法律监督两个方面，"所谓专业监督系指，受委托之私人纵使未违反法律或法律之授权规定，但其执行公共权力有违行政目的时（如违反委托契约上之合意），委托之行政主体若认为违反情节重大且影响公共利益者，甚至于得终止该业务委托民间办理；在法律监督方面，则由委托之行政主体经常性监督受委托私人，于执行受委托业务时有无逸出法律规定或法律之授权。"[1]笔者认为，专业性监督即是适当性监督，而法律监督则是合法性监督，因此，围绕如何实现第三人的正确履行，可以围绕合法性与适当性展开。

（1）代履行的合法性。合法性是法治理念对行政活动的基本要求，行政机关的行为必须遵守法律，不得与法律相抵触。在洛克看来，"政府所有的一切权力，既然只是为社会谋幸福，因而不应该是专断的和凭一时高兴的，而是应该根据既定的和公布的法律来行使；……"[2]权力只有依法展开，公众才能确定自己的责任并在法律范围内享受秩序与正义，公共权力才能被限制在适当的范围之内，不至于运用公众不能接受的手段追逐私利。合法性由不同层次、内容各异的标准构成，职权法定、法律优先、法律保留、程序法定都是其内在环节。作为行政活动类型的行政强制当然要遵守合法性要求，《行政强制法》第4条明确规定："行政强制的设定和实施，应当按照法定的权限、范围、条件和程序。"学界提炼的所谓"强制法定"原则即合法性在行政强制领域的具体体现，此原则对代履行这种行政强制执行的方式同样适用。

第一，代履行的合法性与基础行政决定存在密切的关系。第三人代履行的是基础行政决定所确定的义务，无论是排除妨碍还是恢复原状都是行政机关依法通过实力对相对方合法权益的干预。第三人是代履行的参与主体，但就其身份而言，仅仅是行政义务履行的受托者，按照"代理人的权限不能超出本人"的一般原理，第三人就只能在行政机关的权限范围内，就与行政机关签订的合同履行行政义务，权限构成了代履行合法性的重要界限。①第三人并不因为参与代履行而具有任何的行政权限，因为"在代履行中，行政机关委托的第三人并不是实施行政强制，而是代替当事人履行义务"。[3]代履行的委托不是权力委托而是事项委托，第三人在代履行过程中不能行使具有强制性与垄断性的任何行政权限，否则意味着侵权；②第三人在代履行中履行

[1] 林明锵："论行政委托私人——其基本概念、法律关系及限制监督"，载《宪政时代》1993年第2期。

[2] [英]洛克：《政府论》，叶启芳、瞿菊农译，商务印书馆1964年版，第86页。

[3] 应松年、刘莘主编：《中华人民共和国行政强制法条文释义与案例适用》，中国市场出版社2011年版，第51页。

的行政义务受行政机关行政权限的限制。第三人履行的行政义务的前提是基础行政决定，在该决定中行政机关通过行政职权确定了相对方应予承担的行政义务的范围、内容等事项，第三人不能超出基础行政决定代替相对方履行行政义务，第三人履行行政义务的履行标的、履行标准和履行时间都应当符合基础行政决定中行政权限所设定的具体内容。例如，《水污染防治法》第85条规定："有下列行为之一的，由县级以上地方人民政府环境保护主管部门责令停止违法行为，限期采取治理措施，消除污染，处以罚款；逾期不采取治理措施的，环境保护主管部门可以指定有治理能力的单位代为治理，所需费用由违法者承担：……"有治理能力的单位代为履行治理义务时，必须严格遵守行政机关在行政决定中确定的环境治理的标准，不能出现程度上的提高或者范围上的扩大；③义务之履行是否已经难于甚至根本不能实现，代履行客观不能，或者代履行事项涉及其他国家机关因而法律不能等，这同样是行政机关对代履行合法性监督的内容。

第二，代履行的合法性亦需考虑《行政强制法》的禁止性规定。①代履行的时间一般必须接受法律限制，《行政强制法》第43条第1款规定："行政机关不得在夜间或者法定节假日实施行政强制执行。但是，情况紧急的除外。"②代履行方式方法的限制，《行政强制法》第51条第3款规定，"代履行不得采用暴力、胁迫以及其他非法方式"。相对方对第三人实施代履行有忍受义务，法律却并未赋予行政机关或第三人在相对方不履行忍受义务情况下，对相对方人身或财产实施强制的权力，否则代履行作为间接行政强制执行的性质无从体现。

第三，从广义上讲，代履行的合法性监督还包括合约性监督。私法合同固然存在履行问题，但因为双方系以合同作为实现自身经济利益的手段，即便出现违约行为，也可以通过违约责任承担的方式确保经济利益不受损害。代履行合同的目的在于确保行政决定确定的行政义务能够及时履行，第三人违约造成的后果是公共利益无法实现，且公共利益无法实现产生的损害很难通过金钱来进行准确衡量。因此，第三人必须按照代履行合同约定的内容履行义务，不能随意变更合同标的或履行方式，更不能以支付违约金或其他承担违约责任的方式替代合同履行。

（2）代履行的适当性。“政府依靠私人行动者，对其进行激励、影响及约束，但不完全控制。此外，这种不完全的控制是故意为之并得到公认的，并且是高绩效的先决条件。然而，缺乏完全控制同样会带来公共职责的授权有所保留，因为私人行动者会利用其掌握的那部分控制权来实现自己的目标。”[1]政府与私人合作的本质是裁量权的分享，这要求私人的行为不仅要遵守法律的界限，而且要满足适当性的要求。

与合法性相比，适当性有着更为丰富的内涵，它意味着政府采取的措施要含有正确正义的特质，能够赢得公众的认可与接受。行政机关为消除社会危险和危害状态进而维护社会秩序，不可避免要做出大量课以相对方义务的行政决定。课以义务同时也意味着限制权利，无论从何种角度，行政机关的措施都必须适当，在措施与行政机关追求的目的之间存在关联、程度上应尽量缓和等，行政机关为实现义务履行的状态采取的行政强制，同样存在措施的选择问题。《行政强制法》第5条规定的“行政强制的设定和实施，应当适当。采取非强制措施能够达到行政管理目的的，不得设定和实施行政强制”是对行政强制适当性的明确阐述。

具体到代履行活动，第三人不具有强制性的行政权，其行为的适当性主要表现为第三人为履行行政义务所使用方法或者手段的适当性。《行政强制法》第50条中的“排除妨碍、恢复原状”既是代履行的内容也是代履行意图实现的状态，问题是，第三人以何种手段实现这一目标？这一问题从表层看是涉及代履行中的技术、工具、设备，却不仅与代履行费用直接相关，并会影响到相对方的生活生产秩序。我国单行法律大多仅规定代履行的情形、主体、目标，而没有规定第三人在特定情形出现时为实现既定目标有权实施的具体手段，《行政强制法》在该问题上也保持缄默，这无疑给参与代履行的第三人留下了自主空间。这意味着，“裁量的出现不可避免，因为实施和应用规则的权利与设置政策的权力是不能分离的。……没有决策因素的执行行为是极其罕见的”。[2]行政裁量问题将转化为第三人裁量问题。

---

〔1〕［美］约翰·D. 多纳休、理查德·J. 泽克豪泽：《合作：激变时代的合作治理》，徐维译，中国政法大学出版社2015年版，第37页。

〔2〕 Gillian E. Mutzger, “Privatization as Delegation”, *Columbia Law Review*, 2003, 103: 1367～1502.

代履行虽然并非公共权力的行使，却仍然对相对方的权益会产生现实影响，更有行政机关对第三人进行委托的因素，因此，代履行的手段选择应该是有限的。这种有限首先体现为不能冲击法律所设置的外部界限，其次体现为手段的合目的性、必要性与均衡性，即应当以最符合相对方利益的方式履行，遵守比例原则。

有学者敏锐地注意到，“以土壤污染修复为例，必须根据土壤污染中污染物的不同类型、污染场地的特点、修复的标准，采用不同的修复技术。行政机关应对修复方案和修复效果组织评估，及时向公众公布修复情况。环境行政代履行中如果存在义务人不确定的情况，行政机关应在环境行政代履行的过程中注意保护潜在义务人的合法权益，并避免在履行过程中出现二次污染的情况”。[1]在代履行中，第三人应该注意对相对方合法财产的保护，像对待自己的财产那样谨慎操作或保管，防止造成不必要的损害；代履行的方法选择应当符合专业化要求，例如涉及固体废弃物的转移，应该选择最近的转移地点与较小油耗的交通工具，拆除某些设备，应使用科学的操作手段，尽量不破坏被拆除设备的再次使用性能；代履行时间不能过于漫长；代履行中所接触的信息不得随意泄漏并于执行完毕后将有关资料交还相对方等。

二、过程监督的限度

“合同并不能自我执行，这是一个非常简单却常被忽视的问题，而且依赖于合同常会使价值发生替换。”[2]从表面上看，行政机关的监督职责产生的是行政机关与第三人之间的权利义务关系，其实不然，是否监督以及如何监督关乎社会秩序与相对方的权益，第三人代履行绝非行政义务履行在内部生产与外部购买之间的技术选择，而是一项贯彻公法政策目标的手段。然而，如果完全将第三人视为贯彻公法政策目标的机构，意味着政府对行政机关施加的诸多公法义务将“蔓延”至第三人，民营化下合同管理所强调的效率可能因为公法规范的进入受到冲击，第三人成为“二政府”，外包

〔1〕 李义松、周雪莹：“我国环境行政代履行制度检视”，载《学海》2021年第1期。

〔2〕［美］詹姆斯·W. 费斯勒、唐纳德·F. 凯特尔：《行政过程的政治——公共行政学新论》，陈振明等译，中国人民大学出版社2002年版，第271页。

的收益因为公法的约束而被抵消。“契约不是一个简化问题的方法，而是另一条通向过分规制和复杂化的道路。”[1]因此，有必要关注行政机关对代履行监督的限度问题。

行政机关对第三人的监督方式，可以是要求第三人预先提供有关代履行的技术方案，进行提前审查，也可以是要求第三人在代履行结束后进行相关资料的递交，实现事后备案，这是有关监督光谱的最为严格与最为宽松的两端。《行政强制法》虽然没有明文排除事前审查与事后备案，但是从“到场”二字可以看出，监督的重心是代履行实施过程的检查督促。

（一）监督效果与监督密度的一般关系

过程监督的效果与监督密度存在深刻的关联关系。一般而言，监督越是细密、周详，机会主义发生的概率就越小，相对方的权益越能受到完善的保障，高密度的监督会使责任最大化，但是将以其他规范性目标（经济效率）作为代价。而且，行政机关在可能怠于监督的同时，“也可能会滥用手中的权力，无论是否有效力都会坚持要求供应商完成合同中的每一个细节。但是，对产出或成果的监督权力往往会导致政府合同监管人员干涉网络成员的工作程序”。[2]监督密度过高，不但会加重行政机关的人力与成本负担，违背代履行制度的本意，也将降低第三人的积极性，所以代履行的监督虽属必要，但是也要防止过犹不及。已经形成共识的是，“监督的程度可以从完全信赖承包商的绩效和交付合同中要求的产品服务到政府监察员检查承包商的每一项行为。然而，这两个极端都不现实”。[3]监督既不可能“撒手不管”，也做不到事无巨细，总是处于二者之间，松散的监督固然可能导致代履行的失范，但如果监督变成事无巨细的干涉，也将会使其流于微观控制。

---

〔1〕［英］卡罗尔·哈洛、理查德·罗林斯：《法律与行政》，杨伟东等译，商务印书馆2004年版，第480页。

〔2〕［美］斯蒂芬·戈德史密斯、威廉·D. 埃格斯：《网络化治理：公共部门的新形态》，孙迎春译，北京大学出版社2008年版，第39页。

〔3〕［美］莱斯特·M. 萨拉蒙主编：《政府工具：新治理指南》，肖娜等译，北京大学出版社2016年版，第245页

《行政强制法》在过程监督上仅仅规定“行政机关应当派员到场监督”，但是对监督密度没有明示，似由行政机关与第三人在代履行合同中作出更为明确的约定为宜，如此将使行政机关与第三人之间的权利义务关系更为清晰化，避免产生不必要的争执，同时也可以凭借此书面合同约定监督之后续处理，以收到监督的实效。

（二）监督的界限

此处论及的监督的界限就是对行政机关对代履行过程监督的界域与限度，本书认为，行政机关的监督要恪守以下几点：

1. 行政机关的监督必须有据。此处强调的有据，是指行政机关对第三人的监督必须源自特定的规则，正是规则确定了行政机关与第三人之间的权利义务，为双方行为划定明晰的界限，行政机关的监督只有遵循规则才具有正当性。

行政机关对代履行过程的监督，在依据上首先表现为法律规定或者代履行合同约定的权力。监督权的来源固然在理论与各国实践中存在不同的观点，但即便是将其定位为双方约定的产物，合同一旦达成，行政机关就享有了合同约定的权利，这种权利在行使的单方性、目的的公益性等方面与一般的民事权利存在突出的区别。有人提出，代履行等公法合同中，行政权力来源的广泛性与机动性与形式意义上的法律保留、法律优位原则产生的冲突，法律对行政权束缚有松动甚至走向空洞的可能，从而导致依法行政的蜕化，但正如余凌云教授所言：“行政契约的出现是政府职能增多涉及对行政权机动性和行政手段多样性的内在要求，我们不可能再用形式意义上的依法行政理念来禁锢它而扼杀其机动性，只能在要求行政契约符合依法行政基本精神的前提下，对依法行政作相应修正，在保持行政契约的机动性和约束行政契约的随意性之间建立平衡，以保证既促成行政权完成政府职能之使命，又控制其不失范。”[1]即便是源自合同的监督权，只要有一定的程序性规则对其进行规范，与依法行政的矛盾是可以调和的。

---

〔1〕 胡锦光主编：《行政法专题研究》，中国人民大学出版社2006年版，第135页。

2. 行政机关的监督必须有利。行政机关对代履行合同的监督必须在目的上以行政义务合法、适当的履行为目的，以有利于保护相对方合法权益、有利于维护社会秩序为任务。行政机关在选择监督的方式与手段时，应该紧密围绕前述中心。我国行政机关尤其是基层政府工作部门承担着大量的执法任务，行政职能的“超载”现象较为严重，具体执法中如何进行行政任务的排序与选择往往是行政执法者必须面对的问题。多元化的行政任务既包括横切面上不同领域的多样化管理需求，也包括纵向面上从决策到执行的流程介入，在社会公众与上级部门注意力有限的情形下，行政官员倾向于选择那些容易处理、定型化的事务，对那些繁复、耗时、容易引起矛盾的事务则采取“撇奶油”策略不予过问。代履行中的监督同样有类似的问题，与行政决定相比，行政决定的执行容易受到忽视，代履行的过程监督，更由于涉及特定利益，除了相对方以外的其他社会主体缺乏关注的激励机制，行政机关极易出现监督上的懈怠。另外，代履行关系中的委托代理关系直接发生在行政机关与第三人之间，行政机关的首要任务应该是防止第三人出现道德风险等机会主义行为，但是，二者之间的共谋或者相互勾结仍然值得重视。与行政相对方相比，第三人处在一个更易和行政机关进行沟通的位置，往往能够和行政机关缔结代履行合同的也是一些大型的厂商企业，无论是经济实力还是话语权都明显超出相对方，它们具有借助各种机制与手段影响行政机关的能力，甚至于直接俘获行政机关或其工作人员，将代履行的公器异化为谋取私利或者实现官商“共赢”的手段。行政机关一旦被俘获，可能在监督上消极地听凭第三人进行种种行为，或者做些形式文章，甚至干脆选择沉默。就委托代理链条而言，行政机关与包括第三人在内的社会公众之间的潜在委托代理关系，监督上的俘获实际上意味着行政机关漠视初始委托人赋予的使命，主动放弃监督职责，将第三人的利益作为其行为追求与考虑重心。实务中，为防止行政机关与第三人的共谋，有的行政机关在代履行时，通知当事人到场，甚至听取当事人对代履行措施的意见；当事人不到场的，则邀请相关人员做见证人或委托公证人员进行现场公证。

3. 行政机关的监督必须有节。经济学家 Walker 认为监督对委托人而言可能导致次优的结果，它将恶化委托人与代理人之间的关系。[1]广泛监督将导致合同实施中逆向对抗与相互博弈，从而削弱代理人为委托人谋利的动机。在有些学者看来，如果产出依赖于团体的共同努力，水平式监督通过群体成员之间或者团队内部的约束力能够消除外部监督的必要性。[2]然而，对代履行的实施而言，所谓水平式监督的作用极为有限：其一，在私人部门的合同中，委托人与代理人之间熟悉的相互作用可以促进合同绩效，但对代履行合同而言，行政机关与第三人的良好关系固然有助于降低交易成本，但也可能导致行政机关与第三人的共谋，从而威胁到公共利益与相对方利益；其二，水平式监督发挥作用必需的条件在代履行等行政合同中并不存在，它要求委托人与代理人的关系是个人化而非陌生化、相关性而非交易性，二者在一个高度信任的环境中进行行为选择，但这种关系更容易在组织内部形成，对行政机关与第三人而言，并不具备产生的条件，即便能够产生也将承担相当大的代价。从这个角度看，行政机关对代履行的过程监督固然会产生消极影响，也将因此产生一定的费用，却是保证行政义务正确履行必不可少的机制。

尽管如此，仍要意识到，行政机关存在先天的规则倾向，监督极易成为事无巨细的干涉，“政府是具有规章倾向的；它们设法通过多种规章来管理自己的部门，因此它们经常以相同的方式管理私有供给商就不奇怪了”。[3]需要特别强调的是，“监测的目的是在合理的价位上获得良好的服务，而不是故意找茬”。[4]监督要有所节制，避免使其成为良好交易的破坏者，这种节制体现在以下几个方面：①监督应该主要围绕代履行行为的合法性与适当性展开，不能越界，不能以干扰第三人所参与的代履行事务以外的正常的生产经营秩

〔1〕 B. Walker, “Monitoring and Motivation in Principal-agent Relations: Some Issues in the Case of Local Authority Services”, *Scottish Journal of Political Economy*, 2000, 47: 525 ~549.

〔2〕 Ef Fama and Mc Jensen, “Agency Problems and Residual Claims”, *Journal of Law and Economics*, 1983, 26: 367 ~374.

〔3〕 [美] 詹姆斯·Q. 威尔逊:《官僚机构：政府机构的作为及其原因》，孙艳等译，生活·读书·新知三联书店2006年版，第484页。

〔4〕 [美] E. S. 萨瓦斯:《民营化与公私部门的伙伴关系》，周志忍等译，中国人民大学出版社2002年版，第213页。

序；②在代履行监督的方法上，应该严格遵守公法领域的比例原则，即监督方法与监督目的必须具有关联性、监督手段之间的去重从轻、监督手段与监督效果之间在追求法益上的基本均衡等。“现代国家面临的主要困境之一就是：找到控制和建构裁量权的方法，同时避免设置过多的审查，以至于损害公共事业行为的有效性。”[1]如果将行政机关的监督视为对第三人在代履行方法或手段上合法性、适当性的约束，这一观点仍然是适用的。

4. 行政机关的监督必须有形。《行政强制法》对行政机关到场监督的形式没有作出规定，但从监督过程透明性的角度，应该形成书面的监督笔录，[2]对实施代履行的时间、地点、过程与结果详细记录，或者用拍照、录音、录像等方式，全方位记录代履行的整个实施过程，而不仅仅是“执行文书上签名或者盖章”。实务部门已经注意到此点，海事机构在对船舶油污清除的代履行过程中，不仅要参与清污措施的制定，按照约定开展清污行动，而且“要加强对清污过程的监督，客观真实地记录清污工作量，确保清污工作的合理、有序。”[3]监督形式上的要求不仅对到场监督的行政机关工作人员履职尽责是一种约束，而且也为行政机关对第三人的违法违约行为进行处理提供了行政程序阶段的证据。

（三）监督的对象

从完整意义上讲，代履行的监督应该既包括行政机关对第三人履约行为的监督，也应该包括行政机关对代履行中相对方是否配合的监督，本章虽然从防范机会主义的角度强调前者，但二者本来就是实现行政义务履行状态不能缺少的两个方面。

相对方与第三人之间虽然并不存在法律关系，却有忍受第三人基于代履行所为之必要行为的义务，这是相对方在规定期限内不履行行政决定所确定的义务而产生的必然结果。既然是义务，就存在着不履行的可能，当发生相

---

〔1〕［英］A. C. L. 戴维斯：《社会责任：合同治理的公法探析》，杨明译，中国人民大学出版社2015年版，第79页。

〔2〕台湾学者特别强调，选择以代履行方式执行时，另外需注意以文书将代履行之相关事项记载完备，应该通知相关行政机关，参见郭祥瑞：《公务员行政法》，元照出版公司2007年版，第169页。

〔3〕高宁、陈晋鹏：“海事机构在船舶油污清除中的法律定位”，载《世界海运》2019年第5期。

对方对第三人行为进行阻抗的情形时，行政机关到场的监督，体现为积极的疏导或者排除，行政机关的目的并非实施强制，而是阻止相对方对代履行的妨碍，这是“警察之监督行为或其职务上为适合警察之责任作为的一种间接作用”,〔1〕这种疏导或者排除是否会产生行政机关自行执行与监督代履行的界限混淆，一般认为，只要能就执行或者履行中“全部处理过程的支配者”进行认定即可，如仍为第三人，该过程则无疑属于代履行。《行政强制法》第51条第3款规定：“代履行不得采用暴力、胁迫以及其他非法方式”，第三人并非公共权力主体，当然不能运用公共权力对相对方反抗行为的物理性排除，这也是行政机关到场监督的内容之一。然而，行政机关自身，从确保行政义务履行的角度而言，应该有排除反抗的方式方法，包括要求公安机关提供行政协助。〔2〕有学者甚至主张，既然第三人的行为受到行政机关委托，基于行政职权而发生，应属执行公务，“公务活动不管是由国家机关及其工作人员承担，还是由非政府组织及其人员实施，只要是国家公务活动或者国家公务活动的辅助延伸，均可成为妨害公务罪的犯罪对象。”〔3〕将妨碍第三人代履行的行为纳入到妨碍公务罪的打击对象，具有法理和现实的必要性。〔4〕如此，有助于提升第三人在代履行过程的权威，减少第三人代履行的阻力。

《行政强制法》所排除的仅仅是“非法方式”，暴力、胁迫是其主要体现，合法的方式仍可使用，这是代履行顺利进行的必要保障。在日本，“代执行本身不具有对义务人身体的强制力，但就物理性排除（排除义务人的反抗)，有人主张——作为伴随（代执行的）功能，可认可一定的实力行使；有时也可适用《警察官职务执行法》”。〔5〕不过，对相对方的权益限制需要遵循比例原则、罪刑法定等基本法理，而且不能对以权力行使径直代替义务履行。

---

〔1〕 城仲模：《行政法之基础理论》，三民书局1999年版，第209页。

〔2〕 公安机关对代履行过程相对方反抗所提供的行政协助，往往涉物理性力量的运用，虽然其与直接强制执行的外观相同，但其所适用的法律依据并不相同，因而不将公安机关的协助等同于《行政强制法》上的直接强制执行。

〔3〕 田宏杰：“妨害公务罪的司法适用”，载《国家检察官学院学报》2010年第5期。

〔4〕 刘文华：“具有强制执行权的行政机关研究”，载《云南行政学院学报》2021年第6期。

〔5〕 吴东镐、徐炳煊：《日本行政法》，中国政法大学出版社2011年版，第193页。

第三节　过程监督的主体与手段

一、过程监督的主体

任何一项权力的行使，落脚点都必然是现实的个人，“政治路线确定以后，干部就是决定的因素”。过程监督是行政机关的职责，但行政机关是抽象的组织实体，其对第三人机会主义的约束必然通过其代理人（行政官员）的活动贯彻。在韦伯构建的官僚制模型中，“形式化的非人格化的统治，没有憎恨和激情，因此也没有‘爱’和‘狂热’，处于一般的义务概念的压力下；‘不因人而异’形式上对‘人人’都一样”。[1]考虑到代理人有着自己的独特利益，确保行政义务履行上，他们可能是“扶持者”，也可能是“抢掠者”，因此有必要对其进行制度明确与行为规制。

公共行政民营化中，“缔约的政府，尤其是对于大型的契约，通常都会有一个顶尖的项目经理，他拥有‘沙皇’的权力，并且会仔细观察以确认承包人符合标准”。[2]然而，即便是美国，负责合同管理的人员也是稀缺资源，多数时候也只是热切期盼（a hope and a prayer），Kettl 就此提出了三个选项：其一，公共服务应该培育真正属于自己的合同管理专家；其二，公共服务应致力于在“就业池”中识别具有合同管理特殊技巧和专业能力的人员，然后展开招募；其三，行政机关可以选择那些原先在承包商工作的人员，让他们角色翻转。[3]

相比之下，我国合同外包中对所谓的“合同管理人”的关注严重不足，《行政强制法》也仅规定行政机关应当派员到场监督，对于具体承担监督职责的人员没有清楚的界定。

---

〔1〕［德］马克斯·韦伯：《经济与社会》，林荣远译，商务印书馆 1997 年版，第 255 页。

〔2〕［美］乔治·弗雷德里克森、凯文·B. 史密斯：《公共管理概论》，于洪等译，上海财经大学出版社 2008 年版，第 112 页。

〔3〕Donald F. Kettl, et al., *Civil Service Reform: Building a Government That Works*. Brookings institution press, 1996, p. 51.

（一）监督人员应为行政机关的工作人员

过程监督是行政机关的职责，但行政机关是抽象的组织实体，《行政强制法》第51条规定行政机关应当“派员”监督，所派之“员”与行政机关究竟为何关系？值得探讨。[1]

一般的理解是，履行监督职责的应该是行政机关工作人员，但是行政机关能否与其他主体就代履行监督事项缔结合同，由其监督第三人实施代履行？《行政强制法》第51条第1款第4项对此没有明确的排除。而且，如果作实质意义上看的话，行政机关将代履行监督权外包后，承接代履行监督工作的人员也是广义上的行政机关工作人员或者“准公务人员”，只不过其与行政机关的关系并非基于录用、调入等公法单方机制形成，而是因为外包合同发生，第三人受行政机关委托行使监督权。

从学理上讲，大陆法系中有所谓的“行政之行为形式选择自由”似乎也为监督权的外包提供了理论基础。该学说强调，除了法律明确规定行政机关应采取特定形式的行为，否则，其为适当完成行政任务，行政机关有权选取适当的行为形式。选择既可以在行政决定与行政合同等相同法律性质的行为形式之间展开，也可以是法律允许的范围内在不同法律性质的行为之间的进行，这无疑是一种形式或机制上的行政自主。承认“行政之行为形式选择自由”的理由在于：宪法与行政法中并未将行政可运用的行为形式或者组织形式采取“限量管制”。[2]就行政任务的实现而言，私法形式从来没有被明确禁止，行政法非法典化形成的缺漏亦急需补救，僵化的限制行政活动的形式对

〔1〕 在温某军、温某林、温某海、贾某莲诉吉林经济技术开发区土地房屋征收管理局其他纠纷一审中，吉林经济技术开发区土地房屋征收管理局作出的代履行决定书上，载明：“你于2017年5月22日在松九街建筑物、附属物、附着物的行为违反了《中华人民共和国城乡规划法》的规定。本机关已于2017年5月22日对你送达了《责令排除妨碍、恢复原状决定书》（文书号：2017.029），你应于2017年5月25日前自行履行拆除的义务，但至今尚未履行。本机关依据《中华人民共和国行政强制法》第五十条的规定，决定委托吉林经开区城市管理行政执法局于2017年6月1日代你履行，预计代履行费用全部由你承担。在代履行过程中，本机关将依法派居委会、派出所到场监督”。此处的监督人员为居委会、派出所。法院以吉林经济技术开发区土地房屋征收管理局未履行举证责任为由认为代履行决定书属于主要证据不足，认定事实不清。而如果假设其履行了举证责任，行政机关能否委托不属于本机关的组织或人员便会成为争点。

〔2〕 程明修：《行政法之行为与法律关系理论》，新学林出版股份有限公司2005年版，第292页。

社会秩序与公众福祉而言未必有利。既然法律没有明确地禁止监督权的外包，应允许行政机关通过合同将其委外其他主体实施。然而，“行政之行为形式选择自由”从来不是绝对的。行政虽系一种形成的作用，却没有无限制任意支配法律体系的权力。一般地说，不同的行政任务对裁量权的行使会产生举足轻重的影响，行政机关对给付行政有较为灵活的空间，包括给付主体、给付方式选择自由，及给付或利用法律关系的选择自由，干涉行政因为具有不利性后果，需要法律的明确规定才可以做出，行政机关可供选择的空间较小。即便是前者，所谓的“选择自由”是一种相对的自由，或者合义务的裁量，必须遵守裁量的界限。代履行的到场监督是《行政强制法》明文规定的带有强烈干预色彩的行政活动，应当采用形成行政法律关系的措施，否则不利于第三人机会主义的遏制。

从实践上看，有人可能还会提出，公共行政民营化的原因之一就是通过外包发挥专家在特定领域的专业优势，行政机关将监督职责外包给其他主体，有利于提高监督的实效性。但是，这一观点没有讲清楚的是，行政机关工作人员为何就缺乏专业优势？杨建顺教授针对行政立法中的“专家学者起草”的现象曾经批判道：“其实，所谓专家不止是指学识渊博的学术性专家（法学家），也包括具有丰富司法实践经验的法官、律师等实务型专家（法律家），更不能忘记了其主要力量是行政机关的公务员。”〔1〕该论断对代履行的监督同样适用。对专家不能做过于狭义的理解，行政机关工作人员在长期的行政执法中积累了丰富的智识与经验，对代履行可能出现机会主义的行为环节与时间节点更具专业优势，在某些行政义务原本由行政机关直接强制执行或代履行的情况下更是如此。“某些情形下，糟糕的监督可能不是预算不足，而只是经验不足的结果。”〔2〕代履行领域，有效的监督需要行政上的经验，行政机关工作人员在这方面无疑具有优势。

到场监督的行政机关工作人员是否必须具备相应的资格？《行政强制法》未作规定。但是基于该法第 17 条第 3 款“行政强制措施应当由行政机关具备

〔1〕 杨建顺：“论科学、民主的行政立法”，载《法学杂志》2011 年第 8 期。

〔2〕［美］朱迪·弗里曼：《合作治理与新行政法》，毕洪海、陈标冲译，商务印书馆 2010 年版，第 646 页。

资格的行政执法人员实施，其他人员不得实施”的规定，考虑到作为行政强制执行方式的代履行相较行政强制措施对相对方的权益更为直接与终局，从“举轻以明重”的法理出发，宜对监督者规定一定的资格要求，至于此种资格的具体内容继续研究，“当裁量权被分割时，良好的治理将要求政府本身所需的技能和能力发生重大变化。……管理上的官僚主义将在关键的政府治理技巧体系中被击败。知晓如何选择正确的合作者以及协调各种不同行动者以创造公共价值，将变得更加重要”。[1]

（二）监督人员应为非行政决定与代履行决定作出者

监督权应该由行政机关内部由非行政决定与代履行决定的作出者行使。一方面，这是行政分权原则的体现。行政分权原则是行政组织法的基本原则之一，分权可以分为主体之间的分权及同一主体内部的分权。[2]前者与集权式管理相对应，行政任务由多个组织完成，涉及国家与社会之间的关系；后者是在行政体系内部设置不同的机关进行横向或纵向的分权，与央地关系、部际关系等问题相关。近年来，另有学者从行政自制的角度提出了“行政内部分权”命题，[3]关注一个行政组织内部不同性质职能的重新组合、精确配置与合理分配，寻求行政权力的内部制约，极大地丰富了行政分权的研究。

对代履行的监督而言，同样存在一个内部不同性质的职能如何配置的问题。有人提出，设立一个专门监督代履行的部门专司代履行的过程监督，这种观点从机构精简、监督的规模效应来看有一定道理，问题是，如果设置专门性机构，必然会发生部门协调费用，且代履行内容千差万别，不利于对代履行的适当性监督。目前较为可行的做法是，代履行的监督权配置给行政决定与代履行决定以外的人员，其更易发现前期行政决定、代履行决定中可能存在的问题，避免其中存在的“官商勾结”等问题。这样就通过内部的分工达到制衡效果，“制衡体制是对法治的保障。最重要的是这一治理体制确保了

---

〔1〕［美］约翰·D. 多纳休、理查德·J. 泽克豪泽：《合作：激变时代的合作治理》，徐维译，中国政法大学出版社 2015 年版，第 313 页。

〔2〕应松年、薛刚凌：《行政组织法研究》，法律出版社 2002 年版，第 67 页。

〔3〕崔卓兰、刘福元：“行政自制理念的实践机制：行政内部分权”，载《法商研究》2009 年第 3 期。

问责的官僚机构能够作出可预测性的决定”。[1]

另一方面，这也有利于缓解强制过程中比较紧张的官民关系。由作出行政决定或代履行决定的执法人员进行代履行的过程监督，固然在行政机关内部效率最高、专业性最突出，但难以消除或者降低执法人员在执法中与相对方已经形成的对立情绪，这种情绪不仅可能使行政机关工作人员进行监督时难以公正，相对方亦会有被同一人员“持续施压”的感受。非行政决定或代履行作出者进行的监督，能够在一定程度解决这一问题。而且，从法律文本来看，《行政强制法》上的代履行人包括了行政机关与第三人，行政机关的派员到场监督亦并未作行政机关代履行与第三人代履行的区分，这意味着，即便是行政机关代履行，行政机关仍要派员监督，监督人员与行政机关代履行人员在代履行实施中履行着不同的职能。

非行政决定或代履行决定作出者是一个较为宽泛的概念，仅仅是划定了一个否定的范围，那么代履行的监督权的具体实施者到底如何确定？目前体制下，短期看，可以定位给设在行政机关内部的法制机构，由其派工作人员专司行使，相比行政机关的其他工作人员，他们不仅有相对较高的专业知识，在对代履行的合法性的判断也具有一定优势，长期看，应当培养或选拔专门的合同管理人才，保证其具备监督合同相应的基本技能，例如，与第三人的谈判能力、对资金流的控制能力、对代履行合同履行效果的评估能力等，“政府不需要比承包商知道得更多，即使知道可能也没有必要（或者说，至少不需要知道得那么多）。尽管如此，政府掌握的知识必须是足以确保私人承包商对公共政策负责任的”。[2]在船舶油污清理领域，有人建议，为增加强制清污行为的透明度，海事部门可以借鉴国际保赔集团特别补偿条款中的“特别海上事故代表”制度在实践中的成功经验，指派符合一定要求的专业人员，作为所有利益关系人的代表参与清污作业，与肇事船东和清污单位充分沟通，协调双方对作业情况进行现场确认，及时向所有利益关系人转发经各当事方

---

〔1〕［英］哈特利·迪安：《社会政策学十讲》，岳经纶等译，格致出版社2009年版，第34页。

〔2〕［英］斯蒂芬·奥斯本主编：《新公共治理？——公共治理理论和实践方面的新观点》，包国宪等译，科学出版社2016年版，第235页。

确认后的清污作业日报。[1]

二、过程监督的主要手段

对于行政机关而言，代履行合同的良好管理，不仅仅是确定合适的第三人与清晰界定代履行的目标，更需要“行政官员应当有充分的资源在合同实施中进行包括财政惩罚、奖励在内的有效监督与激励，以控制任何机会主义倾向”。[2]此种资源意味着行政机关为履行行政义务，实现公共利益，需要有效的监督手段的配合。如果说，第三人的守法与履约水平是行政机关与第三人在法律约束条件下公开博弈的结果，监督手段无疑是法律约束条件的重要内容。

（一）代履行过程的指挥权

就一般的私法合同而言，一方对另一方并不享有履约过程的指挥权，只需一方为合同给付时按照约定的数量与质量进行验收即可。而在行政合同中，行政机关的指挥权是行政机关进行监督的重要方式。在法国，公共工程承包合同中，桥梁公路管理机关的工程师不仅可以自由出入工地，而且有权向承包人下达各种业务命令，后者必须遵守，指挥权的大小随合同的种类而不同，一般约定在合同的条款中。即使合同没有约定，最高行政法院一度认为行政机关仍然具有这种权力。[3]我国台湾地区的“行政程序法”也规定：“行政契约当事人之一方为人民者，行政机关得就相对方契约之履行，依书面约定之方式，为必要之指导或协助”。理由在于“行政机关与人民缔结行政契约，无非乃基于公益之考虑，因此为维护公益，应准许双方当事人事先得以书面约定，是否及如何由行政机关行使之监督与指导”。[4]

行政机关在代履行合同实施中，不仅仅是与第三人缔结合同、应受合同条款约束的一方当事人，更是公共利益的监护者与受托人，不能完全为合同

〔1〕 帅月新：“船舶油污事故中强制清污费用索赔问题分析”，载《世界海运》2019 年第 12 期。

〔2〕 Trevorl Brownt，“Transaction Costs and Contracting：the Practitioner Perspective”，*Public Performance & Management Review*，2005，28：326～351.

〔3〕 王名扬：《法国行政法》，中国政法大学出版社 1988 年版，第 196 页。

〔4〕 翁岳生主编：《行政法》，中国法制出版社 2002 年版，第 791 页。

条款所束缚，其有权对代履行合同的时机、进度等问题进行指挥，通过此种干预，引导第三人行为朝向有利于行政任务实现的方向发展。参与行政义务履行的第三人必须认识到，代履行合同允许第三人存在自身的盈利考虑，但是代履行合同不是纯粹的商业合同，第三人对行政机关的指挥必须容忍与服从。当然，与行政机关的其他行政决定一样，行政机关对代履行合同的指挥权需要受到程序与实体规则的制约。

指挥权具体可以分为下列：检查权、决定权、命令权。检查权即行政机关对代履行合同履行情况进行检视查看，把握代履行合同是否履行以及履行程度；决定权表现为行政机关对代履行方式最符合公共利益的斟酌，此处常常需要面对与第三人专业判断的关系处理；命令权意指行政机关对第三人违法违约行为的及时禁止，并要求其采取措施实施特定活动。行政机关在行使对代履行过程指挥权之时，具有对代履行合同条款的解释权。解释权是对合同不完备性从公共利益保护方面作出的有意安排，当合同对代履行的行为有明确约定时，行政机关的指挥实际上是对合同履行进行的事中控制，只需遵循合同条款按部就班即可。但是当合同本身缺乏清晰约定时，“模糊的契约给承包商留下了相当大的灵活性以作出判断、权衡与政策决定，从而填补契约的空白。根据公法的观点，填补这些空白的工作应该托付给政府，政府有责任以开放且负责任的方式做出政策决定，遵守公法规范”。[1]不完备性是合同本身难以克服的缺陷，行政机关与第三人从各自立场与利益追求出发，可能对合同相关条款作出截然不同甚至是相互对立的解释，如果行政机关没有合同的解释权，也就意味着在诸多事项上所谓的指挥更似“画饼充饥”。行政机关的解释固然可能从遵循自利性的逻辑，背离公共利益，但公法的诸多制度安排对其行为施加了诸多限制，与此相比，第三人的解释更易于偏于一己之私。因此，应该允许行政机关就代履行合同中的“模糊地带”，主要是涉及行政义务履行的条款，进行解释。

（二）代履行合同内容的变更与解除权

在私法领域，合同缔结后，如果作为合同基础的法律或者事实出现了重

---

〔1〕［美］朱迪·弗里曼：《合作治理与新行政法》，毕洪海、陈标冲译，商务印书馆2010年版，第646页。

大变化，以至于很难期待当事人按照约定履行合同时，通常允许当事人对合同内容予以调整或直接终止，此即所谓的“情势变更”原则。

代履行领域也存在此种情形，合同缔结后，外部的条件可能会发生一些合同缔结时难以预测的变化，继续履行合同已无需要，此时有进行变更甚至是解除合同的必要。不过，代履行合同毕竟是第三人经过竞争性程序后与行政机关之间达成的合意，应该具有一定的稳定性与可预期性，合同的变更与解除必须面对“情势变更”与“合同必须履行”原理之间的冲突，多数国家从公共利益的角度，将变更与解除权赋予行政机关一方。法国行政法甚至认为这是行政机关理所应当的权力，通过合同予以放弃的声明在法律上归于无效，这被称为公共服务领域的“适应性”原则。[1]该原则意味着，从公共利益的角度出发，公共服务的供给要与变化的环境保持适应，尽管私人被授权从事某一活动，行政官员仍然在其认为有必要的时候，无需考虑合同约定，享有修改合同义务的权力。在法国，“这种单方面修改权与私法上合同不可变更的基本原则，如此抵触，以致部分法律学者否认它的存在，试图将背离《民法典》契约原则的行政手段再次插入《民法典》。判例结束了这场辩论，再次毫不含糊地肯定了这项原则。只要将共同利益摆在至上地位，就应当按照与时俱进的共同利益的要求来修改契约，而不能拘泥于契约不可变更的陈规”。[2]赋予行政机关在合同履行中的变更与解除权实际等于承认行政机关可以根据外部情况的变化，基于维护公共利益的必要进行“有效违约”，避免被合同约束或受到第三人的合法威胁。

引起代履行情势变更的情形较多，特别值得关注的一种情形是，基础行政决定对代履行合同履行的影响。代履行合同的前提是行政机关作出的行政决定，行政决定虽然具有公定力、确定力、拘束力，却在符合法定条件时，允许行政机关依据法定程序进行变更、撤销、废止，一旦出现此种情形，行政决定包含的义务通常也会发生变化，那么，行政机关与第三人之间存在的代履行合同应该“与时俱进”。相反，如果僵硬地维持原有的合同内容，任由

---

〔1〕 Manuel Tirard, “Privatization and Public Law Values: A View from France”, *Indian Jounal of Global Legal Studies*, 2008, 15: 285 ~ 304.

〔2〕［法］让·里韦罗、让·瓦利纳：《法国行政法》，鲁仁译，商务印书馆2008年版，第569页。

第三人继续履行原行政决定确定的义务，显然与公共利益不符。从理论上讲，仅仅因为代履行合同的存在，行政机关不能对行政决定进行调整的话，这显然与“契约不妨害行政权”的原理相抵触；再如，代履行过程中，相对方自愿配合履行了部分义务，第三人只能就未履行部分代履行，代履行合同约定的履行范围同样会因此发生变化，应该由行政机关对代履行合同进行变更。[1]

合同的变更会对代履行的进程及第三人承担的义务产生重要影响，行政机关就义务履行改变原有要求，可能使第三人面临经济利益或者付出一定的机会成本，对此应当考虑。

（三）第三人违约的强制执行权

与私法合同不同的是，行政合同领域的强制执行权意味着行政机关对于拒不履行合同义务的第三人，无需寻求司法途径有权径直强制执行。从经济学角度看，行政机关对违约行为的强制执行，是将提起诉讼和司法审查职能“纵向一体化”了，无疑最富有效率，这是从社会秩序角度作出的选择，也是对合同当事人机会主义遏制，司法救济固然能实现特定当事人的个体正义，但是对更为广泛的社会公众而言，可能造成一种非正义。至于行政机关强制执行可能产生的个案非正义，可以通过包括听证制度在内的行政程序制度进行缓解。

强制执行权的选择，域外国家存在不同的做法，在法国，“因为行政合同以满足公共需要为目的，经常和公务的实施有密切联系，为了保障公务的正常实施，行政机关必须有强制执行的权力”。[2]德国行政法并不承认行政机关采取强制执行的权力，而是采取了自愿接受“即时强制执行”的做法，即只有才当事人在行政合同中约定了行政机关的强制执行权之时，行政机关才享有此项权力。

我国《行政强制法》虽然对申请人民法院强制执行为主，行政机关自行强制执行为辅的机制进行了确认，但是此种机制针对的是行政决定。从公益

---

〔1〕 完整意义上，行政机关对代履行合同的解除权亦可能出现在合同缔结后实施前，该期间内如果相对方自愿履行了行政义务，行政机关享有单方解除合同的权利，且不需要承担赔偿损失责任。当然，为了避免不必要的纠纷，代履行合同本身应该设置为附期限生效的合同。

〔2〕 王名扬：《法国行政法》，中国政法大学出版社 1988 年版，第 198 页。

相对优先原则出发，应对此予以承认。如果采取申请法院强制执行，程序费时耗力，不利于行政义务的及时履行，《行政强制法》对行政机关代履行普遍授权的目的也将落空，申请法院强制执行不符合我国代履行制度的特点。因此，只要第三人与行政机关签订代履行合同，可以认为就存在着一个行政机关可以行使包括强制执行在内的监督权的认可。在《行政程序法》没有出台，又无相关判例支持的情况下，这种结论或许有实践上的逻辑，却不是逻辑上的结论。为避免争议，行政机关与第三人就代履行缔结的合同中，应当在合同中就对行政机关的强制执行权进行明确约定，为行政机关在违约后的执行提供依据。

（四）对第三人的单方制裁权

行政机关在公法合同中享有的制裁权不适于私法合同的制裁规则，具有以下几个特点：①行政机关依职权进行制裁，不论合同中有无约定，行政机关具有制裁的权力，不必事先请求法院判决；②行政机关具有私法合同所没有的多种制裁手段。[1]在法国，行政机关具有的制裁手段有金钱制裁即违约金、强制手段、解除合同等。

制裁权是保证民营化效果的重要工具，“对契约外包和私有化的重要研究之一得出的结论是，缔约要顺利进行，必须满足以下条件：①为了契约协商和灵活性的需要，能够清晰和精确地描述需要从事的工作；②能够迅速地、简单地衡量和鉴定想要的结果；③不遵守契约要受到的处罚；以及④可以中止或更换承包人。”[2]其中，违约行为的处罚就是行政机关的单方制裁权。对代履行合同而言，第三人违反代履行合同时，行政机关对其有行政制裁的权力，以确保第三人对行政义务的合法合约履行。

从制裁机制上看，不能将制裁效果完全期待于传统的对合同当事人的罚款或者强制。毕竟代履行合同既区别于一般的私法合同，也有着与私法合同相同的共性。过于刚性的制裁不利于代履行合同的发展，也极易制造新的官

---

〔1〕 王名扬：《法国行政法》，中国政法大学出版社1988年版，第197页。

〔2〕［美］乔治·弗雷德里克森、凯文·B. 史密斯：《公共管理概论》，于洪等译，上海财经大学出版社2008年版，第112页。

民对立，效果上较为柔和的制裁措施有进一步探索的空间。以巴西为例，在其《环境犯罪法》中规定了限制权利制度，其目的并非剥夺当事人的权利，而是通过对当事人从事某种活动的权利进行限制达到制裁的效果，例如：①中止注册、执照和许可；②撤销注册、执照和许可；③丧失或限制财政激励和利益；④禁止或中止参与官方财政体系的信贷；⑤3 年之内不得与公共行政机构签订合同。〔1〕这意味行政机关一旦对某个私人组织采取了前述第 5 项措施，该组织就被限制了与行政机关订立合同的权利。对于寻求利润的组织而言，无疑意味着一种损失，而如果意图避免这种后果，私人组织就必须在履行合同的过程中尽职尽责。再如，在英国民营化实践中，针对私人履约过程中的轻微瑕疵行为，行政机关采取罚分，并按照累加的罚分数目降低支付，或者形成一份履约保函，由银行对履约中的缺陷进行赔偿的承诺。〔2〕在我国，有学者以拖车费用的监管为例，认为应当对拖车企业设置准入门槛和标准，“这个准入门槛和标准应是动态的，拖车企业在这个名单里不是只进不出，而是能进能出。企业是市场经济主体，对信用高度关注，一旦出现违规收费事件，进入黑名单，在贷款等业务上受到限制，比处罚更有威慑力。”〔3〕

代履行的制裁可以借鉴以上观点，对那些履行代履行合同存在瑕疵的第三人进行权利方面的限制，使其在一定时期或者一定范围内暂时丧失参与代履行义务的资格或列入黑名单，从而约束第三人在代履行合同实施中行政义务的履行行为，或者结合特定领域的具体情况，进行制度创新，寻求更具多元化、更具实效性的制裁措施。

同时，也要看到，实践中行政机关制裁权的行使其实相当谨慎。“在当事人召集自己的过程而且使用‘基层’产生的方案时，尤其当规定了监控与评估结果的机制时，行政机关就有很好的理由不采取行动。”〔4〕事实上，正如 Peeters 认为的那样，“在政府组织内，责任线路往往十分模糊，以至于有效的

---

〔1〕 郭怡译、郭建安校订：《巴西环境犯罪法》，中国环境科学出版社 2009 年版，第 23 ~ 24 页。

〔2〕［英］休·柯林斯：《规制合同》，郭小莉译，中国人民大学出版社 2014 年版，第 342 页。

〔3〕“天价拖车费频现 专家：交警应回避指定拖车”，载江苏检察网，http://www.js.jcy.gov.cn/yaowen/201608/t2974069.shtml，访问时间：2018 年 11 月 19 日。

〔4〕［美］朱迪·弗里曼：《合作治理与新行政法》，毕洪海、陈标冲译，商务印书馆 2010 年版，第 49 页。

控制被隐藏起来。政治和其他外部影响可能有着惊人的源头并对政府高层管理产生作用。在这一环境中，制裁性条款的有效性非常有限。在每一个案件中，它们都很少被运用，其导致的结果是政府项目中的恶性通货膨胀和成本的超支。"[1]行政机关为何不愿意对违约的私人进行制裁？笔者认为，大致有以下几点原因：其一，对于一些复杂的业务，行政机关往往很难接触到适合的替代者，制裁特别是解除合同本身意味着，如果行政机关不能立即找到合适的替代者，行政义务的履行可能中断，而且，行政义务越复杂意味着风险越高，私人越不愿意承担，除非行政机关就作出了有限制裁的承诺；其二，制裁需要行政机关进行持续的监督，而对合同的监督很可能转移政府项目需要的资源；其三，行政机关对代履行过程的监督很难实现全程与全面的覆盖，专业技术的限制可能会影响行政机关制裁的底气；其四，有些情况下，偏离行为是行政机关、私人、相对方多重关系交易互动的产物，有时很难明确地界定责任。

尽管制裁的运用十分少见，但必须设置而且要较为严厉，严厉的制裁对参与代履行的第三人无疑有着强烈的威慑效果。"行政机关不仅仅是裁判，而当面临阻挠策略或顽抗者的不服从时，也不能是个软柿子。"[2]行政机关享有的制裁权，就像悬在第三人头顶的达摩克利斯之剑，对其构成履行代履行合同的强有力的约束机制。

三、监督体制与机制的丰富

就监督目标的达成而言，前述监督固然需要，同时亦不能过分依赖，应确立更为丰富的监督思路。

1. 监督主体应更加多元化。行政机关是代履行过程的主要监督者，除此外，与代履行结果存在利害关系的相对方、普通公众、新闻媒体都应赋予其监督者的角色，允许其对代履行过程出现的违法、失当行为行使控告权、申

〔1〕 Waller Peeters, "Incentives in Government Procurement Contracts", *Public Procurement Law Review*, 1993, 2: 51 ~ 88.

〔2〕［美］朱迪·弗里曼：《合作治理与新行政法》，毕洪海、陈标冲译，商务印书馆 2010 年版，第 49 页。

诉权、检举权等。“补充性的机制则可以依赖更多样的契约机制参与者，从而使整个监督的负担不会全部落到政府身上。”[1]大陆法系近年来也有所谓的“社会自我管制”，鼓励私人自我监督、自我组织乃至自我制定行为规范或者操作规程。

与此相关的是，第三人受行政机关委托履行行政义务，不仅仅是与实现行政决定相同的状态，更重要的是，第三人因此获得业务上的增加、扩展，并最终获取利润，代履行合同缔结与履行中，极可能出现官商共谋并滋生腐败问题。因此，代履行合同的履行应该透明，接受相对人之外的其他主体的监督。美国的公共行政民营化实践中，“随着越来越多的决策制定权流向私营公司，识别、保护和促进公共利益的挑战变得越来越大，虽然法律能够禁止腐败和减少腐败发生的几率，但是包含着更多合同外包的治理系统的冲突性诱因要求一个更高标准的透明度，有时这种透明度超出了许多私营公司认为舒适的范围”。[2]合同外包过程的透明，无法解决所有可能出现的问题，但没有它，情况会更坏。

2. 监督手段可以探索柔性方式。公共行政民营化实践中，行政机关与私人之间除了存在正式的合同关系之外，还存在一种关系契约，这是双方基于对价值和程序的认可从而产生的治理形式，[3]关系契约同样有降低成本、减少风险的作用，而且与合同相比，它产生的交易成本更小，通过关系契约，能够起到约束机会主义行为的具体手段有沟通、伙伴性与信任。[4]以代履行为例：①沟通。行政机关与第三人在代履行程序中进行双向的信息交流，避免信息扭曲与不对称，并在外部情况发生变化时，及时对原有合同条款作出变更；②伙伴性。行政机关与第三人长期合作过程的团结性以及共同解决问

---

〔1〕［美］朱迪·弗里曼：《合作治理与新行政法》，毕洪海、陈标冲译，商务印书馆2010年版，第633页。

〔2〕［英］斯蒂芬·奥斯本主编：《新公共治理？——公共治理理论和实践方面的新观点》，包国宪等译，科学出版社2016年版，第236页。

〔3〕谈毅、慕继丰：“论合同治理和关系治理的互补性与有效性”，载《公共管理学报》2008年第3期。

〔4〕刘波等：“环卫服务外包中的正式契约、关系契约与外包效果——以深圳市为例”，载《公共行政评论》2016年第4期。

题的意愿，将减少短期的机会主义，降低代履行费用；③信任。行政机关与第三人之间不是猜忌，而是相互信赖，并以此为基础共享信息、增加互动，形成战略伙伴关系。这些建立在自愿基础上的柔性手段有助于行政机关与第三人在行政义务履行上的相互协力。在民营化最为发达的美国，确保私人与行政机关具有同样的价值观，即致力于为公众提供优质的公共服务；要求私人作出质量保证的承诺等，同样可以达到确保私人出色履行合同的目的。在德国，合作行政出现后，非形式化的行政受到关注，“不采取下命令方式而采取事前说明寻求相互理解的方式，不采取正式的法律订立程序而与规范对象协商规范内容”。[1]

这提示我们，对实现代履行“结果合法、过程适当”的目标而言，存在一个多元并举、软硬兼施的问题。也许正如公共政策学者科尔巴奇所言：“在任何一个时候的任何一个博弈当中都有不只一种方法，而且问题并不是哪一个是正确的，而是如何使用它们。”[2]如何在代履行过程中具体运用不同的方式实现行政目标，需要继续进行研究，对此美国学者精彩地表述道：“我们应当探索如何利用私人的能力实现公共目标，而非引导行政法完全向建立私人参与的壁垒从而使议员和行政官员不受影响这一方向发展。”[3]合同管理并非要人为制造对抗，而是保证合同条款与实际结果的一致性，建立和维持履行行政义务、实现公共利益的机制，“服务的质量和水平，最终依赖于网络的公共节点和私人节点相互连接的能力”。[4]

3. 监督的时机可以探索关口前移。有些代履行事项专业性强、费用高昂，例如涉及生态环境治理，行政机关仅仅在代履行的实施过程进行监督难以实现精准化。有必要在代履行活动实施前，第三人将制定的代履行方案提交行政机关，行政机关对方案是否具有经济技术的合理性、实施的操作性进行审

---

〔1〕［德］施密特·阿斯曼：《秩序理念下的行政法体系建构》，林明锵等译，北京大学出版社2012年版，第166页。

〔2〕［英］科尔巴奇：《政策》，张毅等译，吉林人民出版社2005年版，第106页。

〔3〕［美］朱迪·弗里曼：《合作治理与新行政法》，毕洪海、陈标冲译，商务印书馆2010年版，第633页。

〔4〕［英］斯蒂芬·奥斯本主编：《新公共治理？——公共治理理论和实践方面的新观点》，包国宪等译，科学出版社2016年版，第231页。

查，进而保障后续的代履行能够实现行政目标。审查过程可以征求专家意见，甚至允许相对方表达看法。

四、过程监督的瑕疵及其法律后果

行政机关对代履行的过程监督是法律赋予行政机关的职权与职责，从一般行政法理的角度，行政机关的监督应该在事实认定、法律适用、管辖权、程序、方式、内容等方面处于良性状态，唯此，才能提高代履行的制度效率，故需要认真对待行政机关过程监督中的瑕疵问题。

（一）过程监督的瑕疵形态

“违法性是合法性的反光镜”，〔1〕行政机关过程监督的瑕疵通常表现为以下几种形态：其一，监督权的违法。行政行为如果超越职权范围、事实不清、证据不足、违反法定程序、错误适用法律规范等，将会构成违法，这是依法行政原则对监督权划定的红线。除此以外，对代履行而言，行政机关的监督权还要受到基础行政决定与代履行合同的制约，行政机关的监督不能超出基础行政所确定的行政义务的范围，也不能与合同约定的时间、事项相悖，换言之，监督权的行使既要合法，也要合约；其二，监督权的失当。法律与合同构成了监督权的外部界限，法律原则与法治精神是监督权行使的内部界限，诸如不考虑相关因素、基于恶意、存在歧视、偏离先例、违反比例等，都属于失当行为；其三，监督权的懈怠。这是消极意义上的瑕疵，也即监督权上的不作为，可能是代履行实施时的不予到场，也可能是迟延到场，还可能是虽然到场但是“走走过场”，对代履行过程中出现的状况不闻不问。无论是违法、失当或者懈怠，由此产生的法律后果都由行政机关承担，造成损害后果的，亦会产生国家赔偿责任。

从遏制第三人机会主义、加强问责的角度看，第三种情形因为直接关系到对相对方的权益保障，故而最应受到关注，而且就公共行政民营化的实践观察，监督上的懈怠亦较为普遍。“现代理论的重点是在订立契约，而不是直接为政府服务。但是，契约经常是被恶意管理着，而且严重的渎职问题还在

〔1〕［德］哈特穆特·毛雷尔：《行政法学总论》，高家伟译，法律出版社2000年版，第229页。

继续。"[1]行政机关对私人行为的监督懈怠，在原因上极为复杂，Prager 将其归结为两点：腐败与低效。[2]对第三人代履行而言，亦是如此。一方面，第三人参与行政过程的动机是利润，此种逻辑支配的行为往往是为谋求利益最大化，以向行政机关或具体监督者行贿的方式换取监督上的不作为，这一现象虽然在行政机关经济与社会管制的过程中屡有发生，但在代履行领域获得的关注显然还不够；另一方面，行政机关的监督不仅会分散执法注意力、挤占执法资源，而且会产生一定的费用，在行政资源较为有限的情况下，行政机关缺乏监督的热情。然而，行政机关或者立法者应该充分认识到对怠于监督的破坏性，建立起对行政机关怠于问责第三人的问责机制。

（二）没有派员监督的法律后果

需要讨论的问题是，第三人代履行时，如果行政机关没有派员到场监督，对代履行会产生何种影响？《行政强制法》对此问题保持了沉默。行政机关的到场监督既是代履行实施的法定步骤，与其他环节直接又存在先后顺序，因而可以归于程序范畴。行政机关在程序上的懈怠行为固然违法，但此种违法，就其程度而言，究竟是《行政诉讼法》第 74 条第 1 款的"程序轻微违法"，还是第 70 条列举之"违反法定程序"？不同程度的违法对应着不同的法律后果。

1. 行政机关没有派员监督不属于"程序轻微违法"。一方面，"程序轻微违法"是一个程序法上的程度标准，"轻微"一词意味着行政机关违反的程序不具有基础性地位，不会对相对方依法而享有的程序权利产生影响，主要有：要求行政机关中立地作出决定、要求行政机关为其决定说明理由、对已作出的决定进行申辩、获知行政决定。[3]这种理解在最高人民法院《关于适用〈中华人民共和国行政诉讼法〉的解释》第 96 条的规定中得到了回应——"程序轻微违法"不能对"原告依法享有的听证、陈述申辩等重要性权利"

---

〔1〕［美］乔治·弗雷德里克森、凯文·B. 史密斯：《公共管理概论》，于洪等译，上海财经大学出版社 2008 年版，第 118 页。

〔2〕 Jona Prager, "Contracting Out Government Services: Lessons from the Private Sector", *Public Administration Review*, 1994, 54: 176～184

〔3〕 梁君瑜："行政程序瑕疵的三分法与司法审查"，载《法学家》2017 年第 3 期。

产生实质损害；另一方面，“程序轻微违法”也是一个实体法上的标准，即该程序的设计不是为了实体上正确的结果，主要是提高行政效率或者规范行政流程，例如遵守期限、表明身份、制作书面行政决定、教示救济途径及期限、送达处理决定等。[1]既然“程序轻微违法”对相对方权利不产生实际影响，即便被有权机关确认也不会产生国家赔偿问题。相较直接强制执行，代履行虽然较为和缓，但仍属于具有高权特征的行政强制的一部分，应遵守正当程序原则，允许相对方对第三人的代履行行为围绕合法性与适当性进行申辩，向行政机关陈述其意见。而且，代履行一旦发生违法、失当，极有可能对相对方合法权益造成损害。行政机关派员监督既是相对方实现其程序权利的重要机制，也是维护相对方合法权益的必要条件。

2. 行政机关没有派员监督不仅属于“违反法定程序”，而且应被涵盖在《行政诉讼法》第75条规定的“重大且明显违法情形”之内，第三人在行政机关没有派员监督的情况下，擅自实施代履行当属无效，相对方可以以行政机关“缺位”为由，对第三人的实施行为行使抵抗权，简言之，“无监督、不履行”。

理论上，行政机关作出的代履行决定一经作出，相对方对第三人实施的代履行承担了先行服从的义务，虽然依法可以申请复议、提起行政诉讼，但在此之前只能对代履行予以接受，否则可能转为具有物理性的直接强制执行。这是通过对代履行实施合法性的推定，达到维护社会秩序的目的。但是，基于公众与政府之间存在的多任务委托代理关系，正义同样是行政强制的目的，如果代履行的实施达到一般社会公众无论如何不能予以接受的程度，相对方仍然必须坦然面对，无疑是对正义价值的贬损。大陆法系因此发展出了无效理论，某些违法行为因其违法程度相当重大且明显，绝对、自始、确定地不产生法律效力，以加强对相对方权利的保护力度。

不过，“重大且明显”是相当主观的判断，需要立法或者判例提供具有操作性的标准。如前所述，代履行实施时，行政机关没有派员到场监督属于程序违法问题，程序违法是否会导致行为的无效？各国具体的法律规定与学理

[1] 梁君瑜：“行政程序瑕疵的三分法与司法审查”，载《法学家》2017年第3期。

认识并不一致。德国的《行政程序法》第46条规定："对不属于第44条的行政行为，不得仅因以其成立违反程序、形式或地域管辖的规定而主张将之撤销，除非另一决定也会导致同样的结果。"第45条规定，某些程序上的瑕疵，例如申请、听证、委员会决议、其他官员参与或方式上（未附具必需的理由说明）之瑕疵，可以补正。只有第44条第1项规定了例外，"行政行为具有严重瑕疵，该瑕疵按所考虑的一切情况而明智判断为明显者，行政行为无效。"例如，须经协力之行政处分，如果基于人民之身份地位，若未经相对人协力，而迳为行政处分，则该行政处分无效，若依据法规，行政机关处分内容，视人民申请内容而定，申请具有实体法上的意义。〔1〕此时，如果没有相对方的申请，行政处分无效。这意味着，程序违法只有在例外情况下，才能被认定为构成重大明显违法，构成无效。日本对程序违法是否会导致无效似乎观点上更为开放一些，"通说认为，首先要分析该程序是谋求行政的公正、保护公共利益而设置的，还是为保护有利害关系者的权利和利益而设置的。当该程序是为保护被处分者的利益而设置的，未履行该程序而作出的行政处分，便是才是无效的。"〔2〕不过，实践中，与通说不一致的判例与学说也时常出现。西班牙走得最远，其《公共行政机关及共同的行政程序法》第62条规定："一、公共行政机关的行为在下列情形下完全无效：……5. 完全建立依法建立的程序或偏离包含形成集体领导机构一致的根本性规定的法规情况下作出的行为；……"因此，程序违法是否会导致行为的无效这一问题，世界各国不存在统一的判断标准，即便德国的"重大且明显"在大陆法系颇具影响力，如何认识程序上的"重大且明显"违法也有争议。

我国台湾地区学者认为，如果行政机关的行为如抵触宪法之中重要原则或违反了法规的根本目的或价值观念，违反即属于重大，〔3〕当其达到一目了然，任何人都觉得疑义的程度时，即构成无效。日本也有学者指出，如果行政机关的调查与咨询的宗旨在于保护利害关系者，没有经过调查与咨询的行为会被认定为无效。这给我们提供了一个启示：违反法定程序是否构成无效，

〔1〕 参见林锡尧：《行政法要义》，元照出版公司2006年版，第328页。

〔2〕 杨建顺：《日本行政法通论》，中国法制出版社1998年版，第398页。

〔3〕 参见郭祥瑞：《公务员行政法》，元照出版公司2007年版，第186页。

需要衡量该特定程序所涉之不同利益以及法律规范的目的，考察违反是否达到所谓“重大且明显”程度，进而再得出结论。就代履行而言，一方面，第三人进入行政义务履行过程后，对相对方的权益具有事实上的直接作用力，唯有行政机关到场，才能通过代履行的具体实施与过程监督的分离，保障相对方权益。反之，如果第三人自己实施代履行、自己监督代履行，这无疑等于其成为自身有无违法、失当行为的裁判者。从这个意义上讲，行政机关的派员到场监督是维护相对方合法权益的一道“马其诺防线”；另一方面，行政机关没有派员到场监督与其他监督权的懈怠形态相比，极易判断，对行政机关而言，除了法律有例外规定外，任何权力的行使都以向相对方出示证件或者公务标志为要求，是否出示证件或公务标志的判断不需要特殊能力与相应的法律与专门知识。而且，《行政强制法》在第51条规定了代履行的基本程序：作出代履行决定书并送达、代履行决定书的主要内容、催告、到场监督、结果确认。如果没有工作人员的到场监督，最后一道手续“行政机关到场监督的工作人员、代履行人和当事人或者见证人应当在执行文书上签名或者盖章”就无法完成，代履行也就不能在程序上终结。行政机关的到场监督是代履行的必经环节，没有它，就不会产生最终代履行的产品。这些都属于“以普通常识的理解都可以明显看出它的缺陷”[1]之情形。

基于以上理由，《行政强制法》中“行政机关应当派员到场监督”的规定，应当进一步明确，使行政机关、第三人、相对方、人民法院都认识到违反该项规定的严重后果。可以借鉴《行政处罚法》第49条的规定，作出如下表述：“代履行时，作出决定的行政机关应当派员到场监督；没有到场监督的，当事人有权拒绝第三方的代履行行为。”如此，立法的意图将明白无误：行政机关到场监督的程序不容遗漏，否则承担行政义务的相对方有权行使抵抗权。

---

〔1〕［德］埃贝哈德·施密特－阿斯曼等：《德国行政法读本》，于安等译，高等教育出版社2006年版，第212页。

第五章　第三人代履行的司法救济

“在私人市场购买商品和服务的过程中，政府可能会得到它想购买的东西，但也可能获得意想不到的连带问题。”[1]代履行合同的履行往往伴随着不同主体基于各自利益形成的对立，纠纷极易出现，而解决纠纷无疑又会产生金钱、时间、精神等成本，因此需要确立或完善制度化的救济机制尤其是司法救济机制，尽快恢复代履行各方的利益平衡，降低因为纠纷产生的解纷成本。

完善的司法救济不仅能促使行政机关与第三人在代履行过程中尽责、履约，恪守本分，更是通过权威性的裁判，达到划定责任、解决纠纷并保障相对方合法权益的目的，引导更多第三人有序参与代履行，“曲径通幽”式地达到预防与惩治机会主义的目的。

第一节　对代履行行为的司法救济

代履行属于行政强制执行的一种具体方式，必然会对相对方的权益构成直接影响，完善的司法救济机制是保护相对方合法权益重要屏障，“法律程序与司法审查可以提供其他许多难以量化的收益，包括最低的公正保障措施以及由公正观念得出的政治正当性”。[2]司法救济具备经济与社会功能，有相当明显的溢出效应。[3]

---

〔1〕［美］唐纳德·凯特尔：《权力共享：公共治理与私人市场》，孙迎春译，北京大学出版社2009年版，第27页。

〔2〕［美］朱迪·弗里曼：《合作治理与新行政法》，毕洪海、陈标冲译，商务印书馆2010年版，第613页。

〔3〕溢出效应指的是主体的某一行为不仅产生了预期的效果，而且对该主体以外的其他主体产生了影响。

在大多数公共民营化机制中，行政机关作为公共服务生产者的地位被私人替代，其与作为公共服务消费者的公众之间的纠纷多少有些虚拟色彩，公众对行政机关的民营化决策与行为一般不享有主观请求权。而第三人代履行的特殊性在于，第三人是受行政机关委托参与到行政义务履行过程，当相对方认为由第三人的代履行实施行为侵犯或者必然侵犯其合法权益时，责任主体仍然是行政机关。从这个意义上讲，行政机关与相对方之间的纠纷具有现实性。

相对方的权利保护类型可以归为：压制式或者事后的权利保护、暂时性的权利保护、预防性的权利保护。[1]三种机制相互结合，共同构织一个全方位的权利保护体系，缺少其中任何一个，相对方的权利保护都可能出现漏洞。从法律与最高人民法院行政诉讼司法政策关于原告资格、受案范围的规定以及当前实践看，我国行政诉讼提供的主要是一种压制式或事后的权利保护，暂时性的权利保护虽然正在形成但没有完全形成，诉讼不停止执行仍然被作为原则供奉，预防性的权利保护更是尚未建立。

考虑到暂时性权利保护一般是针对行政行为的诉讼启动后方才适用，因而具有一定的依附性，或者说它是法律在事后权利保护机制中为相对方提供的一项可供选择的武器。本书仅就第一种与第三种机制展开。

一、事后的权利保护

我国行政诉讼的受案范围通过概括式与列举式确定。《行政诉讼法》修改之前，行政强制措施在该法明确列举的受案范围之内，理论与实务对其可诉性并无太多争议。与之相比，对包括代履行在内的行政强制执行是否可诉，存在不同的认识，其中的关键在于，代履行有无独立于基础行政决定的地位。

（一）代履行的性质定位

围绕代履行的性质，主要的观点有如下三种：

1. 行政决定说。[2]此种观点认为，“行政强制执行是行政主体所作的行政决定。……是对因行政决定而负有义务的公民、法人、其他组织采取的行为。”[3]

---

〔1〕 朱健文：“论行政诉讼中之预防性权利保护”，载《月旦法学》1996年第3期。

〔2〕 行政决定即我国学术语境下的具体行政行为，本章对两个概念同时使用，但涵义完全相同。

〔3〕 叶必丰：《行政法学》，武汉大学出版社2003年版，第179页。

依据这种学说，代履行与基础行政决定都是行政职权的行使或由行政职权推动的，是针对特定人就特定事项所做的行为，且都具有法律效果这一“行政决定成立的法律要件或内容要件。”〔1〕但是，与基础行政决定相比，代履行的法律效果到底是什么，论者并未进行揭示，反倒强调，行政强制执行的目的“还是为了实现行政决定的内容，并不能免除相对方的原有义务。”〔2〕这似乎与代履行具有法律效果前后矛盾。

2. 程序性行政决定说。此种观点首先认为，“从行政强制执行的内容即行政义务的角度看，行政强制执行是一种行政行为”,〔3〕其次，论者又从与行政强制措施区分的角度认为，“行政强制执行是一种事后保障行为”。〔4〕这种观点将行政决定分为实体上的决定与程序上的实施，以处置危险废物为例，行政决定课以的处置义务是实体性决定，而由第三人进行的具体处置行为则是对实体决定履行的程序部分。其实，代履行等行政强制执行也并非纯粹的程序性行政决定，它有实体上的价值，仍然存在手段选择、执行范围等实体性问题。

3. 行政事实行为说。此种观点认为，“事实行为是指直接发生事实上效果之行为，其与行政处分或其他基于意思表示之行为不同者，在于后者以对外发生法律效果为要素。”〔5〕在梳理事实行为类型时，论者特别指出，“又如行政执行程序中，依行政处分有作为或不作为义务之人，主管机关所为之执行行为或代执行行为，均属对行政处分之实施；……”〔6〕在这种观点看来，代履行没有给相对方设定新的义务，只是通过特定方法达到与履行行政义务相同的状态，不能脱离基础行政决定而独立存在。

对代履行的定性不同，法律所能够提供的救济机制多少有些差异：如果将代履行理解为一种特殊类型的行政决定，意味着其可以与基础行政决定分离，实施代履行将对公民、法人、其他组织产生权利义务上的影响，当然有

---

〔1〕 叶必丰：《行政法学》，武汉大学出版社 2003 年版，第 274 页。
〔2〕 叶必丰：《行政法学》，武汉大学出版社 2003 年版，第 275 页。
〔3〕 王连昌主编：《行政法学》，中国政法大学出版社 2007 年版，第 222 页。
〔4〕 王连昌主编：《行政法学》，中国政法大学出版社 2007 年版，第 230 页。
〔5〕 吴庚：《行政法之理论与实务》，中国人民大学出版社 2005 年版，第 286 页。
〔6〕 吴庚：《行政法之理论与实务》，中国人民大学出版社 2005 年版，第 288 页。

进行监督的必要，也应该提供相应的司法救济渠道；如果将代履行看成一种程序性行政决定，它本身依附于实体上的基础行政决定，没有独立性，当然不存在救济可能，但却可以通过将作为基础行政决定的实体行政决定纳入诉讼轨道，通过对实体行政决定的合法性审查为代履行提供救济渠道；〔1〕如果将代履行界定为行政事实行为，意味着相对方对代履行实施产生的损害虽可以通过国家赔偿等途径获得救济，却未必对其享有诉权。

（二）作为行政行为特殊类型的代履行具有可诉性

其实，上述观点中，将代履行界定为行政决定的出发点是为了将其纳入法律救济机制，这种思路多少有些牵强，即为了达到提供司法救济的目的，人为地设定结论，然后再为结论寻找理论上的支撑。笔者认为，行政机关行使职权的过程可以分为表意性阶段与实力性阶段，基础行政决定是行政机关旨在期待相对方履行义务的意思表示，代履行等行政强制执行则是要求相对方履行义务的实力运用，后者具有程度不同的物理性甚至是暴力色彩，具有一定的独立性。然而，一定的独立性本身也说明，此种独立性是不完全的，不可能与基础行政决定彻底切割。实际上，发生在基础行政决定范围内的行政强制执行并未为相对方设定了新的义务，无论是相对方自动履行或者代履行抑或行政机关直接强制执行，都与基础行政决定难舍难分。

无论是根据大陆法系严谨的行政决定学说，还是《最高人民法院关于执行〈中华人民共和国行政诉讼法〉若干问题的解释》〔2〕中外延空前扩大的“行政行为”概念，法效即法律效果都是行政决定的必备要素，代履行等行政强制执行虽然符合行政机关、单方性、个别性等要素，也确实是一种行政权的作用方式，〔3〕但是在最为关键的法效即法律效果上要件是缺失的。

1989 年《行政诉讼法》第 11 条第 2 款规定：“除前款规定外，人民法院

---

〔1〕 戚建刚：“试论行政强制执行的法律性质、瑕疵表现与救济途径”，载《中央政法管理干部学院学报》2000 年第 4 期。

〔2〕 已废止。

〔3〕 戚建刚将行政权分解为命令权与执行权，前者为相对方设定特定义务，后者为以一定手段实现前者为相对方设定之义务。这种分解为人权保障的需要，并且可以独立存在，但是却并未给相对方设定一定的义务。此种观点为我们理解代履行等行政强制执行的性质有较大启示。参见戚建刚：“试论行政强制执行的法律性质、瑕疵表现与救济途径”，载《中央政府干部管理学院学报》2000 年第 4 期。

受理法律、法规规定可以提起诉讼的其他行政案件”。这里的法律、法规是指除《行政诉讼法》之外的其他各种法律、行政法规、地方性法规以及自治条例和单行条例，既包括《行政诉讼法》制定施行以前颁布并仍然有效的法律、法规，也包括《行政诉讼法》制定施行以后所颁布的法律、法规，这些法律、法规所规定的其他可以起诉的行政案件，是《行政诉讼法》未予以列举的行政案件，即属于《行政诉讼法》列举的八种案件之外的，而且，法律法规的规定不仅包括行政决定，也包括一些非法律性行政职权行为。《行政强制法》第 8 条规定，“公民、法人或者其他组织对行政机关实施行政强制，……有权依法申请行政复议或者提起行政诉讼”，该条即属于 1989 年《行政诉讼法》第 11 条第 2 款阐述的情形，如果说在《行政强制法》出台之前，代履行等行政强制执行尚有一定的争议，为了将行政强制执行纳入行政诉讼轨道，而有将其论证为行政决定的必要，那么随着《行政强制法》的出台，代履行等行政强制执行的定位就应该正本清源，回归其事实行为的本来属性。

《行政诉讼法》修改后，第 12 条第 1 款第 2 项规定，人民法院受理公民、法人或者其他组织提起的下列诉讼：“对限制人身自由或者对财产的查封、扣押、冻结等行政强制措施和行政强制执行不服的”；这一规定再次为代履行等行政强制执行的可诉性作了定论，但也使代履行等行政强制执行是否是行政行为这一老问题重新浮出水面。

修改后的《行政诉讼法》用行政行为替代了具体行政行为，并将其作为受案范围的基石。全国人大法工委组织编写的《中华人民共和国行政诉讼法释义》一书认为对行政行为的理解应注意以下几点：“一是行政行为不包括行政机关的规范性文件；二是行政行为既包括作为，也包括不作为；三是行政行为包括事实行为；四是行政行为包括行政机关签订、履行协议的行为。”这种意义的行政行为，其内涵与外延显然与大陆法系的行政行为不同。“‘行政行为’这一基本学术概念将会朝着日益宽泛界定的方向发展，日益成为一个含义稀薄的法学概念。”[1]《行政诉讼法》以拓宽行政诉讼案件范围为目的的

〔1〕 闫尔宝：“论作为行政诉讼法基础概念的‘行政行为’”，载《华东政法大学学报》2015 年第 2 期。

行政行为同行政法学理上的行政行为开始分道扬镳，法律概念的功利性与法学概念的自洽性明显冲突，前者在多大程度上会影响后者目前尚不得而知。“从行政诉讼制度的精细化、行政诉讼制度与行政行为法学研究相互衔接与促进的角度出发”,〔1〕主张行政行为的界定应回归严格的观点不无道理，泛化后的行政行为，其行为性质、类型、内容以及相对方面对行政行为的诉求必将各有所殊甚至可能判若云泥，行政行为对个案争议的指引力相当有限。事实上，法律对相对方权益提供的司法保护，除了要无遗漏亦需要迅速且具有实效，诉讼类型化也是一种选项，即针对不同的行政活动方式设计不同的审判规则，我国《行政诉讼法》试图以通过概念的概括式表述推进对相对方的权利保护，如果不想步入误区，就需要在目前的基础上做更为精细化的制度设计。当前可以确定的是，代履行等行政强制执行是《行政诉讼法》层面行政行为类型下的事实行为。

我国台湾地区的“行政执行法”中规定的救济机制为相对方向行政机关“声明异议”，是否可提起其他救济（诉愿与行政诉讼）则没有明确交代。针对这种情形，蔡震荣教授认为：“吾人可从两不同角度出发，若强调执行程序之迅速快捷，则当然以声明异议为针对执行程序最后之救济。但若从保护义务人或利害关系人之权利观之，对第三人或利害关系人之保障似有未周，故应容许声明异议之外，仍有其他救济之可能。”〔2〕特别是“诉愿法”及修改后的“行政诉讼法”已经将行政处分扩充到其他公共权力措施的情形下，更是如此。代履行等行政强制执行属于所谓其他公共权力措施，可诉性没有疑问，这与大陆的立法技术存在明显区别。

（三）代履行可诉性的阶段性考察

《行政强制法》颁布后，行政强制已经由法学概念发展为法律概念，它是一个包含诸多环节的动态过程，以代履行为例：①作出并送达代履行决定书；②催告代履行；③行政机关到场监督；④实施代履行；⑤行政机关监督人员、

〔1〕闫尔宝：“论作为行政诉讼法基础概念的‘行政行为’”，载《华东政法大学学报》2015年第2期。

〔2〕蔡震荣：《行政执行法》，元照出版公司2002年版，第96页。

第三人、当事人或者见证人签字。《行政强制法》第8条能够提出诉讼的行政强制，对于代履行而言，是代履行过程中的所有环节？还是仅仅是诸多环节中的某一特定阶段？这一问题尚未引起学界的关注。有学者针对此种情形曾经尖锐地指出："行政强制执行是一个动态过程，由基础处分、告诫、确定强制执行、执行措施的实施这些阶段复合而成。不同阶段的行为性质都有可能有所变化，……在该问题上存在方法论的缺陷。"〔1〕相比我国，德日等国为代履行提出的救济路径比较精细，通常将代履行过程分为若干阶段：告诫、发布代履行令书、代履行的实施等阶段，然后针对不同阶段进行论述并讨论其可救济性。

需要明确的是，相对方在行政机关作出代履行决定后，有权于法律规定的期限内就基础行政决定提出诉讼，而一旦超出起诉期限，相对方便只能就代履行主张法律救济，〔2〕这种主张既可以针对实施代履行之前的代履行决定与告诫〔3〕，也可以针对代履行实施行为提出。

1. 代履行决定。代履行决定即相对方被行政机关初次告诫后，仍然不履行行政义务，行政机关向其作出的即将实施代履行的意思表示。依照《行政强制法》规定，行政机关作出的代履行决定应包括当事人的姓名或者名称、地址、代履行的理由和依据、方式和时间、标的、费用预算以及代履行人等内容。该决定在性质上应为行政决定，代履行决定一经作出，意味着代履行的实施即将开始，相对方承担面对代履行的忍受义务，否则，具有暴力性的直接强制执行便会出场；更重要的是，代履行决定中依法包含着征收代履行费用的内容，这对相对方来说是一种不同于基础行政决定所包含的行政义务的新的金钱给付义务。因此，代履行决定应被认定为行政决定，作为申请法

〔1〕胡建淼：《行政强制》，法律出版社2002年版，第291页。

〔2〕当然，如果行政决定存在重大明显的违法，此时必然产生绝对与确定无效的法律后果，相对方即便对代履行主张法律救济时，仍可要求审查行政决定本身。不过，是否属于重大明显的违法，仍应由法院进行权威认定。

〔3〕《行政强制法》规定：代履行实施前，行政机关应该尽到告诫的义务，"行政机关依法作出要求当事人排除妨碍、恢复原状等义务的行政决定，经催告仍不履行的，……行政机关可以代履行，或者委托没有利害关系的第三人""代履行三日前，催告当事人履行，当事人履行的，停止代履行"。此处的催告在性质上即属于告诫，也都旨在要求相对方自我履行行政义务，但发生时间显然不同，前者出现在行政决定作出后，后者则于代履行具体措施采取之前，此处的告诫指的是后者。

律救济的对象。在德国，关于强制执行决定的性质，毛雷尔教授极为坚定地指出："毫无疑问，确认决定是可诉请撤销的行政行为。"〔1〕

2. 告诫。告诫是指在代履行实施之前，行政机关将履行义务的期限、方式向相对方进行告知，以达到督促其主动履行行政义务的效果。相对方对于告诫行为能否主张法律救济？问题的核心是如何对告诫行为进行性质的定位，此处仍然存在不同的观点。有学者认为，告诫是"准法律行为"，只是在传递行政决定中已经确定的义务，并不会对相对方造成新的负担，因此即便告诫具有明确的后果——代履行将进入实施阶段，然而这种后果是法律明文规定的，而非告诫自身所产生。在日本，学者盐野宏主张告诫应被界定为一种程序性活动，"《行政代执行法》上第3条第1款代执行的告诫和第3条第2款通过代执行令书的通知，都不是赋课新义务的程序。但是，两者都构成行政代执行程序的重要一环，并且，是认定《行政代执行法》上要件的程序，所以此被解释为撤销诉讼的对象"。〔2〕告诫虽然不会产生课处权利义务的效果，却是代履行实施之前的必经环节，在代履行尚未终结前，相对方有权就告诫提出司法审查。当然，如果代履行已经实施完毕，针对告诫提出的撤销诉讼便会失去诉的利益，撤销诉讼意味着撤销一个并不存在的行为。德国学者毛雷尔认为，虽然联邦行政强制执行法规定，对告诫可以单独要求撤销，但告诫的性质却是"悬而未决的问题"，〔3〕从法律保护的角度看，任何情况下都应当视为行政行为。该观点并未从理论上论证为何是行政行为，但"视为"一词似乎标明告诫即便是行政行为，也是拟制性的。显然，"这是一种功利性解释"，〔4〕其目的在于为相对方提供无遗漏的法律保护。

笔者认为，告诫显然与大陆法系严格意义的行政行为存在一定差异，但是我国《行政诉讼法》上的行政行为原本即具有强烈的本土特色，实践中亦确实存在允许就告诫提出司法救济的必要性：其一，告诫并非简单的观念通知，其必然包含要求相对方限期履行行政义务的意思，否则将实施代履行措

〔1〕［德］哈特穆特·毛雷尔：《行政法学总论》，高家伟译，法律出版社2000年版，第489页。

〔2〕［日］盐野宏：《行政法》，杨建顺译，法律出版社1999年版，第167页。

〔3〕［德］哈特穆特·毛雷尔：《行政法学总论》，高家伟译，法律出版社2000年版，第380页。

〔4〕胡建淼：《行政强制》，法律出版社2002年版，第293页。

施；其二，代履行的整个环节中，告诫“系作为间接强制与直接强制前提的意思表示”,〔1〕如果没有告诫，就没有后续的代履行实施，违法告诫能否主张撤销，相对方与此存在法律上的利害关系；其三，在告诫违法而相对方只能“束手就擒”等待代履行开始的情形下，如果不允许相对方就告诫提出救济申请，代履行措施又将接踵而至，承认相对方就告诫享有诉讼利益具有正面作用。

3. 实施行为。实施行为即行政机关或第三人采取措施达到与相对方履行义务相同的状态。一旦第三人开始实施代履行，相对方能否主张法律上的救济？韩国现行《行政诉讼法》认为实施行为能够成为撤销诉讼的对象，理由在于：基于代执行的各行为之间违法性的承继，以告诫或者代执行令状的通知行为违法为由，可以要求撤销代执行的实施行为。但是，部分代执行的行为存在短时间内结束的特点，在代执行的实施已经结束的情况下，就不能再提起撤销诉讼了，而只能以代执行违法为由，申请损害赔偿或者申请撤销代执行费用。〔2〕尽管义务履行行为非强制性的特点十分明显，但在代履行实施中，仍可能造成违法侵权的后果，相对方如果不能对代履行实施起诉，代履行出现的损害将无法得到有效控制，因此，韩国的做法似乎值得借鉴。

二、预防性行政诉讼

进一步，在代履行行为的司法救济上是否存在更为激进的做法？或者说，能否将对代履行行为不服申请司法救济的关口进行前移？预防性诉讼为该问题提供了解决思路。

（一）预防性行政诉讼的一般理论

预防性行政诉讼，又被称为“防卫性诉讼”，在我国并非一个有共识的概念，例如预防性行政诉讼的时机，有人认为是在行政行为作出之前,〔3〕有人

---

〔1〕 李惠宗：《行政法要义》，元照出版公司2016年版，第596页。论者基于对告诫行为的“准法律行为”定性，认为应按照一般行政行为的送达方式送达，但不必给予相对方陈述意见的机会。如果无法确定相对人时，考虑到告诫行为属于行政强制执行的程序活动，发生直接效力的为基础行政决定，故因为不能确定相对方而没有告诫或者公告方式告诫，属于行政机关裁量范围。

〔2〕 ［韩］金东熙：《行政法》，赵峰译，中国人民大学出版社2008年版，第326页。

〔3〕 陈伏发：“预防性行政诉讼的构建与规范——以政府信息公开诉讼为视角”，载万鄂湘主编：《全国法院系统第二十二届学术讨论会论文集》，人民法院出版社2011年版，第761页。

认为应为行政行为作出时或者作出后,[1]有人则认为是行政行为实施之前,[2]核心的分歧是：预防性行政诉讼到底在预防什么？笔者认为，行政机关作出行政行为（或应该作出却没有作出行政行为）后，只要该行为对公民、法人或者其他组织的权利义务产生实际影响，后者即取得原告身份，有权向法院申请司法救济，要求法院撤销行政行为或者确认行政行为违法、无效等，当前的行政诉讼即依此制度设计，并设置了类型化的诉讼判决。以代履行行为为例，相对方认为其合法权益受到代履行侵犯的，可以对代履行决定提起撤销之诉，同时借助于《行政诉讼法》第56条的规定，寻求由法院裁定停止执行，也可以对代履行实施提起确认之诉，现行法律对此情形存在救济机制。

从域外的经验看，预防性行政诉讼已经发展成较为成熟的一种救济方式。以德国为例，人民起诉请求行政机关不得做成某项行政处分或其他职务行为，此即为“预防的不作为诉讼”。但是，原告如仅单纯地担心权利侵害，尚不具有权利保护必要，而必须有特别的（适格的）权利保护必要。对于原告而言，如果已“无期待可能性”去期待嗣后直到权利侵害才给予事后救济时，即可认为有此种情形的权利保护必要。至于在什么情况下，不能期待原告去等待行政处分的发布，此问题并无法一概而论，但一般情形，例如下述情形，即有特别的权利保护必要：①行政机关已经实施妨害的行为，且人民必须担心进一步受到侵害；②存在无法恢复的损害的危险。[3]在日本，同样有所谓预防性不作为诉讼，是请求行政厅不行使公共权力的给付诉讼和请求确认行政厅不具有实施一定行为的权限的确认诉讼。“预防性不作为诉讼，是因公共权力的侵害迫近而成为问题的场面。……从第三人方面来看，并不是请求实现更好的状态，而是防止现状恶化的诉讼，是对违法的公共权力行使的防卫，在这种意义上，应该说和限定来自国家的权利、利益的侵害这一市民法治国原理是相近的。”[4]英美法系的阻止令、禁止令实际上也发挥着同预防性行政诉讼相似的功能。

---

〔1〕 徐博：《预防性行政诉讼研究》，华东师范大学2008届硕士论文，第3页。

〔2〕 胡肖华：“论预防性行政诉讼”，载《法学评论》1999年第6期。

〔3〕 陈清秀：《行政诉讼法》，翰芦图书出版有限公司2012年版，第137页。

〔4〕［日］盐野宏：《行政法》，杨建顺译，法律出版社2000年版，第413页。

（二）预防性行政诉讼在代履行司法救济领域的引入

笔者认为，无论从行政诉讼制度的一般性缺陷，还是从代履行的制度特点看，我国都有必要借鉴其他国家或地区的做法，引入预防性行政诉讼为面对代履行的相对方提供前端司法救济。

1. 现行行政诉讼制度下，相对方只能行政行为作出后主张司法救济，而对于那些即将发生的行为，只能“静候宰割”，显然不利于相对方权利全面且有效的保护。

第一，从行政诉讼功能看，保护相对方的权利是根本目的，只有构建预防性行政诉讼，相对方的权利保护才能有效且无漏洞，这是落实“尊重与保障人权”宪法规定的必要举措。最大争议在于，旨在阻止行政行为作出的预防性行政诉讼是否存在司法权对行政权的僭越，妨碍行政机关对行政事务处理的首次判断权的行使？〔1〕日本学者认为，“所谓行政行为已被划归为行政权的权限，是指以行政行为来规制行政上的法律关系，暂且依据行政判断的结果来决定私人在公法上的权利义务之意。……在这种场合，一般认为，即便行政权不能自由裁量而被羁束于法律之下，也应由行政机关来首先认定有关行政行为的法律要件存在与否以及进一步实施以此为基础的行为”。〔2〕此种对行政事务的首次判断权之所以赋予行政机关，源自行政在法律执行方面的责任。行政权与司法权固然有相同的一面，都是对法律的适用、执行，但某种程度而言，二者在所有重要的方面又都是不同的，例如，司法权一般着眼于个案的正确裁判，行政权则具有积极性与形成性，面对社会发展中层出不穷的问题必须整体性与前瞻性地作出选择，“并非是固定在过去的点或线，而是在不断形成中的线或面……”〔3〕；行政权的行使必须合目的性，行政机关在法律的适用、执行中借助于法律赋予的裁量权表现出高度的能动，社会情势、公共政策、道德观念、科学技术都在行政活动的考虑范围内，当然最终仍以法律的意旨与目的作为判断妥当的根本标准。积极性、形成性、合目的

---

〔1〕 关于确立预防性行政诉讼的理论障碍及其消解详见彭飞：《预防性行政诉讼研究》，南京师范大学2016届硕士论文，第10~17页。

〔2〕［日］原田尚彦：《诉的利益》，石龙潭译，中国政法大学出版社2014年版，第71页。

〔3〕 翁岳生主编：《行政法》，中国法制出版社2002年版，第17页。

性既是行政的特点，也是行政在现代国家中的政治责任，如果允许行政机关的首次判断被司法裁判羁绊，法律执行的碎片化、片段化将不可避免，行政承担的维护公共利益的职能也将落空。首次判断权的法理即立足于此。预防性行政诉讼的功能在于禁止特定行政行为的作出，但是能否将首次判断权等同于行政行为的作出？任何权力的行使不可能一蹴而就，行政行为当然是首次判断权的表现载体，却不能因为将行政行为看成是首次判断权的唯一形式，事实上，只要能举证证明行政机关将明确预定作出特定行政行为，就可以推断其首次判断权已经行使，只不过尚未以具体方式体现出来，预防性行政诉讼对行政行为而言是事前审查，对已经形成的意思表示则具有事后性质。而且，预防性行政诉讼下，法院通过判决禁止行政机关作出某种特定行为只是一种可能性，即便作出禁止行政机关作出特定行为的判决，也是消极意义的，行政机关仍然有权利作出其他选择，行政机关并非因此便成为司法机关的附庸。预防性行政诉讼与首次判断权的矛盾是可以调和的。

第二，预防性行政诉讼在我国已经具备一定的实践基础。《行政诉讼法》修改之前，事后权利救济不足是主要矛盾，司法政策与司法实践对原告资格的降低与受案范围的拓展都围绕事后权利救济的效果优化，修法的重心亦是如何解决事后权利救济在制度设计与实施层面的问题，预防性行政诉讼不被立法者关注实属情理之中，因此，预防性行政诉讼虽然有个别学者的鼓呼，却未被修法过程接受，“相对比较一致的意见是，行政诉讼的功能应当定位于事后救济，在行政行为或者行政机关的其他行为尚未作出的情况下，法院就介入，可能会影响行政执法和行政管理秩序”。[1]理论上，有学者认为，现行法律对预防性行政诉讼并未予以彻底排除，《行政诉讼法》的目的之一是解决行政争议，“一旦出现成熟的行政争议，法院就可以以之为审理对象”。[2]行政争议的形成不必然要求行政行为作出，法院不得以行政行为尚未作出拒绝审理，这显然是基于法律解释学的技术对条文进行扩大性解释，而从我国的司法实践及《行政诉讼法》的修改意图看，仍然以“行政行为——司法审

---

〔1〕 梁凤云：《新行政诉讼法讲义》，人民法院出版社 2015 年版，第 447 页。

〔2〕 尹婷：“预防性行政诉讼容许性问题初探”，载《西南政法大学学报》2017 年第 1 期。

查”为基本模式。

有关预防性行政诉讼的实践探索已经开始。最高人民法院《关于审理政府信息公开行政案件若干问题的规定》第 11 条规定：“被告公开政府信息涉及原告商业秘密、个人隐私且不存在公共利益等法定事由的，人民法院应当判决确认公开政府信息的行为违法，并可以责令被告采取相应的补救措施；造成损害的，根据原告请求依法判决被告承担赔偿责任。政府信息尚未公开的，应当判决行政机关不得公开。诉讼期间，原告申请停止公开涉及其商业秘密、个人隐私的政府信息，人民法院经审查认为公开该政府信息会造成难以弥补的损失，并且停止公开不损害公共利益的，可以依照《中华人民共和国行政诉讼法》第四十四条的规定，裁定暂时停止公开。”依据此规定，利害关系人如果认为即将公开的信息违法，有权在信息公开前提起诉讼要求禁止公开，目的在于阻止行政机关的信息公开行为。这可以说是我国对预防性行政诉讼的探索之举。

第三，就我国代履行制度而言，存在通过预防性行政诉讼保护相对方利益的必要性。

首先，从制度现实看，普遍授权的代履行可能产生较大的危害性，因此有必要提前预防。《行政强制法》基于保护行政相对方利益的角度，对行政强制执行的设定与实施进行了非常严格的限制，只有法律才能够设定行政强制执行，法规、规章及行政规范性文件都是“无名之师”，法律没有给行政机关赋予行政强制执行的，作出行政决定的行政机关就必须申请人民法院强制执行。但是同时，立法者也有意识地在这一严格的规定之外，开了一个小小的“窗口”，[1]行政机关采用代履行行为强制执行，无需法律另外授权，这个规定能够避免申请人民法院强制执行可能导致的对行政执法效率的巨大冲击，有利于行政目标与公共利益的实现。但是，其消极意义不容忽视，代履行的实施如果不能明确和严格规范，行政机关将拥有相当宽泛的裁量权，很多本应按照法律设定的权限、条件、程序实施的行政强制执行，却以代履行的程序实施，对相对方合法权益的侵害概率陡然增加，此种现象在代履行领域已

〔1〕 杨小军：“行政强制执行的主要制度”，载《法学杂志》2011 年第 11 期。

经出现。[1]而预防性行政诉讼的建立，杜绝了行政机关通过代履行制度快速实现自身利益或进行非法利益输送的可能，增强了公众对制度正义的基本感受。

其次，从理论的角度看，是否建立预防性行政诉讼制度涉及代履行制度暗含的公共利益与相对方利益之间的关系定位。我国代履行制度明显侧重于特定情形下公共利益的保护、行政秩序的及时修复，而预防性行政诉讼则无疑有利于相对方权利保护，对公共利益的快速落实形成一种牵制。然而，虽然行政法上的先行有效、拘束力、确定力、执行力无不以公共利益优先为预定前提，但公共利益优先并不意味要对公共利益绝对至上，否则极易形成借公共利益覆盖甚至吞噬相对方利益的局面，“任何一真正法治国家中，无一公益之实现应以牺牲个人之权利为代价”。[2]相对方利益属于私人利益的一种，在公共利益与私人利益的关系上，公共利益由无数个私人利益组成，保护公共利益就是保护私人利益，而有时保护私人利益，就是对公共利益的一种保护，公共利益与私人利益孰轻孰重，需要在具体的个案中进行逐一权衡，刑法领域“疑罪从无”式的处理技术在此亦不能适用。代履行引入预防性行政诉讼，相对方可以在代履行程序尚未启动时就提出行政诉讼，通过请求法院审查行政决定的合法性，在审查结果获得司法最终裁判之前，而使行政决定暂时关闭执行程序。预防性行政诉讼制度本身为公私权力的角力提供了一个平台，也为相对方利益的保护提供了一种机制，并有助于从整体上平衡行政强制制度中可能或者已然失衡的公共利益与相对方利益，避免“形式正义”与“实体正义”的巨大背离。

最后，从代履行救济制度的精细化角度看，对代履行决定等行为的起诉，实际上也是在代替相对方履行行政义务这一损害后果发生之前的救济，但即

---

〔1〕 在杨和安诉厦门市海沧区城市管理行政执法局一案中，法院指出，“代履行作为行政强制执行方式之一，其实施条件严格限定在‘危害交通安全、造成环境污染或者破坏自然资源’三种情形。原告杨和安未经规划主管部门批准，擅自在海沧区霞阳村霞阳中路186号北侧、霞阳村渡船头鱼塘上及鱼塘东侧地块建造建筑物，属于违法建设行为，理应拆除。该违法建设位于海沧九号路二期A段市政工程项目红线图内，确已影响了市政道路的施工，但该道路尚未建成使用，且被告认定原告的行为违反了规划方面的法律法规，代履行的实施条件均未得到满足”。

〔2〕 蔡志芳：《行政救济与行政法学（一）》，三民书局1993年版，第135页。

便如此也很难充分保护相对方权利。《行政强制法》第50条使行政机关代履行程序的启动不仅存在手段上的高度裁量，而且在首次催告与作出代履行决定、作出代履行决定与再次催告、再次催告与采取代履行措施的期限上都可以自行确定。这种规定赋予了行政机关灵活性，有利于行政便宜主义的展开，但是也将负有“排除妨碍、恢复原状等”义务的相对方置于高度不确定的状态，影响其对自身行为进行预先安排的选择自由。而如果前述期限相当短暂，以至于相对方无法从容就告诫等特定活动提出诉讼的情形下，事先的预防性行政诉讼更显必要。更重要的一点是，在我国目前的司法实践之中，能否提出行政诉讼始终存在某一行政活动是否行政行为的拷问，尽管《行政强制法》第8条解决了行政强制的可诉性问题，但强制之前的告诫等行为在性质上仍然存在一定的争议，这种疑问反过来会对通过行政诉讼保护相对方权利形成干扰。出于以上考虑，再加之一揽子解决问题具有的规模经济优势，不如正式确立预防性行政诉讼制度，从更大的范围解决损害发生之前的相对方权利救济问题。

基于上述原因，有必要透过预防性行政诉讼制度的建立，为相对方权益提供事前保护。具体而言：①诉讼对象。预见自己的合法权益即将受到行政机关代履行决定侵害的相对方，有权提起诉讼。代履行决定应该根据社会一般观念或者行政管理惯例具有高度的作出盖然性，且一旦作出，将对相对方权利构成难以恢复的、不能容忍的重大损害，何谓难以恢复、不能容忍，“应考虑回复损害的困难性，并斟酌损害的性质、程度及行政活动的内容及性质等因素，进行综合衡量”。[1]②举证责任。学界对预防性行政诉讼中举证责任如何分配存在一定的争议，主张“谁主张、谁举证”、“被告对行政行为合法性承担举证责任”者皆有，笔者认为预防性行政诉讼不同于民事诉讼，但也不奉行与行政诉讼相同的举证规则。相对方就自己符合有关起诉条件的事实承担推进责任，特别是，原告必须证明自己有“特别救济需要”，即证明权利受到必然侵害而必须在代履行决定作出前即发动诉讼的必要性，而即将作出的代履行决定的合法性由行政机关承担说服责任；③审理程序。预防性行政

〔1〕 黄雪娇：“论我国预防性行政诉讼之确立”，载《理论月刊》2015年第4期。

诉讼应该适用《行政诉讼法》法上较为高效的简易程序，以达到快速定纷止争的效果。同时，配合暂时性禁止制度，经原告申请或者人民法院依职权，应该立即冻结代履行决定的作出，阻止代履行程序的启动。如果行政机关认为不能停止，应该举证证明暂停代履行程序将对公共利益造成重大损害。经过审理后，法院对确有必要事先阻止代履行决定作出的，可以通过判决禁止行政机关启动代履行程序；④判决类型。预防性行政诉讼的判决应为给付判决，《行政诉讼法》虽然没有确立预防性行政诉讼，第 73 条规定的给付判决却给预防性行政诉讼提供了可能，当前所谓的给付主要指抚恤金、最低生活保障费用、社会保险待遇、政府信息公开等支付事项，但就给付本身而言，涵义相当丰富，不仅包括物，也包括行为，不仅包括作为行为，也包括不作为行为，这显然为法院的停止作为判决——叫停行政机关即将作出的、包括代履行决定在内的行政行为——预留了制度空间。

第二节　代履行费用的司法审查

代履行，究其本质，是将相对方的作为义务通过代履行的方式转化为金钱给付义务，费用是代履行中不能回避的重要问题，同时也是极易产生纠纷的环节。

一、代履行费用的征收时机与征收机制

代履行费用的征收是代履行制度的组成部分之一，也是相对方可以申请司法审查的对象。

（一）代履行费用的征收时机

《行政强制法》对代履行费用的征收时机没有作出明确规定，就代履行实施前征收还是实施后征收，不同国家与地区的立法各有不同，学界认识亦多有分歧。

主张事后征收者认为，行政机关应该在代履行实施结束后，再按照实际支出的费用，向相对方进行征收，事后征收费用亦能免去事先预估不准导致的事后“多退少补”的麻烦。日本在这方面可谓独树一帜，在程序上是先告

诫，再发出代履行令状，实施代履行，最后才追缴费用。代履行费用并非事先收取，而是由行政机关先行垫付，等候代履行实施终结后，才以书面确定的所需费用之金额及缴纳时限，命令相对方缴纳，如其拒绝缴纳，则进行强制征收。在我国的行政强制实践中，大多亦采用这种事后征收的做法。事后征收的优点无需多言，但其缺点仍然明显，如果相对方在费用征收之前设法转移、隐匿或者抱持“宁为玉碎，不为瓦全”的心态恶意损毁自身财物，又或者相对方根本就无任何财产可供行政机关征收，则极易出现无法征收或者征收不能的结果，从而陷行政机关于“他人违法、国家埋单”的尴尬局面。

主张事后征收者主张，在代履行程序启动之前，由行政机关估算大致的履行费用，责令相对方支付，等代履行完毕之后，在按照实际进行“多退少补”。就代履行的费用征收而言，设置预估并事先缴纳的程序，主要目的仍在于避免物理性之直接强制，尽量发挥心理上的压力作用，使相对方尽早主动履行行政义务。此种制度设计的优点比较明显：事前追缴能够间接探知相对方的财物负担状况，一旦发现相对方的金钱负担能力的确无法负担代履行费用时，行政机关可考虑更换其他可能的强制方式，不至于因事后难于征收而身处“案结事不了”的被动境地。从世界范围内看，大多数国家的代履行费用都采取了此种事前征收的方式。德国《行政强制法》第 13 条第 4 款规定：“应以相对方承担费用方法（代执行）实施行为时，须在告诫中列出预定的费用数额。代执行导致较高费用支出的，不影响对后续债权的权利。”奥地利《行政强制执行法》第 4 条第 2 款规定，在相对方不为履行或不为全部履行的情形，执行官署决定进行强制执行，就得“先令缴纳费用”。在我国台湾地区亦同，其代履行的程序第一步即为告诫，并同时大体估计代履行所需金额，其次是预缴费用，然后才进入代履行实施与费用多退少补的环节。当然，其缺点就是，可能会出现实现费用估算不准确而出现二次征收的问题，从成本上看似乎较高。

事前与事后征收都是优缺点并存，抽象地论证孰优孰劣意义不大。有学者认为，在这一问题上，“可明确授权行政机关根据实际情况自由裁量采取何种方式”。[1]但是，从契约理论的角度进行分析，事前征收较事后征收更为可

---

〔1〕 莫于川主编：《行政强制操作规范与案例》，法律出版社 2011 年版，第 142 页。

取。事后模式的最大问题在于可能出现由国库负担代履行费用的局面，即纳税人为违法者的违法或者过错行为承担责任。按照卢梭的社会契约论，每个人让渡自己的一部分权利给国家，其中当然就包括自己的部分财产权（税收）。那么这种让渡是否意味着，国家就能够以国库承担违法者的义务履行费用？答案是否定的。税收缴纳的目的应在于向全社会供给公共物品与公共服务，从道路桥梁的开工建设到对犯罪分子的施加刑罚概莫如此。选民并非铁板一块，它是由不同的理性行动者构成，有着不同的动机与行为逻辑，如果允许用国库来作为违法者义务履行的费用，会产生基于不同人税款缴纳不同产生的公平性问题，那些缴纳税款较多的人，是否在他人违法后，应该付出了相较缴纳税款较少者的特别牺牲或者承担了额外的负担？这对他们而言似乎是一种不公。在代履行中，相对方的违法及对行政义务的拒绝履行行为都具有应受责难性，这种应受责难或者体现为相对方实施了非法行为，或者体现为相对方虽主观不具有故意违法的心态，但是其行为结果却危害他人利益或者公共利益。相对方原本应该消除这种不良后果却在行政机关作出决定后仍不履行，可谓"错上加错"。在这种情况下，如果第三人对行政义务的替代履行，其费用反而由国库承担，无意背离了"任何人都不能从其违法行为中获益"的一般法理。相对方的获益虽然没有体现为财产的积极增加，却体现为财产的应该减损而免于减损的消极增加。

考虑到这一点，笔者认为，我国《行政强制法》应该确定事前征收的方式，以更好地保护公共利益。而且，事前征收确有"不战而屈人之兵"的作用，亦能再次起到催促相对方自愿履行行政义务的效果，一旦这种效果从可能变为现实，意味着代履行无需实施，行政机关为实施代履行支付的有些交易成本也得以节省。当然，即便如此，仍然不排除如果实施代履行的情况紧急，考虑到事前征收会对行政效率或者公共利益造成的负面冲击，此时可以通过法律设置但书条款。这不失是解决代履行费用征收中个人利益与公共利益、效率与公平相互冲突的一条可行出路。

（二）代履行费用的征收机制

代履行费用的征收时机一旦确定，在代履行实施之前，会产生费用征收的机制问题。究其实质而言，代履行费用征收是公法上金钱给付义务的执行，此种义务因相对方拒不履行行政义务而生。但是，如果考虑到相对方趋利避害的本性，相对方往往不愿自觉承担代履行费用，没有一定的机制作为保障，费用问题将成为影响代履行制度效率的重要问题之一。

域外立法大都规定，代履行费用的执行适用金钱给付义务的规定。奥地利《行政强制执行法通则》第 11 条第 1 款规定，执行之费用应由相对方负担，并按照第 3 条关于金钱给付义务的规定征收之。在我国《行政强制法》（草案）讨论阶段，有学者就提出建议，认为应在《行政强制法》中增加“转致”规定：“相对方逾期未缴纳代履行费用的，按照本法关于金钱给付义务的规定执行。”〔1〕

令人遗憾的是，尽管有域外立法例的借鉴，也有《行政强制法》出台之前学者的鼓呼，立法者对代履行费用的征收时机与征收机制仍然保持了沉默。有人认为，“义务人在规定的期限内没有缴纳代履行费用或是补缴差额的，行政机关可以强制执行”。〔2〕但是，在相对方拒绝缴纳代履行费用的情形下，从严格依法行政的角度，自行强制征收会产生严重的合法性问题，毕竟《行政强制法》对行政机关普遍性授权的是代履行，而非代履行费用的征收。

实践中的做法不仅是事后征收，而且由行政机关申请法院强制执行，即行政机关首先做出一个征收代履行费用的决定，在相对人不缴纳费用的期限届满后再依法启动强制执行程序。行政机关应当追缴代履行费用而不及时启动追缴程序的，检察院甚至可能对其提出行政公益诉讼。〔3〕

从现行《行政强制法》确认的行政强制执行体制来说，对代履行费用

---

〔1〕 吴恩玉：“行政法上代履行费用的若干问题研究——兼及《行政强制法（草案）》的完善建议”，载《政治与法律》2010 年第 1 期。

〔2〕 莫于川主编：《行政强制操作规范与案例》，法律出版社 2011 年版，第 142 页。

〔3〕 在“公益诉讼人广州市从化区人民检察院诉被告广州市从化区环境保护局不履行法定职责”一案中，法院认为，“被告对涉案污染物实施了代履行，需支付相应的代履行费用，根据上述规定，该代履行费用应由当事人承担，故被告应向相关当事人追缴上述代履行费用。此前被告已向政府部门申请应急处理费，虽然按照财务制度，该应急处理费的划拨需要经过招投标的程序，但被告早就于 2015 年 7 月 25 日向政府部门申请应急处理费 225 万元，该代履行费用应在该时就已确定，故被告应根据上述行政强制法关于代履行的相关规定，就代履行费用作出处理决定，责令苏某锵等人及时支付，但被告并没有作出处理决定；在公益诉讼人向被告发出检察建议书后被告仍然没有及时作出追缴的决定，直到 2017 年 3 月 8 日才作出函件，向苏某锵等人追偿前述危险废物处置费用 225 万元，明显超出了合理的期限，显然存在怠于履行追偿处置费用的情形”。

申请法院强制执行的合法性毋庸置疑，但是其不仅耗费本已有限的司法资源而且程序复杂，相反行政机关的自行征收效率更高，更符合我国代履行制度的立法目的。而且，《行政强制法》在金钱给付义务的执行上有专节进行规定，其中第45条规定："行政机关依法作出金钱给付义务的行政决定，当事人逾期不履行的，行政机关可以依法加处罚款或者滞纳金。加处罚款或者滞纳金的标准应当告知当事人。加处罚款或者滞纳金的数额不得超出金钱给付义务的数额。"第46条规定："行政机关依照本法第四十五条规定实施加处罚款或者滞纳金超过三十日，经催告当事人仍不履行的，具有行政强制执行权的行政机关可以强制执行。没有行政强制执行权的行政机关应当申请人民法院强制执行。但是，当事人在法定期限内不申请行政复议或者提起行政诉讼，经催告仍不履行的，在实施行政管理过程中已经采取查封、扣押措施的行政机关，可以将查封、扣押的财物依法拍卖抵缴罚款。"从这个角度看，代履行费用的行政征收既有现实的迫切性，也有法律层面的基础，《行政强制法》需要在该问题上作出进一步的明确。[1]

上述关于事前征收、事后征收，行政机关自行征收还是申请人民法院强制执行的分歧，对行政机关无疑相当重要。对相对方而言，无论哪一种，行政机关都需要作出一个代履行费用的征收决定，相对方对此不服有权提出行政诉讼，此时，法院审查的既不是代履行决定，也不是代履行的实施行为，而是代履行费用的征收决定，该决定尽管与行政强制执行程序存在紧密的关系，但就其本身而言，以金钱给付义务为内容且有独立的法律效果，这显然不同于代履行决定，也不是代履行过程的告诫与实施行为，是独立的行政行为，在德国"要求支付代执行费用自身不是执行活动而是给付决定"。代履行后，行政机关对相对方进行的费用征收决定，是公法上请求权通过行政决定得以体现，相对方作为行政行为的对象人，当然有权向法院提出行政诉讼。

---

〔1〕 地方立法中对代履行费用规定较为详细是《珠海市相对集中行政处罚权条例》（已废止），该法第28条规定："城管执法部门收缴代履行费用，应当向当事人出具国家或者省统一制发的收据，由当事人到指定银行缴纳。当事人逾期不缴纳代履行费用的，城管执法部门依法申请人民法院强制执行。代履行的费用标准根据物价管理部门依法确定的收费标准执行。"

二、对代履行费用的司法审查

与代履行费用相关的司法审查主要围绕以下方面展开：

（一）代履行费用能否由第三人直接向相对方主张

代履行费用如何征收曾经存在不同认识，[1]有实务部门人士指出，“只要行政机关作出的代履行决定合法，那么第三方机构向当事人收取费用的行为就符合《行政强制法》的规定”。[2]实践中亦出现过行政机关通过民事诉讼程序向相对方主张代履行费用的案例。[3]

目前仍然存在的争议是，第三人因为代履行发生的费用，可否通过民事诉讼直接向相对方主张，还是由第三人向行政机关提出主张，再由行政机关向相对方进行征收，又或者“执行义务人与执行机关对执行第三人之费用请求权是否承担连带责任”？[4]对第三人而言，这是一个主张自身权利的救济程

〔1〕 有学者以强制清污费用为例，介绍了三种观点：①强制清污属于行政强制执行，因此产生的费用应列入行政责任范畴，海事行政主管部门直接向责任人征收；②清污费用属于民事责任的性质，由海事行政主管部门通过民事诉讼的方式向责任人主张；③清污行为具有双重功能，是公法干预私法的必然反映，是公法行为（行政行为）和私法行为（民事减损）在行为目的、效果等方面的竞合，海事行政主管部门可以在民事诉讼与行政处理之间进行选择。参见包继来：“强制清污费用法律问题探析”，载《中国水运》2006 年第 6 期。

〔2〕 刘刚：“浅议行政强制行为中的代履行费用纠纷问题”，载《中国价格监管与反垄断》2018 年第 8 期。

〔3〕《人民法院报》2008 年 5 月 13 日第 4 版《长江航道损害赔偿案公开宣判》一文，曾报道了一个真实的案例：2007 年 11 月 21 日，被告重庆万州区圣发船务有限公司（以下简称“船务公司”）机驳船超吃水航行而在航道中搁浅 36 小时，致使原航道水流条件改变，加剧了泥沙淤积，造成上下水 400 余条船舶因无法通航而滞留。事发后，为了确保长江航道在最短时间内通航，长江航道局立即调集挖泥船疏浚挖泥，并紧急调集航道工作船、艇，调动工作人员，对航道进行疏浚。航道局因本次搁浅事故，额外增加恢复和养护航道费用人民币 18.6 万元。2007 年 12 月 18 日，航道局以船务公司为被告向武汉海事法院提起民事诉讼。2008 年 3 月 26 日，武汉海事法院进行了公开开庭审理，并于 2008 年 5 月 12 日依据《物权法》的相关规定，判决被告船务公司赔付原告航道局损失 18.6 万元。该案例凸显了《行政强制法》出台前，代履行费用征收机制缺失产生的认识与实践上的问题。

即便《行政强制法》实施后，仍有行政机关意图通过民事诉讼程序向相对方主张，在“潮州市潮安区环境保护局诉朱某勇”（2017）粤 5103 民初 1730 号一案中，原告要求被告付还为加工场电解槽中存留废液进行处置的代垫款人民币 16 900 元及利息，法院认为，“我国民法调整的是平等主体的自然人、法人和非法人组织之间的人身关系和财产关系。本案起诉人作为行政机关进行行政代履行后，要求作为行政相对人的被起诉人承担代履行费用，其涉及行政主体，属于行政法律关系，而非平等主体间的民事法律关系，不属于人民法院受理民事诉讼的范围。”

〔4〕 李惠宗：《行政法要义》，元照出版公司 2012 年版，第 535 页。

序选择问题。《行政强制法》实施前，在“深圳市海隆实业有限公司诉广东省东莞市水上运输总公司石龙水上运输公司等强制打捞及清除油污纠纷案”中，法院认为，“东运419轮沉船事故发生后，沉船及落海集装箱对事故发生地及附近海域的航行安全和海洋环境保护产生很大的威胁，深圳海事局根据《中华人民共和国海上交通安全法》第40条的规定，责令石龙公司限期清除打捞沉船和落海集装箱。在石龙公司拒不全面履行打捞义务的情况下，深圳海事局组织海隆公司等单位进行打捞和清污工作，其目的并不是为了使沉船及落海集装箱的价值得以获救，而是为了消除沉船及落海集装箱可能给航行安全带来的危害以及沉船泄漏的燃油对海洋环境造成的损害，因此本案不属于海难救助纠纷，而属于强制打捞及清除油污纠纷。”打捞与清除油污均属于行政强制中的代履行，法院继而又指出，“海隆公司虽是应深圳海事局的要求，参与打捞和清污工作，但其并没有进行打捞和清污的法定或约定的义务。海隆公司参与打捞沉船和落海集装箱以及清除沉船造成的油污等工作不仅免除或减轻了石龙公司相应的打捞和清污的行政义务，而且使石龙公司避免或减轻了因不及时打捞和清污可能承担的侵权责任。海隆公司打捞和清污的行为构成无因管理，其有权要求石龙公司支付打捞和清污所产生的费用”。代履行费用属于民法上的无因管理之债的内容，故根据民法的规定予以支持。

民法理论上，一个行为构成无因管理需具备三个条件：没有法定的或约定的义务；管理人须对他人进行管理或者服务；管理人须为避免他人利益受损失而为管理。[1]代履行不同于民法上的无因管理。首先，就代履行制度的本意看，第三人对相对方虽然无权使用强制性力量，但因为第三人是受行政机关委托参与到行政机关启动的强制执行程序中，代履行本身即是强制执行的方式之一，相对方面对第三人实施的代履行仍然承担忍受、配合的义务，其与第三人之间谈不上地位的平等，没有产生民事法律关系的基础；其次，从无因管理的要件观察，第三人对相对方的确没有基于法律直接规定或者因合同产生的代替履行义务的义务，第三人在代履行中的工作内容主要是排除妨碍、恢复原状等可以由他人替代的作为义务，义务履行行为或者针对直接

---

〔1〕郭明瑞：“关于无因管理的几个问题”，载《法学研究》1988年第2期。

针对相对方的财产，例如违停车辆的拖移，或者纯粹是完成某种行为，例如恢复植被。与无因管理要求的管理人对他人事务进行管理或服务似乎有契合之处。然而，无因管理在主观方面要求的管理人须为避免利益受损失而为管理，管理人要为本人谋取利益却与代履行有云泥之别。代履行实施中，第三人当然承担合法、适当采取代履行措施的义务，但这是在代履行作为行政强制执行方式，客观上必然置相对方的权利于不利境地的前提下，第三人于代履行过程承担的义务。换言之，相对方因为第三人实施代履行利益受损是必然的，这是基础行政决定执行力的体现，避免相对方现有利益减少或者可得利益丧失不是第三人行为的主要目的。第三人与相对方之间不存在构成民法上的无因管理关系的可能。

另有人在《行政强制法》实施后提出，为解决代履行费用征收的困境，应该寻求第三人直接民事起诉相对方的方式，该观点认为："第三人与义务人之间实际存在民事法律关系，而合同关系是维持第三人与义务人民事法律关系最牢固、可靠的手段。因此，海事管理机构应尽力避免直接委托第三人实施代履行这种方式，应该充分发挥自身职能，协调双方签署代履行合同。即使因为事态紧急，需要立即代履行而没有签署合同的，也应该通过协调义务人向第三方提供财务担保或者与第三人签订补充协议等方式，明确第三人与义务人之间的法律关系。"[1]论者将第三人与相对方的关系定位为事实合同关系，应该说是不准确的，产生认识偏差的原因不在于事实合同关系本身，而是其误读了第三人与相对方的关系。在德国，"在某些情况下，当事人创立合同关系可以不依程序化的要约承诺过程，仅仅依特定事实过程形成即可成立"。[2]事实合同的意义在于以功能主义的态度定位合同关系，将责任、鼓励、激励、完善、救济导入合同法的研究领域。此种事实合同关系成立的触发点是当事人实施了从事交易的社会主体普遍认同的某种行为，例如，市民乘坐城市中无人售票车、没有缔结用电合同而直接用电等。而代履行制度下，第三人之所以具有

---

〔1〕 郭文杰："关于海事行政强制执行中代履行费用问题的探讨"，载《中国海事》2016年第10期。

〔2〕 黄洋洋："事实合同在民事审判中的开示"，载广东法院网，http://www.gdcourts.gov.cn/web/content/40275 -? lmdm = 1041，访问时间：2018年7月30日。

履行行政义务的资格，源自行政机关的委托，第三人与相对方之间不存在法律关系，如果第三人未经委托实施了与行政决定内容相同的行为，不构成代履行，给相对方造成损失的，应作为民事侵权行为处理。第三人即便受相对方委托履行行政义务，也属于相对方自愿履行义务，而非《行政强制法》上的代履行。

第三人因为代履行产生的费用，由第三人向行政机关主张，后者通过行政程序向相对方征收不仅符合合同相对性的基本法理，也是当前的普遍做法，这实际与行政机关代履行后的费用征收并无区别。当然，实践中也可能存在相对方经行政机关调查仍然不能确定的情形，此时代履行费用“即得依会计程序报销之，例如对无主废车之清除而无法对违反行政义务之人为求偿也。”〔1〕

（二）对代履行费用合法性与合理性的司法审查

从行政过程讲，代履行费用征收的规范化能够通过制度性的约束机制抑制第三人通过代履行谋取暴利或者行政机关与第三人“坐地分赃”的现象。同时，第三人加入代履行过程的目的是获取利润，行政机关必须向第三人支付因代履行产生的合理费用，这一点并不存在疑问。

实践中，“天价拖车费”等事件引发了公众对代履行可能产生的行政创收与腐败的广泛疑虑。在《行政强制法》立法过程中，高额代履行费用引起充分关注，有人指出，个别行政管理领域中，行政机关与第三人签订代履行合同时不关心费用，导致代履行费用虚高，甚至达到了暴利的程度。〔2〕规范代履行收费标准，杜绝围绕着代履行形成产业链，损害相对方权益，成为立法者与学界的共识。《行政强制法》为解决这一领域的乱象，明确规定“代履行的费用按照成本合理确定，由当事人承担。但是法律另有规定的除外”。在当事人自行承担费用这一点也无争议，这是区分代履行与行政机关直接强制执行的关键标准，亦是代履行与民法上债务上的代为履行的不同之处。问题是，法律规定“代履行的费用按照成本合理确定，由当事人承担”不足以回应复杂的现实，貌似概括的规定固然有执法领域复杂因而无法统一作出规范的考

---

〔1〕 李惠宗：《行政法要义》，元照出版公司2012年版，第597页。

〔2〕 全国人大常委会法制工作委员会行政法室编著：《中华人民共和国行政强制法解读》，中国法制出版社2011年版，第167页。

虑，却也因“合理”二字极易引发争议：合理或者不合理的标准是什么?[1]在这些问题解决之前，有关代履行费用的争议都很难平息。

《行政强制法》颁布后，行政强制领域的费用并未完全遏制。据报道：“2016 年 2 月 13 日上午 11 时，货车司机阿刚驾驶长途货车行至京珠高速广州花都段时遭遇车祸。当天，负责清理现场的交通救援队某汽车运输公司出动两台吊车和四辆货车参与处理。清理前，交通救援队向阿刚出示了一份报价清单，仅‘吊车费’一项就高达 4.5 万元，全部清理费用约为 6 万元。广州事故尚未平息，湖南又传来天价拖车费‘一分不能少’的争执声。4 月 2 日凌晨，大货车司机朱某驾车在湖南辖区内的高速上发生侧翻，之后被救援队拖走，20 公里的路程要价 3.6 万元。事后，救援站不出示收费标准，并称‘一分不能少’，对警察介入也不以为然，并叫嚣‘不报警是孙子’。据最后核算，按标准应收 14 880 元。此事经媒体报道后受到关注。湖南省高速公路管理局回应道，‘经调查，此次车辆救援过程的确出现违规行为。相关部门已责成该公司清退涉事救援站员工黄某，并向朱某赔礼道歉；追究车辆救援站负责人责任，将其调离岗位；追究救援公司责任，扣除其履约保证金 2 万元。’”[2]前述新闻事件中暴露的问题值得警惕。一旦因代履行费用引发诉讼，代履行费用的合法性与合理性必然成为司法审查的焦点。

1. 代履行费用的合法性。代履行费用是基于第三人履行行政决定确定的义务而在行政机关与相对方之间产生的公法之债,[3]法院在审查代履行费用时。合法性是首要考虑，在行政机关事前与第三人签订代履行合同且该合同

---

〔1〕 有学者以土壤修复为例指出，代履行的费用具体包括哪些项目、如何计算和承担以及责任人拒不缴纳时应如何处理，是先收费再代履行还是先由执法者或被委托者垫资履行再嗣后追讨，《土壤污染防治法》均未涉及，这是代履行制度较少被应用且不被执法人员看好的原因之一。参见巩固：“公法责任视角下的土壤修复——基于《土壤污染防治法》的分析”，载《法学》2018 年第 10 期。

〔2〕 王心禾：“天价拖车费，必须较较真儿”，载正义网，http://www.jcrb.com/yszx/aljx/201608/t20160824_1644059.html，访问时间：2018 年 5 月 20 日。

〔3〕 有学者认为将代履行费用界定为“公法债权”是不妥的，因为代履行费用本质上属于“费用”，即行为义务转化为金钱义务后的标的物，而不是“债权”，这是混淆了标的物与债权的关系。参见蒋云飞、唐绍均：“论环境行政代履行费用的性质与征缴”，载《北京理工大学学报（社会科学版）》2018 年第 2 期。笔者同意这种判断，严格意义上讲，因为代履行而产生的行政机关向相对方主张费用给付的请求权才是公法上的债权。

就代履行的具体费用或者计算代履行费用的方式作出明确约定的情况下，代履行的费用是否超出约定标准，“从广义上讲，行政合同等合意行为的履行义务也属于法律认可的履行义务”。[1]当然，如果第三人的行为突破了行政合同的外部界限，此时第三人的行为不构成义务履行，因此产生的费用由第三人自行承担，如果其行为对相对方合法权益造成损害的情况，还应承担民事赔偿责任。

2. 代履行费用的合理性。这是代履行费用司法审查的重心。一方面，从实体角度看，法院需要审查的是，何谓“按照成本合理确定”？回答这一问题需要对代履行的性质进行厘定。代履行既不是由国家财政承担执法成本的行政活动，也不是完全意义上的市场行为，其性质不能简单归结为公共性或者商业性，实际上，第三人参与的代履行是行政过程的一个环节，不可避免地需要接受公法规范的制约，同时，代履行也有逐利性的一面，谋求利润是第三人参与代履行活动的基本动机。

在这一基本立场下，确定代履行产生的费用应注意两个问题：其一，应该承认并允许第三人通过参与代履行谋取利润，那种认为“收取当事人的代履行费用应当合理，以履行义务的实际支出为限，不得盈利”[2]的观点值得商榷，尽管《行政强制法》第7条有“行政机关及其工作人员不得利用行政强制权为单位或者个人谋取利益”的规定，但该条主要针对经费统一纳入财政预算的行政机关，防止其产生利益冲动后影响依法行政，或者围绕行政强制形成利益链，将行政强制权作为谋取小集体或者个人利益的手段，这一点对行政机关无需赘言。对第三人代履行而言，“代履行费用按照成本合理确定”本身就是对“合理”利润的认可，如果将代履行费用等同于代履行支付的实际成本，在相对方自己履行成本更高的情况下，代履行反而对其更为有利，理性的选择往往是甘愿忍受或者等待代履行。第三人之所以愿意积极参与代履行业务，其目的在于利润，无视这一点，第三人参与代履行的积极性将大大降低，不利于代履行制度的实施。费用的收取固然应该“合理”，但是

---

〔1〕 梁凤云：《新行政诉讼法讲义》，人民法院出版社2015年版，第431页。

〔2〕 江必新主编、最高人民法院行政强制法研究小组编著：《〈中华人民共和国行政强制法〉条文理解与适用》，人民法院出版社2011年版，第264页。

从“合理”却不能推导出不得盈利的结论，《行政强制法》禁止谋取的仅仅是不“合理”的利益；其二，行政机关向相对方收取的代履行费用仅仅是将作为义务转化为金钱给付义务，并非意味着惩戒，否则将加重相对方的负担，代履行成为一种变相的制裁，这显然也不符合代履行的性质定位。《行政强制法》第5条规定：“行政强制的设定与实施，应当适当……”代履行行为应当以达到行政义务履行为目的，尽量维护当事人利益，在履行行政义务的目的得以达成的前提下，维护相对方合法权益，确保相对方为代履行支付的代履行费用最低。从教育与强制相结合的角度，代履行本身不是目的，通过代履行对行政义务的履行，教育相对方和其他公众自觉遵守法律，培育良好的社会习惯与社会秩序，并保障更大范围的社会公众的权利才是目的。

因此，笔者认为，代履行的费用应包括：

（1）第三人为代履行支付的直接成本。代履行是相对方不履行行政决定所确定的行政义务的产物，没有相对方对行政义务的拒绝履行，也就谈不上后续的、由第三人推动的代履行活动，因此，凡是出现在代履行过程中与行政义务履行相关的必要成本，原则上就应该由相对方承担，这些成本包括但是不限于人工费、设备使用费等。

在行政机关代履行的情况下，与代履行相关的费用存在代履行之前的行政执法费用与代履行本身的费用之分。以海事清污为例，一般认为，“海事机构作为履行防治船舶污染的行政机关，其工作人员及公务船艇履行的从事现场监视、监测油污情况和调查取证等行为属于行政行为，费用应由行政机关负担，只有在超出行政职责范围所采取的清污行动才可归为清污行为，但对于超出职责范围的行为没有明确界定，司法实践对海事机构工作人员、公务船艇能否主张费用存在分歧”。[1]在（2012）民申字第212号裁定书中，最高人民法院认为，海事机构使用自有船艇参与清污，由此支出的费用超出了正常的办公支出，超出的费用应由污染责任人承担，而根据（2010）粤高法民四终字第241号判决书对于执法人员参加清污人员费用不予支持。

对第三人代履行而言，成本的确定应尽可能限制在第三方为完成代履行

---

〔1〕 高宁、陈晋鹏：“海事机构在船舶油污清除中的法律定位”，载《世界海运》2019年第5期。

支付的直接成本的范围内，不能扩大理解。下列费用不应包括在内：其一，第三人为维持自身运转所出现的日常开支。例如水电费、场地租赁费、设备磨损费等与相对方并无必然联系，事实上，即便没有相对方对行政义务的拒绝履行，这部分费用也是必然发生的，因此不能要求相对方承担。其二，违法行为产生的社会成本。有学者对环境行政领域的代履行费用进行了分析，认为环境污染对周边居民产生的环境污染补偿费用，亦应该计算在代履行费用之内，由相对方予以承担。[1]笔者认为，这种观点值得商榷，一般认为，代履行费用的计算以履行行政义务“实际所需之费用”为准，但是究竟何谓“实际所需之费用”也并非毫无争议，例如相对方违反行政义务的违法调查费用、代履行招标程序的费用、告诫所需费用是否涵盖在内？这些费用皆与代履行相关，但相关是否意味着一概应由相对方承担？在我国台湾地区，一个经常引用的案例是：甲于某日将其自用小客车停放于台北市某规划有禁止停车标线处，交通警察乙于巡逻时发现该违规停车情事，随即通知民间拖吊业者丙至现场将该车拖离，嗣后，甲回到停车现场，发现其车已不在原地，乃立即前往拖吊车辆保管厂领车。于领车时，保管厂人要求甲必须先缴纳托运费用新台币二千五百元，使得领回其车。甲大感诧异，经查问之后，始知台北市为遏制违规停车情事，已将拖吊费用从一千元调高为二千五百元。[2]学者普遍的观点是，原则上，行政机关在估算代履行费用时，以不超过一般市价为准，最典型如违规车辆拖吊费与保管费，其数额应该以一般市场主体拖吊及保管同类车辆所需之费用为核算基准。行政机关在确定代履行费用时较为常见的做法是将相对方违法行为产生的社会成本计算在内，必须承认，诸如随意停放车辆等违法行为对于社会秩序与公共安全往往有着较为严重的影响，由此产生的社会成本不容忽视。但是，“惟此种社会成本毕竟非执行所支出之费用，且引起概念模糊，计算上难期公允，故不宜作为核算拖吊费用之考虑因素。据此以言，违规停车拖吊费之收取，仍应以一般民间业者拖吊同类车辆

〔1〕 刘佳奇：《论我国环境行政代履行制度的构建》，辽宁大学 2011 年硕士论文，第 37 页。

〔2〕 李建良：“昂贵的拖吊费用——行政强制执行费用之核算基准”，载《月旦法学杂志》1996 年第 15 期。

实际所需之费用为核算标准，方属适法”。[1]其三，提供行政协助的行政机关在代履行过程中出现的费用。提供行政协助的行政机关为排除抵抗产生的费用应该由谁承担，《行政强制法》等法律均未作出规定，基于依法行政原则，亦不能计算在代履行费用之内。

但是，如下费用可以计算在代履行费用之内，其一，第三人为防止损害扩大支付的费用，如果属于现场所必需，亦在应计算的成本范围内。例如海事领域的强制清污费用，“海事行政主管部门征收的强制清污费用应以‘合理’为限，判断合理性应当以采取特定措施时所能收集到的信息为基础。在国际海事委员会（CMI）1992 年召开的‘国际污染损害责任研讨会’上，多数与会代表认为，预防措施的费用不能仅仅因为措施最终没有效果而拒绝赔偿请求，而应当根据请求人在采取措施当时的情况判断”。[2]这种看法应该说是很有见地的。其二，第三人为实施代履行所作的调查检测费用。如果不进行前期的调查检测，即无法后续妥善地实施代履行，调查检测属于实施代履行的前置活动，调查检测费用属于“衍生必要费用”，应予考虑，即便后续未实施代履行，该费用仍不能免除。

（2）第三人通过参与代履行谋求的利润。至于合理利润中“合理”的确定，很大程度上取决于利润的高低。前述我国台湾地区的有关拖吊费的讨论在我国代履行制度的运作实践中有相当的借鉴价值，如果市场上存在从事同类活动，其平均利润率应该成为代履行费用是否合理的参照标准。以环境保护领域为例，“政府在征缴环境行政代履行费用时应当综合权衡义务人与第三方的利益，充分遵循市场平均成本加指导利润率的原则。申言之，征缴代履行费用应以市场平均治污成本为基准并将利润控制在一定范围之内，并及时出台相关指导性意见”。[3]而且，从行政过程的角度看，政府应该为代履行费用可能过高制定一些“防火墙”机制，例如，通过公众参与的方式事先公布代履行费用的确定原则与计算方式、在代履行决定书送达相对方后认真听取

---

〔1〕 杨小君、王周户编：《行政强制与行政程序研究》，中国政法大学出版社 2000 年版，第 91 页。

〔2〕 包继来：“强制清污费用法律问题探析”，载《中国水运》2006 年第 6 期。

〔3〕 蒋云飞、唐绍均：“论环境行政代履行费用的性质与征缴”，载《北京理工大学学报（社会科学版）》2018 年第 2 期。

其对代履行费用的计算提出的意见等。

（三）司法审查的强度

与实体相关的另一问题是，法院对代履行费用合理性审查的强度如何把握？有人认为，“因为法律规定代履行决定送达时应载明代履行的收费预算，当事人有时间权衡是否自己履行或继续怠于履行，如继续怠于履行，视为对代履行收费持放任态度，因而在司法审查中，如代履行最终产生的费用明显大于代履行决定送达时载明的预算，则应当视为收费不合理；如基本与预算持平，则不宜认定费用不合理”。[1]这意味着对于如果代履行费用虽然超出预算，但是没有达到过于夸张或令人不能接受的程度，法院对此应保持谨慎。该观点在《行政诉讼法》修改前或许有一定道理，但在法律修改后，合法性审查仍然是行政诉讼的基本原则，但同时合理性审查的范围与强度也在扩大与深化，代履行不是行政处罚，法院对代履行费用的审查不局限于是否基本与代履行决定中载明的预算、市场中同类活动的费用持平，而是要从证据方面进行审查，对确有错误的代履行费用，不能以错误大小以及对相对方影响的高低在判决结果上予以区分，简言之，就代履行费用而言，法院应当坚持的是“有错必究”。

从程序角度讲，我国《行政诉讼法》为法院审查代履行费用的合理性提供了制度空间。基于行政权与司法权的分工与各自的优势、行政管理自身的专业性、行政机关维护社会秩序的有效性等原因，《行政诉讼法》确立了合法性审查原则，但如有学者所言，“以合法性审查为原则并不意味着在制度设计上与其严丝合缝，因为没有一种制度是绝对主义的，合法性审查原则与合理性审查原则并行不悖”。[2]《行政诉讼法》第 77 条规定：“行政处罚明显不当，或者其他行政行为涉及对款额的确定、认定确有错误的，人民法院可以判决变更。”此处的其他行政行为指的是行政处罚以外、内容涉及款额的行政行为，例如行政裁决、行政奖励、行政补偿等，代履行费用的征收决定因为包

---

〔1〕丁钰：“论行政强制执行中的第三人代履行之司法审查维度”，载董治良主编：《中国行政审判研究（第二辑）》，法律出版社 2014 年版。

〔2〕梁凤云：《新行政诉讼法讲义》，人民法院出版社 2015 年版，第 431 页。

含着代履行费用的具体数额亦应属于此处的其他行政行为，如果法院经审查认为代履行费用确实偏离了市场从事同类活动所需费用即可认为款额的确定存在错误，通过判决的方式直接变更为市场从事同类活动所需费用。同时，在法律或者代履行合同未对代履行费用的计算标准与计算方式作出明确安排的情况下，代履行费用的确定有高度的裁量性，法院的另一选择是以代履行费用明显不当为由，按照《行政诉讼法》第70条的规定适用撤销判决，责令行政机关重新确定代履行费用，在市场领域缺乏从事同类活动可以比较的情况下交行政机关重新确定尤为必要，也是司法权尊重行政权的体现。

第三节　第三人侵权行为的损害赔偿责任

第三人因为参与代履行而出现在行政过程之中，其行为如果给相对方权益造成了损害，从经济学的角度看，是一种负的外部性，即第三人给相对方产生了不利影响，此种影响事先没有取得相对方的同意或者事后往往难以进行恢复。侵权法律制度的目的即在于通过使行为具有负外部性的第三人承担损害赔偿责任，以达到将外部效应内部化的目的。一般意义上，此种内部化有两个环节：一是事先将损害赔偿责任明确施加给潜在的侵权者，从而产生有效预防的激励；二是事后由侵权者向受害人支付赔偿金，使受害人利益恢复到原有状态。

在代履行领域，受害人是相对方，但侵权人是行政机关还是第三人？换言之，对相对方的损害而言，是由与第三人存在委托关系的行政机关承担国家赔偿责任还是由第三人直接承担民事赔偿责任？抑或由行政机关与第三人共同承担赔偿责任？这不仅关系到相对方权利的保障，也与第三人机会主义行为的遏制、代履行的制度效率等问题紧密相关。有观点认为，“当第三人故意或者重大过失的行为给义务人造成人身伤害或者财产损失，对义务人为民法上侵权行为时，在此情形下，由义务人直接向第三人主张侵权赔偿责任较为合理”。[1]有人则主张，“第三人对行政相对方造成的损害，因行政机关享

〔1〕 王知：《论行政代履行》，中国政法大学2011年硕士论文，第23页。

有代履行过程的监督义务，故行政机关并不能免责，行政相对方应既享有可以向代履行人请求赔偿的权利，也享有向行政机关请求国家赔偿的权利”。[1]学界看法并不一致。笔者认为，这一争议的解决首先应该对行政机关与第三人之间的关系作出法律上的厘定。

一、行政机关与第三人之间的关系

行政机关与第三人是何种关系或者说第三人在代履行中的法律地位是确定代履行损害赔偿责任主体的前在性问题，关系不同意味着责任分配的差异。

（一）雇佣或者承揽关系

有学者认为，行政机关将代履行事项委托给没有利害关系的第三人，“这种委托关系从根本上讲是通过契约关系产生的私法关系，行政机关与第三人之间的法律关系的产生是建立在自由合意的基础上，符合民事法律关系中的雇佣和承揽关系”。[2]除去行政机关与第三人的关系是公法关系或者私法关系的争论不议，将代履行合同界定为雇佣或者承揽合同必然会对代履行产生的损害赔偿责任承担产生影响。问题是，此种对代履行合同的定位是否准确？

1. 代履行合同是雇佣合同吗？雇佣合同并非我国《民法典》列举的合同类型，属于典型的“无名合同”，但现实中大量存在。一般认为，雇佣合同是平等主体间达成的雇工提供劳务、雇主给付报酬的协议，此种合同的特点在于，“雇主有权考察雇工的能力，且须对其劳务行为进行严格的监督管理。而雇工必须听从雇主的安排与指挥，其执行职务的行为后果，由雇主负转承责任，与雇主的利益息息相关。……雇工提供劳务时必须接受雇主的工作安排，服从雇主的指挥。必须在雇主所指定的工作范围内履行职责，雇工无斟酌决定权，不能独立自主地处理某一项具体任务。而雇主必须对雇工进行合法指挥命令，对雇工传授工作方法和要求，提供适当的劳动条件，对雇工的劳动安全予以关心照顾等义务，同时要对雇工执行职务后果负责”。[3]就代履行过

---

〔1〕 孙婷婷：《论行政代履行》，南京大学硕士论文2013年硕士论文，第20页。

〔2〕 李大勇：“公私合作背景下的代履行——以行政强制法草案相关条文为分析对象”，载《河南省政法管理干部学院学报》2011年第4期。

〔3〕 杨仁君：“关于法律上确认雇佣合同的几点思考”，载《河北法学》1999年第4期。

程看，行政机关将代履行事项委托给第三人，第三人在行政机关监督下从事代履行活动，行政机关向第三人支付代履行费用，确实在外观上具有雇佣合同的特点。将代履行合同定性为雇佣合同，第三人在代履行中造成相对方合法权益损害的，可以参照《民法典》第 1191 条第 1 款“用人单位的工作人员因执行工作任务造成他人损害的，由用人单位承担侵权责任。用人单位承担侵权责任后，可以向有故意或者重大过失的工作人员追偿”之规定，由行政机关承担赔偿责任。第三人存在故意或者重大过失的，行政机关可以向其进行追偿。

然而，进一步观察便会发现，行政机关与第三人之间仅仅是具备雇佣关系的外观，不具备雇佣关系的关键性特征：其一，代履行过程中，行政机关要依法派员到场监督，此种监督的主要目的并非积极地传授工作方法，而是防止第三人代履行的违法、失当，第三人对代履行方式方法并非毫无斟酌余地，相反，根据代履行事项的不同享有程度不等的裁量，在行政决定与代履行决定确定的行政义务范围内，第三人于代履行时是独立自主的主体；其二，行政机关也没有向第三人提供劳动条件的义务，代履行所需的设备、工具由第三人自行购买、租赁等；其三，行政机关在代履行实施前后向第三人支付费用，但此费用仅仅是行政机关代替相对方向第三人先行支付，与雇佣合同中雇员劳动、雇主付费的平面式结构不同，且该费用的具体数额按照成本合理确定，亦不完全是行政机关与第三人双方自主合意之结果。

2. 代履行合同是承揽合同吗？“承揽合同是承揽人按照定作人提出的要求完成一定的工作，并将工作成果交付给定作人，定作人接受该工作成果，给付约定报酬的合同。”[1] 承揽合同在性质上属于典型的结果之债，定作人只有在承揽人完成了一定的工作并交付了工作成果（通常表现为物）后，合同的目的才实现，至于完成工作的过程以及承揽人为此付出的劳务，并非定作人的目的，定作人通常不监督工作完成的方式方法，至多作出一些与工作成果相关的指示，产出成果的过程由承揽人依靠自己技术力量和能力推进；承揽合同的报酬是在承揽人完成工作后，由定作人予以支付，定作人要求完成

---

〔1〕 王利明：《合同法》，中国人民大学出版社 2015 年版，第 371 页。

的工作与承揽人有权主张的报酬之间构成对价关系；承揽合同的材料在当事人没有明确约定的情况下，依据交易习惯由定作人提供等。代履行合同具备一些承揽合同的特点，例如行政机关关注代履行的结果，对第三人的代履行过程虽然监督但不过度干涉。如果将代履行合同定性为承揽合同，那么根据《民法典》第 1193 条“承揽人在完成工作过程中造成第三人损害或者自己损害的，定作人不承担侵权责任。但是，定作人对定作、指示或者选任有过错的，应当承担相应的责任”之规定，行政机关在对第三人的定作、指示或者选任等不存在过失或第三人的行为与相对方的损害没有因果关系的情况下，不承担赔偿责任。

其实，代履行合同并不具有承揽合同的内核性特征：其一，与定作人高度关注特定的工作成果不同，《行政强制法》规定，行政机关对代履行要派员监督，其目的是“过程合法、结果适当”，派员监督持续整个代履行过程且此种监督往往体现为具体的指挥权、变更权等；其二，承揽合同的材料或者由定作人提供，或者由承揽人提供，在承揽开始的时候，工作成果的制作材料已经因定作人的提供或者认可而特定化，第三人实施代履行所需的材料由第三人提供，行政机关只负责确定代履行的范围、内容与界限，至于第三人如何购入材料、怎样使用材料，行政机关一般不做干预；其三，代履行费用不是简单的对第三人代履行行为的市场对价，费用是按照成本合理确定，非行政机关与第三人合意而定。

考虑到代履行合同与承揽合同的上述不同，承揽合同的责任承担规则不能简单地植入到第三人代履行领域，行政机关不可能因为第三人代履行环节而对履行义务行为发生的损害后果“置身事外”。

（二）行政助手抑或“根据私法契约罗致之私人”？

受德国公法学说影响，我国台湾地区的学理与司法实践中将参与行政任务的私人依据其独立性分为行政助手（或者称为行政辅助）与“根据私法契约罗致之私人”[1]（或者称为外包私人）。

---

〔1〕 如前文所述，“根据私法契约罗致之私人”中的契约，虽是一种私法手段，但进入行政过程后，已经具有强烈公法属性，为避免歧义，谓之为“根据契约罗致之私人”更为妥当。

行政助手如同行政机关延长的手臂，在行政机关的具体而直接指示下处理特定行政事务，行政助手的行为就是行政机关本身的行为，其产生的损害只要是在公法性质之下，自然亦由行政机关承担国家赔偿责任。行政助手国家赔偿责任的法理基础有其特殊性，虽然其与行政委托[1]都属于行政机关借助私人力量办理行政事务，然而行政委托允许私人以自己名义，独立对外行使公共权力，其作出的行政决定，在组织法层面被视为国家间接行政体系，我国台湾地区“行政程序法”第4条规定：“受委托行使公共权力之个人或团体，与委托范围内，视为行政机关”，受委托者也是“视同委托机关之公务员”；行政助手则不同，它是被作为实质意义的公务员，适用如下规定：“公务员于执行职务行使公共权力时，因故意或过失不法侵害人民自由或权利者，国家应负损害赔偿责任。”行政助手的行为效果归属于国家，国家对其行为承担赔偿责任。不过，有学者对国家承担赔偿责任进行了附条件的论述，认为唯有行政机关在选择助手时没有审慎选任，或为错误之指令，因而造成人民权利受损的，方才成立国家赔偿责任。根据这一观点反推之，如果行政机关选择助手没有过错，或者命令完全正确，行政助手的行为由自己承担。这种观点在后果上不仅将极大限缩国家责任，在过程中也必须面对如何认定行政机关有没有履行审慎义务，如何要求行政助手有足够能力理解行政机关指令是否正确等疑问，对相对方权利保护而言无疑是不利的。因此，多数学者主张，行政助手即是行政机关公务员的化身，行政机关自应就行政助手所为之行为概括承受。[2]

“根据私法契约罗致之私人”意味行政机关通过合同将行政事务委托给私人，由其从事一些私经济或不对外发生法律效力的事实行为，而私人则依合同约定的给付向行政机关主张费用。私人具有相对独立的地位，并不受其事无巨细的逐步指示约束，相反他可以根据自己的专业性判断展开活动，行政

---

〔1〕 此处论及的行政委托，与我国大陆行政委托颇有不同，指的是法律直接规定或行政机关通过行政处分（具体行政行为）、行政合同的方式，将某项行政权力委外由私人行使，私人以自己名义活动并承担法律后果。

〔2〕 参见应松年主编：《海峡两岸行政法学学术研讨会实录》，中国法学会行政法学研究会2004年版，第163页。

机关难以发挥自身影响力。此时，对私人行为造成的损害，相对方能否主张国家赔偿责任存在一定的争议。

大陆法系对“根据私法契约罗致之私人”能否产生国家赔偿责任相当慎重。大致经历了三个阶段：

第一阶段，否定国家赔偿。以民事承揽合同与私人作业的自主性否认国家赔偿责任，“私人业者在受委任契约范围内，并非依行政机关之指示进行施作，而系是独立施工，……民间业者根据承揽契约，得依契约所定之给付向委托行政机关要求对价酬劳。”[1]这使得私人之地位不同于行政助手或行政受托人，故损害产生后应该完全由私人以民事侵权行为进行赔偿。

第二阶段，承认国家赔偿。法院的态度在此问题上逐渐发生变化，国家赔偿责任开始出现，行政机关对私人指示或者支配的程度成为是否纳入国家赔偿的标准，私人在履行合同中出现自主性的降低进而受到行政机关全面支配时，被视为行政机关的组成部分，此即所谓“工具论”，“工具论之基本构想乃任何对损害事件发生具有足够影响之人，即是应负损害赔偿之人。换言之，政府虽透过私法契约委托私人业者完成政府任务，惟委托之政府机关实质上对于业者施作有完全支配主导影响力时，此即应真正负责任之人，即为委托之政府机关”。[2]此时，私人是行政机关的工具，自然由行政机关对外承担国家赔偿责任，反之仅成立民事侵权责任。

第三阶段，扩大国家赔偿。“工具论”虽然相较完全否定国家赔偿责任进步，但却引发了行政机关不再给予私人任何工作指示，使其行为不符合国家承担赔偿责任的条件，而产生“遁入私法”的严重问题。在1993年一起警察委托民间拖吊业者于拖吊过程交通肇事，引发国家赔偿的争议案件中，德国联邦最高法院指出，“根据私法契约网罗之私人”在符合以下条件时，同样会引发国家赔偿责任：①委托事物背后的高权特征越强；②委托的行为与委托机关应履行之任务间越具有紧密的联系；③私人业者的自我决定空间越受到限缩时，越是可将此私法契约下之私人行为视为国家赔偿法上执行职务行使

---

〔1〕 董保城：《法治与权利救济》，元照出版公司2006年版，第297页。

〔2〕 董保城：《法治与权利救济》，元照出版公司2006年版，第297页。

公共权力之公务员。这被称为“修正的工具论”。在上述三个条件中，较为一致的看法是，第二个条件即“功能关联”最为重要，足以构成国家赔偿的充分理由，至于独立与否因其判断的困难已经不再重要。只要私人的某种行为与公共权力行使具有功能的关联性，处于协助行政机关履行职务义务的地位，就具备形成国家赔偿责任的可能，这可以看作是国家赔偿制度对私人参与行政任务情势的一种回应。换言之，无论私人相较于行政机关的具体法律地位如何，其在行政任务实现中从事的辅助性活动造成之损害，应由进行委托的行政机关承担责任。

行政助手与“根据私法契约罗致之私人”理论更具公法特点，也有精致与动态的一面，第三人在代履行中的地位到底是行政助手抑或“根据私法契约罗致之私人”，这一问题似乎已经没有作答必要，事实上，无论对第三人身份做何种定性，其都具有公务员的身份。“任何情况下都存在两组交叉的公务员：第一组是功能意义上的（公法任务的执行）；第二组是身份法意义上的（与公务员法对应的公法法律地位）。”〔1〕而且，“公共机关为了执行任务可以通过私法合同使用私人。执行任务所属团体和行政协助人之间的内部关系在认定行政协助人执行任务时与关系公民的外部关系没有意义”。〔2〕第三人的行为性质与其和行政机关之间签订的代履行合同性质并无直接关系，即便是做私法合同理解，也不妨碍第三人作为功能意义上的公务员的地位，因其行为造成的损害完全可能构成国家赔偿责任。

二、代履行损害赔偿的单轨制

第三人在代履行过程中给相对方造成的损害如何进行赔偿，有单轨制与双轨制两种不同思路，单轨制又分为民事赔偿与国家赔偿两种不同选择。

（一）民事赔偿

主张民事赔偿者认为，“基于私法契约独立从事国家任务之私人与执行公务发生侵害人民权利者，由于不具有高权性或公共权力性质，与经授权行使

---

〔1〕［德］哈特穆特·毛雷尔：《行政法学总论》，法律出版社2000年版，第625页。

〔2〕［德］汉斯·J. 沃尔夫、奥托·巴霍夫、罗尔夫·施托贝尔：《行政法》，高家伟译，商务印书馆2002年版，第352页。

国家高权之私人、行政助手不同，不能成立国家赔偿责任，仅由私人或民间负担民事侵权责任”。[1]问题是，即便代履行合同不是公法合同，但能否就因此导出民事侵权责任结论？行政机关通过合同借助私人完成行政任务的领域多种多样，诸如垃圾清理之类等纯经济活动的，由私人承担民事侵权责任并无问题，而在代履行的范围内，大量事务虽然不属于物理性力量的直接运用，却仍然以基础行政决定为前提，以达到与相对方履行义务相同状态为目的，第三人代履行时行政机关要派员到场监督，不具有强制性的代履行在一个由公共权力推进的程序中实施与完成的，这是代履行的重要特点。而且代履行的主体既可以是行政机关，也可以是第三人，为何行政机关代履行时，国家承担赔偿责任，而委托由第三人实施时产生的确实民事侵权责任，理据显然不够充分，故这种观点所持者不多。

（二）国家赔偿

主张国家赔偿者认为，应将第三人的行为全部纳入国家赔偿，由国家概括性或者独揽式地承担责任，国家对相对方承担赔偿责任后再依据代履行合同向第三人追偿。据此，对第三人的行为无需做履行义务行为与民事侵权行为的区分，只要损害发生在第三人接受行政机关委托后，相对方就自身所受损害直接向行政机关主张即可，我国台湾地区学者指出：“就人民权利保障而言，吾人认为以不做区分为宜，只要有损害发生的情形，应由机关负责，之后，有关求偿之问题，再由机关与私人依契约关系求偿之。”[2]这显然是从救济实效性（权利保障）角度出发所做的选择。

我国最高人民法院法官亦认为，“代履行的法律救济是审判实践中应重点注意问题。行政机关代履行，如果代履行错误，造成当事人财产损失的，行政机关执行职务的行为造成损害，当然应当由实施代履行行为的行政机关承担行政赔偿责任。例如，公安机关交通管理部门依照《道路交通安全法》第93条规定，对违反道路交通安全法律、法规关于机动车停放、临时停车规定

〔1〕李建良：“因执行违规车辆拖吊及保管所生损害之国家赔偿责任——兼论委托私人行使公共权力之样态与国家赔偿责任”，载《中兴法学》1995年第1期。

〔2〕蔡震荣：《行政执行法》，元照出版公司2002年版，第168页。

的，有权责令其立即驶离；因机动车驾驶人不在现场或者虽在现场但拒绝立即驶离，妨碍其他车辆、行人通行的，公安机关交通管理部门有权将该机动车拖移至不妨碍交通的地点或者公安机关交通管理部门指定的地点停放。该拖车行为即属于代履行行为。如果公安机关交通管理部门拖车行为违法，则应当依法负行政赔偿责任；如果因采取不正确的方法拖车造成机动车损坏的，则应当依法承担补偿责任。行政机关委托第三人代履行，因第三人代履行行为造成当事人财产损失的，应当由委托的行政机关承担行政赔偿责任，行政机关赔偿之后，可以向存在故意或者重大过失的第三人追偿。当事人与第三人之间不发生直接法律关系，第三人的行为属于受委托从事代履行活动的行为，在实施委托行为过程中造成当事人的损失，根据委托代理法律关系的一般原理，其法律责任也应由委托人承担”。〔1〕这显然是一种国家赔偿的主张。

主张国家赔偿者没有解决的问题是，第三人受行政机关的委托参与到代履行活动之后，发生在“实施委托行为过程中”的行为是否一概在性质上可归为义务履行行为？而且，即便按照委托代理关系的一般原理，行政机关也仅就第三人“在代理权限内”的行为承担法律责任，这是两个相关但不能完全等同的标准。

笔者认为，将第三人的行为产生的损害全部纳入国家赔偿，似乎多少有一些矫枉过正。首先，第三人在代履行中的行为性质很难一概而论，有些行为就其本身而言是在履行义务或者与履行义务紧密相关，有些行为可能是纯粹基于私益之追求或者其他意图，这两类行为既然客观表现与主观目的上存在不同，不加区分地由国家承担赔偿责任可能导致“慷国家之慨”的后果；其次，第三人参与代履行后，行政机关固然不能借合同而逃避自身责任，但第三人也不应因损害发生在代履行过程中去除其责任，否则在最极端情况下，行政机关向相对方承担赔偿责任后，第三人本身并无财产可供追偿，实际上等于国家为第三人的所有侵权行为承担全部后果，这是对第三人代履行中机会主义的放纵；再次，将第三人的行为全部纳入国家赔偿范围，虽然会倒逼

---

〔1〕 江必新主编、最高人民法院行政强制法研究小组编著《〈中华人民共和国行政强制法〉条文理解与适用》，人民法院出版社2011年版，第261～262页。

出行政机关勤勉监督的意识，却可能降低行政机关利用第三人专业性与高效率的意愿，第三人不再是或者只有在极为个别的情形下才会成为行政机关确定代履行主体时的选项，第三人代履行的制度效率必然下降。

更重要的是，从实效性上讲，在我国现行国家赔偿制度下，此种单轨制是否真的有利于相对方权利保障？从域外国家赔偿制度的具体规定看，通常有三种赔偿标准：一是惩罚性标准，即国家向受害方支付弥补损失的费用外，还应支付额外的费用，这种额外的赔偿金超出了受害方的实际损失，因而带有惩罚的性质，这种赔偿标准对受害方显然较为有利，主要为发达国家的国家赔制度所采用；二是补偿性标准，即国家向受害方给付的赔偿金以填补受害方的实际损失为限，国家赔偿的金额等于受害人的实际损失额；三是慰抚性标准，即国家赔偿以抚慰为目的，对受害人的实际损失不进行充分的填补，只是在尽可能的范围内赔偿，采取这一标准，受害方得到的赔偿往往少于其所受损失。我国《国家赔偿法》立法的过程中，对我国应采用哪种标准有过不同看法。有人认为，应当从根治违法侵权出发，把赔偿标准定得高一些，即应根据惩罚性赔偿原则来确定赔偿标准；有人认为，国家赔偿要解决的问题，主要是通过赔偿来规范国家机关的行为，并将其重新纳入正轨，而不是对受害人给予完全充分的赔偿，加之初创国家赔偿制度．各方面经验不足，特别是在目前国家机关的执法、司法水平还不很高的情况下，采取惩罚性赔偿原则确定赔偿标准，国家机关很可能难以承受，这对国家机关执行职务，逐步改善执法、司法水平是不利的。因此，在国家赔偿制度初创时期，采取抚慰性赔偿原则是适当的。而补偿性赔偿原则由于目前条件下还存在很多侵权损害的确认、计算、统计上的具体问题，采此原则亦不适宜；还有人认为，国家赔偿应采取补偿性赔偿原则，即完全赔偿原则，对受害人的财产损害和精神损害、直接损失和间接损失都应予以赔偿。近年来，也有学者从报复心理的满足、预防公共权力违法、充分保障人权及落实权力与责任等价值的法理角度，对惩罚性标准的引入进行了充分的论证。[1]

---

〔1〕 袁维勤、黄文：“论确立我国的惩罚性国家赔偿标准”，载《重庆工商大学学报（社会科学版）》2008 年第 1 期。

从2010年《国家赔偿法》的规定来看，我国采取的基本上仍然是慰抚性标准。例如，该法第36条第6项规定，对违法吊销许可证和营业执照、责令停产停业的，国家赔偿的不是停产停业造成的全部损失，而是停产停业期间必要的经常性费用开支，对正常生产或经营的利润等间接损失不予赔偿。即使该条第5项、第7项关于“变卖的价款明显低于财产价值的，应当支付相应的赔偿金”、“返还执行的罚款或者罚金、追缴或者没收的金钱，解除冻结的存款或者汇款，应当支付银行同期的利息”的规定，在一定程度上扩大了赔偿内容。然而，与受害人的损失相比，这种赔偿仍然与补偿性标准的要求存在距离。

三种标准当中，惩罚性标准对于促进国家机关依法履行公共职能效果最为有力，补偿性标准对于受害人的损失填补最为公平，慰抚性标准对于公民生存权的保障最为基本。如果说确立惩罚性标准可能增加国家财力的负担，可能影响国家赔偿的积极性，可能对政府公共服务的提供产生负面的冲击，那么也应该看到根据慰抚性标准计算的赔偿数额，与受害方的实际损失之间在很多情况下存在巨大的差距，背离国家赔偿制度的基本价值。较为合理的做法是逐步过渡到补偿性标准，对全部的直接损失和合理的间接损失进行赔偿，使国家赔偿标准与民事赔偿标准实现一致。就代履行而言，在第三人出现违法侵权后，如果相对方启动国家赔偿程序，国家至少按照补偿性标准对相对方进行赔付，国家赔偿单轨制救济思路强调的权利保障功能才能得以体现。考虑到当前的国家赔偿基本停留在抚慰性标准层次，国家赔偿单轨制救济思路仅仅是看起来很美好而已，叶必丰教授曾指出：“在受大陆法系影响的台湾地区，在不断扩大赔偿范围的时候，部分因素是为了防止公共权力以私法为避难所。但是，在大陆，至少在目前，我个人认为私法救济可能比公法救济更为有效，私法在责任的受偿方面跟目前赔偿法的赔偿效果相比，恐怕对保护人权来说更为有利。”[1]因此，在当前的法律制度下，将第三人的行为产生的损害全部纳入国家赔偿，对相对方权益保障很难讲是最好的方案。

---

〔1〕 参见应松年主编：《海峡两岸行政法学学术研讨会实录》，中国法学会行政法学研究会2004年版，第59页。

三、代履行损害赔偿的双轨制

客观上，参与代履行活动的第三人具有多重身份：公务主体与市场主体。第三人与行政机关签订代履行合同、接受行政机关委托后，取得法律上行政助手或者“根据契约罗致之私人”的身份，并在代履行公务中，扮演着行政义务实现中不可或缺的代理人角色。同时，第三人又是具有独特动机与利益的市场主体，其可能通过“诚实劳动、合法经营”寻求自身利益增加，亦可能设法逃避行政机关的监督或者与行政机关“共谋”损害相对人合法权益。第三人双重身份与双重动机的并存，尽管从行为主体是统一的，但是从实际表现上往往会发生冲突。在行政机关或法律制度能够对第三人的行为作出事前明确安排或事中有效控制的情况下，第三人行为仍有可能朝行政强制合法、适当的方向趋近。问题是，行政机关与相对人之间存在严重信息不对称的情况下，委托代理问题不可避免地要产生。

具体而言，如果第三人在代履行程序启动以后采取的行为完全在基础行政决定为相对方设置的义务之内，此时，第三人的行为即义务履行行为，其产生的法律后果上应由作出委托第三人的行政机关承担。但是，此种情形需要满足下列条件之一：①基础行政决定对履行义务的内容与方法作出了详尽无遗的具体规定；②基础行政决定虽然没有对履行义务的内容与方法作出明确规定，但在行政机关与第三人签订的代履行合同对此进行了明确约定。这两个条件均很难满足，对第一个条件而言，基础行政决定必须规定行政义务的内容，“行政处分的内容必须清楚、明白，俾相对方得以知悉国家所课与义务或者给予权利的内容，进而知所应对进退”，[1]明确性是行政决定合法的实质要件，这一点并无疑问，但义务履行的方法则一般由相对方或者代替相对方履行义务的第三人自行决定，法律或行政机关通常不作过度干预；对第二个条件而言，代履行合同的不完备性决定了无论行政机关单方如何努力设计，或者双方如何精心协商，代履行涉及的所有情形都不可能通过合同一网打尽，总有“挂一漏万”的可能，更何况，代履行的制度优势原本就是充分释放第三人在行政义务履行中的活力，

〔1〕 许宗力：“行政处分”，载翁岳生编：《行政法》，中国法制出版社2002年版，第696页。

过度细致的安排反而会捆绑第三人的手脚，使其沦为行政机关的手臂。

在法律与合同不可能对义务履行的方法作出细致安排的情形下，行政机关对代履行过程的到场监督在宽度与强度上都会受到限制，必须承认并面对第三人的自主性。问题在于，第三人基于自主性作出的行为，在对相对人权益造成损害后，哪些属于义务履行行为，哪些属于民事侵权行为？这种二元化的处理思路符合第三人身份的多面性，也有利于遏制第三人的机会主义行为，与现行制度下对受害人提供的权利救济机制亦契合，围绕义务履行行为与民事侵权行为的划分，学界形成了以下观点：

观点一，代履行范畴说。有学者从环境行政执法领域代履行领域存在的不同法律关系着手分析并认为，如果义务人与实际代履行单位之间的纠纷只是代履行的方案、设备的使用、人员的管理、资金的投入等仅涉及环境行政代履行本身的问题，因其均在行政法律关系范畴之内，只能由环境保护管理部门通过行政诉讼机制进行责任的承担；如果纠纷与环境行政代履行无关，而是基于没有尽到必要的协调、注意、保密等义务，或者在代履行的范畴之外侵害对方的利益，此时就应通过民事责任的追究机制进行解决，受民事侵权法律法规的调整。[1]论者提出了一个区分义务履行行为与民事侵权行为的标准——行为是否在代履行范畴内，“构建知识的途径之一就是建立范畴”，这种观点看似简明扼要，实则忽视了范畴本身的不确定性，范畴只是对相似性与连续性的记录，“既然是相似性，就不可能做到精确，既然是‘连续性’就难以作出一刀切”。[2]范畴的边界是模糊的，导致模糊的原因主要不是认识者的知识不足，而是客观事物本身的特点决定的。在代履行范畴没有清晰界域的情况下，以其为标准区分义务履行行为与民事侵权行为并不彻底。

观点二，委托限制说。有学者主张：“如果其（代履行中的第三人——笔者注）其因故意或过失在委托范围外行事，或擅自将其委托事项转委托其他组织或个人等，给义务人造成损失或者人身伤害的，应由第三人独立承担法

---

〔1〕 江必新主编、最高人民法院行政强制法研究小组编著：《〈中华人民共和国行政强制法〉条文理解与适用》，人民法院出版社 2011 年版。

〔2〕 俞建梁、孙晓霞：“论范畴的不确定性——范畴本质的后现代研究之二”，载《西安外国语大学学报》2010 年第 3 期。

律责任，行政机关不承担责任。”[1]这意味行政机关仅仅就双方在代履行合同中明确约定的事项承担责任，在没有约定或者约定不清的情况下，由第三人承担对相对方的民事侵权责任，第三人参与行政过程，既然源自行政机关的委托，那么双方关于委托对象、委托事项、委托程序的约定，当然对其有约束力。这种观点的问题在于，超出委托范围造成的损害是否一定就是民事侵权行为？例如第三人的行为虽然超出委托范围，却是到场监督的行政机关积极鼓励或默许的结果，第三人行为显然不能简单地归结于民事侵权行为。

观点三，具体问题具体分析说。有学者提出，第三人在实施代履行时对相对方造成的损害，应考虑不同情形。“首先，如果代履行人的行为超越了行政机关委托其所从事的范围而对义务人造成损害，那么应由代履行人自身承担损害赔偿责任。……其次，在代履行的范围内，如果代履行人自身没有尽到合理的注意义务，从而对义务人构成损害的，也应当由其自身承担赔偿责任。……最后，如果代履行人实施的行为在行政代履行的范围之内，同时其自身也尽到了合理的注意义务，但却仍然给履行义务人造成损害的，那么应当由行政机关承担责任。”[2]这种观点虽然看到了代履行过程中第三人行为的复杂性，但没有对“代履行范围”“合理的注意义务”进行界定，因而难以提供具有操作性的方案。

如何确定第三人行为的损害赔偿责任？笔者认为，应确立的基本思路如下：

1. 第三人的代履行行为是否属于国家赔偿法上的职权行为？违法行使职权或者公权是国家赔偿责任构成的行为要件，代履行并非行政强制权的直接行使，有人提出，“鉴于行政机关只有在法律的授权下方可实行代履行，将行政机关的代履行归入‘行使职权’也是合理的。而对于由第三人代履行的情况，当事人提起国家赔偿之诉的首要障碍就是第三人的行为并不属于严格意义上的‘国家机关和国家机关工作人员行使职权的范畴’”。[3] 从国家赔偿责

---

〔1〕 李大勇：“公私合作背景下的代履行——以行政强制法草案相关条文为分析对象”，载《河南省政法干部管理学院学报》2011 年第 4 期。

〔2〕 俞祺：“试论行政代履行人侵权行为的责任分配”，载《南开法律评论》2012 年第 1 期。

〔3〕 陈映红、焦南：“我国行政强制中代履行诉讼类型及对策之探讨”，载董治良主编：《中国行政审判研究》，法律出版社 2013 年版，第 220 页。

任的构成要件看，这种疑虑不能说没有道理。

就公权理论的沿革看，大陆法系早期的公权通常为高权行政的同义词，“公务的出发点是所有的高权性活动”，后来逐渐扩张至私经济行政以外的公法行为，

在德国，“所谓公权力之行使，不限于执行具有强制力作用之传统高权作用，凡国家之保育作用、营造物基于其权利之行为，以及公证行为均属之”。日本也有判例认为，国家赔偿法上的“公共权力的行使”指的是“除了国家的私经济作用以及成为《国家赔偿法》第2条的对象的行为以外的所有活动”。〔1〕学校的教育活动、行政指导、行政代执行处分等都被涵盖在内。我国台湾地区的通说亦主张，所谓行使公权力，“系指公务员居于国家机关之地位，行使统治权作用之行为而言，亦包括适用命令及强制等手段干预人民自由及权利之行为，以及提供给付、服务、救济、照顾等方法，增进公共计社会成员之利益，以达成国家任务之行为”。更进一步将其具体种类概括为：①国家行为如具有命令、强制等权力性之性质者；②国家行为中若以法规、行政处分或行政契约之方式为之者；③国家行为之性质依法律之规定具有公法性质者；④国家行为具有侵害行政之性质者；⑤国家行为系以公法方式履行给付行政之性质者；⑥国家行为之性质属于公用事业而法律明定该行为仅能由国家为之者；⑦国家行为之性质属于国家应完成公共任务者。〔2〕

以前述标准衡量，第三人代履行仍然应纳入国家赔偿，代履行的依据是第三人与行政机关签订的代履行合同，代履行的内容由行政机关依据行政法律规范作出的行政决定确定，对相对方具有明显的规范与限制其财产权利的法律效果，而且就目的而言，代履行制度直指维护交通安全、保护生态环境与自然资源，因而具有强烈的公务属性。第三人实施的代履行虽非权力行为，却是受行政机关的委托参与到行政强制执行过程中的，代履行程序从启动、实施到完结都是在行政机关公共权力的外观下展开，并且在法律上与事实上均具有对相对方的支配性，相对方则承担着忍受的义务，代履行是行政强制

〔1〕［日］盐野宏：《行政法》，杨建顺译，法律出版社1999年版，第458页。

〔2〕参见叶百修：“国家赔偿法”，载翁岳生编：《行政法》，中国法制出版社2002年版，第1594～1596页。

执行下的间接手段，属于行使职权应无疑义。

2. 在代履行整体属于行使职权的前提下，如何从第三人的行为中析取出义务履行行为？第三人在代履行过程中的活动不是一个孤立的片段，而是由不同环节和侧面构成，有的行为追求或接近代履行目的——履行行政义务这一内核，有些则距此较远甚至无关——仅仅发生在代履行的时间或空间范围内而已，能够归结为公务从而产生国家赔偿责任的，应该是其中的义务履行行为，但是义务履行行为的外延或宽度到底有多大？合法、依约的代履行行为属于公务行为，却不能因此认为，第三人在代履行过程中违法侵权一概皆为民事侵权行为，这样无疑等于取消国家赔偿制度。但是，第三人代履行过程中的违法侵权行为如果全部由国家赔偿责任也有失公允，不利于对第三人机会主义的遏制，“职务赔偿责任是一种职能性质的赔偿责任，而不是身份性质或者公务员个人性质的赔偿责任”。〔1〕公共职能是国家承担赔偿责任的基础。

此时，考虑到参与代履行过程的第三人在履行行政义务时具有实质意义的公务员身份，〔2〕域外对此问题的讨论经常在如何识别公务员公务（职务）行为的框架下展开。

在德国，联邦最高法院在前述1993年警察委托民间拖吊业者于拖吊过程交通肇事案后，在1996年的一个判决中又指出，“公共机关为了执行任务可以通过私法合同使用私人。执行任务所属团体和行政协助人之间的内部关系在认定行政协助人执行任务时与关系公民的外部关系方面没有意义”。〔3〕似乎一概将第三人的行为视为公务行为，但是“执行任务时”的限定本身已说明，执行任务以外的行为不产生国家赔偿责任，应适用一般意义上的民事侵权赔偿责任，“造成损害的行为必须在执行公务过程中实施，即该损害行为在内部

---

〔1〕［德］汉斯·J. 沃尔夫、奥托·巴霍夫、罗尔夫·施托贝尔：《行政法》，高家伟译，商务印书馆2002年版，第349页。

〔2〕国家赔偿制度中的公务员系指被委托执行公务的任何人，这与《公务员法》上“依法履行公职、纳入国家行政编制、由国家财政负担工资福利的工作人员”明显不同，后者强调身份与任职等静态特征，前者更为关注具体案件中是否执行职务这一动态标准。

〔3〕［德］汉斯·J. 沃尔夫、奥托·巴霍夫、罗尔夫·施托贝尔：《行政法》，高家伟译，商务印书馆2002年版，第352页。

与外部两个方面都是为了执行公务，而不是随意实施的行为”。[1]法国对公务行为与个人行为的区分由来已久，“对于公务行为来说，应当单独由政府，而不是公务员来承担责任；而公务员则只就个人行为承担责任，并且在大多数情况下都是由权限裁定法院来裁定该项行为是否是个人行为”。[2]如何区分公务行为与个人行为是法理学的基本任务之一，虽然曾有过依照公务员过错程度确定行为性质的判例——重大错误的行为属于个人行为、轻微错误的行为属于公务行为，但普遍的观点仍然是，公务员只有在其行为与职责没有关联的情况下才承担责任，“个人行为的定义就是追求某个与行政职能毫无关联的目的的行为”。[3]对第三人在接受行政机关委托后的行为而言，最关键的问题是，如何将第三人与代履行不存在关联的行为加以剥离并由其承担民事侵权责任。可供考虑的标准有：

（1）时间标准。《国家赔偿法》规定的行政赔偿范围为“行使职权时”，这是一个有始期和终期的标准，行政机关“行使职权时”与第三人“代履行时”不是完全的对应关系，行政机关开始的时间节点为作出代履行决定书，第三人开始的时间节点应该是行政机关派员到场监督，在行政机关派员监督前，第三人无权实施代履行行为，但是考虑到相对方已经通过代履行决定书知晓了第三人的代履行人资格，故第三人在代履行决定书送达后如实施侵权行为，原则上应构成国家赔偿责任。至于代履行完毕，行政机关到场监督的工作人员、第三人和相对方或者见证人在执行文书上签名或者盖章后的行为均应属于民事侵权行为。例如，第三人拆除妨碍行洪的违法建筑物，完成代履行事项后，将违法建筑物的材料偷运并予以销售，此时，代履行程序已经结束，第三人行为在性质上属民事侵权行为。

（2）地点标准。在代履行合同或者行政机关到场监督人员对代履行的地点有明确安排的情况下，第三人应遵守关于履行地点的要求，否则造成损害

---

〔1〕［德］哈特穆特·毛雷尔：《行政法》，高家伟译，法律出版社2000年版，第625页。

〔2〕［法］莱昂·狄骥：《公法的变迁·法律与国家》，郑戈、冷静译，辽海出版社、春风文艺出版社1999年版，第207页。

〔3〕江必新主编、最高人民法院行政强制法研究小组编著：《〈中华人民共和国行政强制法〉条文理解与适用》，人民法院出版社2012年版，第261～262页。

的即为民事侵权行为。例如，第三人对相对方合法停放在其他地方的车辆强行拖移造成损害后果的，应对相对方的损失承担民事赔偿责任。

（3）外观标准。第三人进入行政过程后，其行为应以排除妨碍、恢复原状等义务为内容，并以避免发生危害交通安全、造成环境污染、破坏自然资源的后果为目的，如果其行为外观上符合此点，即为义务履行行为。例如，某项代履行行为的具体方法虽然并非代履行合同明确约定，但客观上原本确实能够推动行政义务速度更快、成本更低得到履行，结果却“好心办了坏事”，因为种种原因给相对方造成了损害，国家应当承担赔偿责任。

（4）行为意图标准。行政机关对代履行过程要派员到场监督，且不排除其根据现场情况的变化会进行一定程度的指挥，第三人的行为若系遵照行政机关的指挥作出，即与行政机关自身意思表示并无不同，应为履行义务行为。反之，如果第三人的行为，虽有行政机关的监督，但在履行现场表现出明确的侵犯相对人合法权益的意图，则可能构成民事侵权行为。

（5）行为独立性标准。在行政机关到场监督代履行过程的情况下，如果第三人对行政机关的监督不予理会甚至于暴力抵抗，对相对人造成损害完全为自身独立行为之结果，则为民事侵权行为。例如，第三人在代履行过程中不顾行政机关的再三劝诫与阻拦，对他人的财产进行扣押，或者直接对相对方使用暴力、胁迫等非法方式，由此产生的后果均应由第三人承担。当然，如果行政机关现场监督后，发现第三方的行为却没有劝阻或没有有效劝阻，未按照法律对第三人的行为进行约束，应由国家承担赔偿责任。以第三人行为是否具有独立性作为判断标准，不仅可以避免第三人借助代履行的机会谋取非法利益，也有助于促进行政机关积极履行法定的监督职责。

总之，在国家赔偿领域，对第三人的行为要作义务履行行为与民事侵权行为的区分。对前者造成的损害，相对方应先向行政机关请求，再由行政机关依据代履行合同向第三人进行追偿；后者出现时，相对方直接向第三人主张民事赔偿，由其承担赔偿责任。

结语与展望

一、研究的总结

当前，中国特色社会主义法治政府建设取得重大进展，究其缘由，社会发展的深层结构变革是基本动因，领导阶层的精心组织是政治支持，学界精英的鼓舞与呼声则提供了推动性力量。然而，在公共民营化的时代背景下，我国行政法尚未完全摆脱传统行政法思维的影响，多数制度供给与理论探讨主要围绕公共权力的规范展开，作为民营化重要组成部分的合同外包以非权力的公共物品或者公共服务为主要对象，这一过程虽然是私法机制对公共行政过程的渗入，但私法不足以进行有效的调整，法律真空难以避免，“契约政府是变化的政府，但是公共行政的核心问题，即责任和控制问题却更加显着”。〔1〕

在此前提下，本研究关注的核心问题是，主要基于对《行政强制法》确立的第三人代履行制度的困惑与反思。实践中，第三人代履行制度引起的规制问题已经引起广泛讨论，例如代履行的主体、费用计算基准等问题也成为社会各界关注的焦点问题。但第三人代履行作为一项制度，还没有缺乏较为系统与精细化的研究，对第三人代履行的行政决策、过程监督、司法救济等问题在学界涉足者不多。笔者在民营化的行政法理论日渐成熟的情形下，选择第三人代履行这种较为微观同时较少为人着墨的课题，运用制度经济学中的契约理论展开研究，试图引发学界对其进行理论与实践方面的深入思考。

本研究在大量文献的基础上，首先通过对代履行中蕴藏的契约结构进行

〔1〕［美］B. 盖伊·彼得斯：《官僚政治》，聂露、李姿姿译，中国人民大学出版社 2006 年版，第 395 页。

了分析，并指出行政机关、第三人、相对方不同的行为逻辑，着重刻画了代履行中可能出现的机会主义行为，并在机会主义一般性应对措施的基础上，结合代履行的特殊性，主张构建规制机制以减少代履行制度产生的交易成本。

二、进一步研究的展望

有学者在谈及博士论文选题时认为，“小题小做，可以做到小巧玲珑，但没有多大意思；大题大做不是博士论文所能承担的，那需要花一辈子精力；大题小做，最怕的就是这个，写杂感可以，做论文不行。比较合适做博士论文的——对写学位论文都是如此，就是‘小题大做’”。[1]本书就第三人代履行这一具体细微的民营化机制进行了研究，属于典型的“小题”，写作过程中也尽力在“大做”，但受多方面因素的制约，还存在“小处不够小、大处不够大”的缺陷，因而仍需作出进一步的努力。这种努力，首先需要“立地”，即运用多种方法与工具，继续对第三人代履行制度做更为纵深的精细化考察，此点在论文的创新与局限部分已有交待；其次也必须“顶天”，密切关注与第三人代履行制度相关的重大理论问题。笔者将这些可能很有意义的研究方向归纳为以下两个方面：

1. 如何认识私人在参与行政任务执行中的地位？代履行制度的出现意味着行政任务由行政机关独家垄断的时代正在逐渐走向终结，私人不应再被简单地视为行政权力作用的对象或者客体，承认其主体地位是民营化时代诸多行政法制度构建的逻辑前提。然而，私人对行政任务的参与，正如 Arnstein 指出的那样，呈现出阶梯化的样态，分为操控、诊疗、通知、咨询、安慰、伙伴、受权、市民控制等八种不同机制，[2]参与的程度差异使得行政机关与私人相互影响的方式与范围也会出现区别，现行理论对因此造成的问题并未进行充分的讨论。例如，私人对行政任务的参与首先面临何谓“行政任务”的拷问，但是我国学界对于行政法制的研究却是在组织法——行为法——救济

---

〔1〕 陈平原：“博士论文只是一张入场券——谈博士论文写作”，载《中华读书报》2003 年 3 月 5 日，第 9 版。

〔2〕 Tony Bovaid and Elke Loffler, *Public Management And Governance*, New York: Routledge, 2003, p. 192.

法的框架下展开，有关行政任务的研究被有意无意地忽视。行政任务的范围与界限如何确定，其与公共任务、国家任务的区别又如何厘清，其间必然会涉及国家与社会、政府与市场的关系认知，行政法不仅要有哲理化思考，更要在制度层面积极落实；其次，某一事项如果落在行政任务之内，拒绝参与、容许参与以及参与程度的界限需要讨论，这种界限是根据传统的秩序行政与给付行政进行类型化处理，还是从某项行政任务内在的特质与结构出发，都需要进一步研究。私人一旦参与了行政任务，其身份与参与前有何变化，如何防止角色错位，使其权利义务能够沿着公共利益的方向运行，在此过程中，法律、行政决定、合同各自能够扮演的具体角色等，都是值得探讨的问题。这些问题的解答或许可以从德国等国家和地区的文献与立法中窥知一二，但对于我们这样一个有着长期的帝制传统，在共和国后奉行计划经济，改革开放后又引入市场机制的发展中大国，经济与社会发展上也呈现出"前现代、现代、后现代"的复杂共时形态，完全地照搬并不可行，甚至可能有蹈他国覆辙的危险。

2. 如何在私人参与行政任务中，认识公法与私法相互融合的趋势？公法与私法二元化是现代法制建构的基本框架，两者的使命与重心都存在明显差异。但是，随着私人在行政任务实现中的地位变化，特别是在私法机制大量涌入公共行政领域的背景下，继续坚守公法与私法的二元化格局已经落后于时代的发展。不过，如何融合二者并发挥各自积极作用，却是必须面对的课题。对此，凯特尔曾言及："当然，政府通过私人部门追求公共目标的做法产生了一系列不同层次的问题。在寻找解决这些问题的答案中，政府有时会面对一种明显的紧张关系，一方面要通过与代理人进行市场性妥协的方式寻求和谐。另一方面，又要不折不扣地追求法律所要求的公共利益。在异常复杂的条件下，从理论和实践的原则中连续产生了一系列关键问题，而这些原则也不断地将政府带入与私人部门所建立的各种关系之中。"〔1〕新的形势使行政实践充满着动态与实验的意蕴，公法与私法在行政任务的合作解决中要摆脱

〔1〕［美］唐纳德·凯特尔：《权力共享：公共治理与私人市场》，孙迎春译，北京大学出版社2009年版，第32页。

内在冲突，以现实问题为重心，实现紧密的结合与互动，正在逐渐成为学界的共识。只是，这种结合与互动如何实现？就目前情形而言，不仅法制层面的回应较少，学者的关注也远远不够。当下的关键是，不仅要厘定公法与私法各自的出场时机与应对情事，更要探讨清楚在私人参与行政任务的过程中如何综合运用二者，设计规制缓和后的再规制机制，这种机制应该既能发挥私法的自治优势，又不至于私人基于自身利益的追求而背离公共目标。从进一步的研究看，有必要就此继续推进，实现公法与私法在权力共享时代的合作治理。

参考文献

一、中文著述

1. 严存生:《法律的价值》,陕西人民出版社 1991 年版。

2. 沈宗灵:《现代西方法理学》,北京大学出版社 1992 年版。

3. 张文显:《法哲学范畴研究》,中国政法大学出版社 2001 年版。

4. 孟德斯鸠:《论法的精神》,张雁深译,商务印书馆 1992 年版。

5. 乔耀章:《政府理论》,苏州大学出版社 2000 年版。

6. 杨宇立:《政府太累》,当代中国出版社 2004 年版。

7. 陈振明:《公共管理学》,中国人民大学出版社 2005 年版。

8. 杨宇立、薛冰:《市场、公共权力与行政管理》,陕西人民出版社 1998 年版。

9. 应松年主编:《当代中国行政法》,中国方正出版社 2005 年版。

10. 王周户:《行政法原理论》,陕西人民出版社 1998 年版。

11. 胡建淼:《行政法学》,法律出版社 2003 年版。

12. 王连昌、马怀德主编:《行政法学》,中国政法大学出版社 2007 年版。

13. 叶必丰:《行政法学》,武汉大学出版社 2003 年版。

14. 胡锦光主编:《行政法专题研究》,中国人民大学出版社 2006 年版。

15. 翁岳生编:《行政法》,中国法制出版社 2002 年版。

16. 陈新民:《德国公法学基础理论》,山东人民出版社 2001 年版。

17. 陈新民:《公法学札记》,中国政法大学出版社 2001 年版。

18. 吴庚:《行政法之理论与实用》,中国人民大学出版社 2005 年版。

19. 陈清秀:《行政诉讼法》,植根法律事务所丛书 1999 年版。

20. 城仲模：《行政法之基础理论》，三民书局1999年版。

21. 林锡尧：《行政法要义》，元照出版公司2006年版

22. 李惠宗：《行政法要义》，元照出版公司2007年版。

23. 句华：《公共服务中的市场机制：理论、方式与技术》，北京大学出版社2006年版。

24. 萧文生："自法律观点论私人参与公共任务之执行——以受委托行使公权力之人为中心"，载胡建淼主编：《公共行政组织及其法律规制暨行政征收与权利保护》，浙江大学出版社2008年版。

25. 曾峻：《公共秩序的制度安排——国家与社会关系的框架及其运用》，学林出版社2005年版。

26. 谢淑芳："从Williamson的交易成本观点论政府事务委外管理"，台湾政治大学公共行政研究所2008届硕士论文。

27. 万俊人主编：《现代公共管理伦理导论》，人民出版社2005年版。

28. 周志忍：《当代国外行政改革比较研究》，国家行政学院出版社1999年版。

29. 倪星："政府合法性基础的现代转型与政绩追求"，载《中山大学学报（社会科学版）》2006年第4期。

30. 刘可韵："老百姓为何会变成'老不信'?"，载《中国人大》2011年第24期。

31. 程明修：《行政法之行为与法律关系理论》，新学林出版股份有限公司2005年版。

32. 孙笑侠：《法律对行政的控制》，山东人民出版社1999年版。

33. 马骏、叶娟丽：《西方公共行政学理论前沿》，中国社会科学出版社2004年版。

34. 宋功德：《聚焦行政处理：行政法上"熟悉的陌生人"》，北京大学出版2007年版。

35. 董保城："从行政强制执行一般原理原则——兼论引进'代宣誓具结'及义务人'名簿'之考虑"，载《2006年海峡两岸行政（强制）执行理论与实务研讨会论文集》。

36. 傅士成：《行政强制研究》，法律出版社 2001 年版。

37. 成新轩、俞会新：《经济自由之神——亚当·斯密》，河北大学出版社 2001 年版。

38. 王克稳："政府业务委托外包的行政法认识"，载《中国法学》2011 年第 4 期。

39. 王名扬：《法国行政法》，中国政法大学出版社 1988 年版。

40. 林子仪：《行政检查业务委托民间办理法制之研究》，"研究发展考核委员会编印" 1998 年版。

41. 邹焕聪："'私代履行人'的理论定位及规范建议"，载《行政法学研究》2013 年第 1 期。

42. 敖双红：《公共行政民营化法律问题研究》，法律出版社 2007 年版。

43. 赵旭东："限期治理污染代履行的实施形式研究"，载《法学杂志》1999 年第 4 期。

44. 李波：《公共执法与私人执法的比较经济研究》，北京大学出版社 2008 年版。

45. 王丛虎：《政府购买公共服务理论研究——一个合同式治理的逻辑》，经济科学出版社 2015 年版。

46. 江必新主编、最高人民法院行政强制法研究小组编著：《〈中华人民共和国行政强制法〉条文理解与适用》，人民法院出版社 2011 年版。

47. 毛寿龙、李梅：《有限政府的经济分析》，上海三联书店 2000 年版。

48. 李建良："昂贵的拖吊费用——行政强制执行费用之核算基准"，载《月旦法学杂志》1996 年第 15 期。

49. 杨小君、王周户编：《行政强制与行政程序研究》，中国政法大学出版社 2000 年版。

50. 章志远：《个案变迁中的行政法》，法律出版社 2011 年版。

51. 吴恩玉："行政法上代履行费用的若干问题研究——兼及《行政强制法（草案）》的完善建议"，载《政治与法律》2010 年第 1 期。

52. 黄学贤主编：《中国行政法学专题研究述评（2000—2010）》，苏州大学出版社 2010 年版。

53. 詹镇荣："民营化后国家影响与管制义务之理论与实践——以组织私法化与任务私人化之基本型为中心"，载《东吴大学法律学报》2003 年第 1 期。

54. 章志远："民营化、规制改革与新行政法的兴起——从公交民营化的受挫切入"，载《中国法学》2009 年第 2 期。

55. 章志远："公共行政民营化的行政法学思考"，载《政治与法律》2005 年第 5 期。

56. 李宗动：《政府业务委外经营：理论与实践》，智胜文化事业有限公司 2002 年版。

57. 沈岿："论怠于履行职责致害的国家赔偿"，载《中外法学》2011 年第 1 期。

58. 应松年、刘莘主编：《〈中华人民共和国行政强制法〉条文释义与案例适用》，中国市场出版社 2011 年版。

59. 杨建顺：《行政规制与权利保障》，中国人民大学出版社 2007 年版。

60. 应松年、薛刚凌：《行政组织法研究》，法律出版社 2002 年版。

61. 郭怡译，郭建安校订：《巴西环境犯罪法》，中国环境科学出版社 2009 年版。

62. 金伟峰：《无效行政行为研究》，法律出版社 2005 年版。

63. 章剑生：《行政程序法基本理论》，法律出版社 2003 年版。

64. 余凌云主编：《全球时代下的行政契约》，清华大学出版社 2010 年版。

65. 陈淳文："论行政契约法上之单方变更权——以德、法法制之比较为中心"，载《台大法学论丛》第 32 期。

66. 步兵：《行政契约履行研究》，法律出版社 2011 年版。

67. 杨欣：《公共服务合同外包中的政府责任研究》，光明日报出版社 2012 年版。

68. 章剑生："论'行政惯例'在现代行政法法源中的地位"，载《政治与法律》2010 年第 6 期。

69. 许宗力："论行政任务的民营化"，载翁岳生教授祝寿论文编辑委员会编辑：《当代公法新论》，元照出版公司 2002 年版。

70. 许登科："德国担保国家理论为基础之公私协力（OPP）法制——对

促参法之启示”，台湾大学法律学研究所2008届博士学位论文。

71. 王太高：“行政补偿初论”，载《学海》2002年第4期。

72. 应松年：“论行政强制执行”，载《中国法学》1998年第3期。

73. 闫尔宝：“行政强制相关问题辩析”，载《法学杂志》2001年第6期。

74. 戚建刚：“试论行政强制执行的法律性质、瑕疵表现与救济途径”，载《中央政法管理干部学院学报》2000年第4期。

75. 朱健文：“论行政诉讼中之预防性权利保护”，载《月旦法学》1996年第3期。

76. 杨小军：“行政强制执行的主要制度”，载《法学杂志》2011第11期。

77. 蔡志芳：《行政救济与行政法学（一）》，三民书局1993年版。

78. 杜仪方：“行政赔偿中的‘行使职权’概念——以日本法为参照”，载《法商研究》2018年第2期。

79. 杜仪方：“公私协作中国家责任理论的新发展——以日本判决为中心的考察”，载《当代法学》2015年第3期。

80. 袁维勤、黄文：“论确立我国国家赔偿的惩罚性标准”，载《重庆工商大学学报（社会科学版）》2008年第1期。

81. 刘飞：“试论民营化对中国行政法制之挑战——民营化浪潮下的行政法思考”，载《中国法学》2009年第2期。

82. 马怀德：《行政诉讼原理》，法律出版社2003年版。

83. 刘承韪：“合同相对性理论的起源与流变——现代意义合同相对性在两大法系确立过程之比较”，载《南京大学法律评论》2007年。

84. 韩龙、魏超：“运用第三方受益人规则解决PPP中公众利益关切之探索”，载《云南大学学报（法学版）》2012年第5期。

85. 白慧林：“论第三人合同权利的确认”，载《内蒙古师范大学学报（哲学社会科学版）》2009年第3期。

86. 李大勇：“行政诉讼‘私法模式’之反思——兼论公益行政诉讼的引入”，载卞建林编《诉讼法学研究》，法律出版社2009年版。

87. 赵清林、刘奕淇：“行政合同诉讼研究——兼论我国行政诉讼的现代转型”，载《诉讼法论丛》2005年第1期。

88. 杨小君：《行政诉讼问题研究及制度改革》，中国人民公安大学出版社 2007 年版。

89. 杨欣：《民营化的行政法研究》，知识产权出版社 2008 年版。

90. 李艳芳："美国的公民诉讼制度及其启示——关于建立我国公益诉讼制度的借鉴性思考"，载《中国人民大学学报》2003 年第 2 期。

91. 刘金国、蒋立山主编：《中国社会转型与法律治理》，中国法制出版社 2007 年版。

中文译著

1. ［英］戴维 · M. 沃克：《牛津法律大辞典》，北京社会与科技发展研究所组织翻译，光明日报出版社 1988 年版。

2. ［德］柯武刚、史漫飞：《制度经济学》，韩朝华译，商务印书馆 2000 年版。

3. ［澳］欧文 · E. 休斯：《公共管理导论》，张成福、王学栋等译，中国人民大学出版社 2007 年版。

4. ［美］史蒂文 · 凯尔曼：《制定公共政策》，商正译，商务印书馆 1990 年版。

5. ［美］菲利普 · 库珀：《合同制治理——公共管理者面临的挑战与机遇》，竺乾威等译，复旦大学出版社 2007 年版。

6. ［美］斯蒂格利茨：《政府为什么干预经济》，郑秉文译，中国物资出版社 1998 年版。

7. ［美］E. S. 萨瓦斯：《民营化与公私部门的伙伴关系》，周志忍等译，中国人民大学出版社 2002 年版。

8. ［英］克里斯托弗 · 胡德：《国家的艺术》，彭勃、邵春霞译，上海人民出版社 1998 年版。

9. ［澳］皮特 · 凯恩：《法律与道德中的责任》，罗李华译，商务印书馆 2008 年版。

10. ［德］平特纳：《德国普通行政法》，朱林译，中国政法大学出版社 1999 年版。

11. ［德］施密特·阿斯曼：《秩序理念下的行政法体系建构》，林明锵译，北京大学出版社2012年版。

12. ［美］詹姆斯·汤普森：《行动中的组织——行政理论的社会科学基础》，敬乂嘉译，上海人民出版社2007年版。

13. ［日］米丸恒治：《私人行政——法的统制的比较研究》，洪英、王丹红、凌维慈译，中国人民大学出版社2010年版。

14. ［美］库珀：《行政伦理学——实现行政责任的途径》，张秀琴译，中国人民大学出版社2010年版。

15. ［英］克里斯托弗·鲍利特：《重要的公共管理者》，孙迎春译，北京大学出版社2011年版。

16. ［德］埃贝哈德·施密特－阿斯曼：《德国行政法读本》，于安译，高等教育出版社2006版。

17. ［德］汉斯·J. 沃尔夫、奥托·巴霍夫、罗尔夫·施托贝尔：《行政法》，高家伟译，商务印书馆2002年版。

18. ［日］盐野宏：《行政法》，杨建顺译，法律出版社1999年版。

19. ［德］哈特穆特·毛雷尔：《行政法学总论》，高家伟译，法律出版社2000年版。

20. ［美］麦克尼尔：《新社会契约论》，雷喜宁、潘勤译，中国政法大学出版社1994年版。

21. ［美］奥利弗·E. 威廉姆森：《资本主义经济制度——论企业签约与市场签约》，段毅才、王伟译，商务印书馆2002年版。

22. ［美］奥利弗·哈特：《企业、合同与财务结构》，费方域译，上海三联书店、上海人民出版社1998年版。

23. ［美］科斯、哈特、斯蒂格利茨等：《契约经济学》，李风圣译，经济科学出版社2000版。

24. ［英］托马斯·潘恩：《常识》，何实译，华夏出版社2004年版。

25. ［美］约拉姆·巴泽尔：《国家理论——经济权利、法律权利与国家范围》，钱勇等译，上海财经大学出版社2006年版。

26. ［美］E. 博登海默：《法理学：法律哲学与法律方法》，邓正来译，中国政法大学出版社 2004 年版。

27. ［英］彼得·斯坦、约翰·香德：《西方社会的法律价值》，王献平译，中国法制出版社 2004 年版。

28. ［美］莱斯利·里普森：《政治学的重大问题》，刘晓等译，华夏出版社 2001 年版。

29. ［美］小威廉·T. 格姆雷：《官僚机构与民主——责任与绩效》，俞沂暄译，复旦大学出版社 2007 年版。

30. ［美］唐纳德·凯特尔：《权力共享：公共治理与私人市场》，孙迎春译，北京大学出版社 2009 年版。

31. ［美］B. 盖伊·彼得斯：《政府未来的治理模式》，吴爱明译，中国人民大学出版社 2001 年版。

32. ［英］简·莱恩：《新公共管理》，赵成根译，中国青年出版社 2004 年版。

33. ［美］伯纳德·施瓦茨：《行政法》，徐炳译，群众出版社 1986 年版。

34. ［美］约翰·D. 多纳休、理查德·J. 泽克豪泽：《合作：激变时代的合作治理》，徐维译，中国政法大学出版社 2015 年版。

35. ［英］斯蒂芬·奥斯本：《新公共治理？公共治理理论和实践方面的新观点》，包国宪、赵晓军等译，科学出版社 2016 年版。

36. ［美］加布里埃尔·A. 阿尔蒙德、小 G. 宾厄姆·鲍威尔：《比较政治学——体系、过程和政策》，曹沛霖等译，东方出版社 2007 年版。

37. ［美］B. 盖伊·彼得斯：《美国的公共政策——承诺与执行》，顾丽梅、姚建华等译，复旦大学出版社 2008 年版。

38. ［美］诺内特、赛尔兹尼克：《转变中的法律与社会》，张志铭译，中国政法大学出版社 1994 年版。

39. ［美］赫伯特·A. 西蒙：《管理行为》，詹正茂译，机械工业出版社 2004 年版。

40. ［美］理查德·B. 斯图尔特著：《美国行政法的重构》，沈岿译，商务印书馆 2002 年版。

41. ［美］戴维·奥斯本、特德·盖布勒：《改革政府》，周敦仁等译，上海译文出版社 2006 年版。

42. ［美］朱迪·弗里曼：《合作治理与新行政法》，毕洪海、陈标冲译，商务印书馆 2010 年版。

43. ［美］威廉·F. 韦斯特：《控制官僚：制度制约与的理论与实践》，张定淮等译，重庆出版社 2001 版。

44. ［英］卡罗尔·哈洛、理查德·罗林斯：《法律与行政》，杨伟东等译，商务印书馆 2004 年版。

45. ［英］Tony Prosser："民营化的社会限制"，葛宗萍译，载《公法研究（第四卷)》，中国政法大学出版社 2005 年版。

46. ［美］菲利普·J. 库珀：《二十一世纪的公共行政：挑战与改革》，王巧玲等译，中国人民大学出版社 2006 年版。

47. ［美］詹姆斯·W. 费斯勒、唐纳德·F. 凯特尔：《行政过程的政治——公共行政学新论》，陈振明等译，中国人民大学出版社 2002 年版。

48. ［英］洛克：《政府论》，叶启芳、瞿菊农译，商务印书馆 1964 年版。

49. ［英］科尔巴奇：《政策》，张毅等译，吉林出版社 2005 年版。

50. ［英］哈特利·迪安：《社会政策学十讲》，岳经纶等译，格致出版社 2009 年版。

51. ［美］斯蒂芬. 戈德史密斯、威廉·D. 埃格斯：《网络化治理》，孙迎春译，北京大学出版社 2008 年版。

52. ［法］让·里韦罗、让·瓦利纳：《法国行政法》，鲁仁译，商务印书馆 2008 年版。

53. ［美］尼尔·K. 考默萨：《法律的限度——法治、权利的供给与需求》，申卫星、王琦译，商务印书馆 2007 年版。

54. ［美］B. 盖伊·彼得斯：《官僚政治》，聂露、李姿姿译，中国人民大学出版社 2006 年版。

55. ［韩］金东熙：《行政法》，赵峰译，中国人民大学出版社 2008 年版。

56. ［美］莱斯特·M. 萨拉蒙主编：《政府工具：新治理指南》，肖娜等译，北京大学出版社 2016 年版。

英文著述

1. Donald F. Kettl, *The Global Public Management Revolution*, Massachusett: Brookings Institution Press, 2000.

2. Donahue. John, *The Privatization Decision: Public Ends, Private Means*, New York: Basic Books, 1989.

3. Jack M. Beerman, "Privatization and Political Accountability", *Fordham Urban Law Journal*, 28 (2000).

4. Jame L. Mercer, "Growing Opportunity in Public Service Contracting", *Harvard Business Review*, 61 (1983).

5. Janet Rothenberg Pack, "Privatization and Cost Reduction", *Policy Science*, 22 (1989).

6. Robert Hedbon & Hazel Dayton Gunn, *The Costs and Benefits of Privatization at the Local Level in New York State*, Conell Community and Rural Development Institute, 1995.

7. Mildred Warner & Michel Ballard & Amir Hefetz, "Contracting Back in: When Privatization Fails", *Washington DC: Municipal Year Book*, 2003.

8. Mildred Warner & Robert Hebdon, "Local Government Restructuring: Privatization and Its Alternatives", *Journal of Policy Analysis and Management*, 20 (2001).

9. Catherine M. Donnelly, *Delegation of Governmental Power to Private Parties*, NewYork: Oxford Pres, 2007.

10. B. Holmstrom & P. Milgrom, "Multitask Principal-Agent Analyses: Incentive Contracts, Asset Ownership, and Job Design", *Journal of Law, Economics & Organization*, 7 (1991).

11. Mccubbins, Mathew, Roger Noll & Barray Weingast, "Structure and Process, Politics and Policy: Administrative Arrangements and the Political Control of Agencies", *Virginia Law Review*, 75 (1989).

12. Waterman, Richard W & Kenneth Meier, "Principal-agent Models: An Ex-

pansion?", *Journal of Public Administration Research and Theory*, 8 (1998).

13. Anne Cl Davies, "English Law's Treatment of Government Contracts", *The Public Law/Private Law Divide*, *Oxford*: *Hart Publishing*, 2006.

14. David Gwynn Morgan, *Administrative Law In Ireland*, London: Round Hall Sweet & Maxwell Bublin, 1998.

15. R Miranda, A Lerner, "Bureaucracy, Organization, and the Privatization of Public Services", *Public Administration Review*, 55 (1995).

16. Trevor L. Brown, Matthew Potoskl, "Transaction Costs and Contracting: the Practitioner Perspective", *Public Performance & Management Review*, 28 (2005).

17. Trevor L. Brownt, Mattew Potoski, David M. Van Slyke, "Managing Public Service Contract: Aligning Values, Institutions, and Markets", *Public Administration Review*, 5.6 (2006).

18. Deborah A. Auger, "Privatization, Contracting, and the State: Lessons from State Government Experience", *Public Producativity & Management Review*, 22 (1999).

19. Clarke, J. & Newman, J. *The Managerial State*, NewYork: Sage Press, 1997.

20. Lester M. Salamon, *The Tools of Government*: *A Guide To The New Governance*, London: Oxford University Press, 2002.

21. P Vincent Jones, *The New Public Contracting*: *Regulation*, *Responsiveness*, *Relationality*, London: Oxford Univercity Press, 2006.

22. Ellen Dannin, "Red Tape Of Accountability: Privatization, Publicization, and Public Values", *Cornell Jounal of Law and Public Policy*, 15 (2005).

23. John Johnston, "Public Servants and Private Contractor: Managing the Mixed Service Delivery System", *Canadian Public Administration*, 29 (1986).

24. DEM Sappington, "Incentives in Principal-agent Relationships", *The Journal of Economic Perspectives*, 5 (1991).

25. Amir Hrfetz, Mildred Warner, "Privatization and Its Reverse: Explaining the Dynarnies of the Government Contracting Process", *Journal of Public Administration Research and Theory*, 14 (2004).

26. Arthur S Link, *The Papers of Woodrow Wilson*, Princeton: Princeton University Press, 1975.

27. Gillian E. Mutzger, "Privatization as Delegation", *Columbia Law Review*, 103 (2003).

28. B Walker, "Monitoring and Motivation in Principal-agent Relationships: Some Issues in the Case of Local Authority Services", *Scottish Journal of Political Economy*, 47 (2000).

29. Ef Fama and Mc Jensen, "Agency Problems and Residual Claims", *Journal of Law and Economics*, 26 (1983).

30. Manuel Tirard, "Privatization and Public Law Values: View from France", *Indian Jounal of Global Legal Studies*, 15 (2008).

31. W. A. Peeters, "Incentives in Government Procurement Contracts", *Public Procurement Law Review*, 4 (1993).

32. Jona Prager, "Contracting Out Government Services: Lessons from the Private Sector", *Public Administration Review*, 54 (1994).

33. Tony Bovaid and Elke Loffler, *Public Management And Governance*, New York: Routledge, 2003.

附录一：涉及代履行的法律、行政法规

防洪法

第四十二条 对河道、湖泊范围内阻碍行洪的障碍物，按照谁设障、谁清除的原则，由防汛指挥机构责令限期清除；逾期不清除的，由防汛指挥机构组织强行清除，所需费用由设障者承担。

第五十六条 违反本法第十五条第二款、第二十三条规定，围海造地、围湖造地、围垦河道的，责令停止违法行为，恢复原状或者采取其他补救措施，可以处五万元以下的罚款；既不恢复原状也不采取其他补救措施的，代为恢复原状或者采取其他补救措施，所需费用由违法者承担。

第五十七条 违反本法第二十七条规定，未经水行政主管部门对其工程建设方案审查同意或者未按照有关水行政主管部门审查批准的位置、界限，在河道、湖泊管理范围内从事工程设施建设活动的，责令停止违法行为，补办审查同意或者审查批准手续；工程设施建设严重影响防洪的，责令限期拆除，逾期不拆除的，强行拆除，所需费用由建设单位承担；影响行洪但尚可采取补救措施的，责令限期采取补救措施，可以处一万元以上十万元以下的罚款。

森林法

第八十一条 违反本法规定，有下列情形之一的，由县级以上人民政府林业主管部门依法组织代为履行，代为履行所需费用由违法者承担：

（一）拒不恢复植被和林业生产条件，或者恢复植被和林业生产条件不符合国家有关规定；

（二）拒不补种树木，或者补种不符合国家有关规定。

恢复植被和林业生产条件、树木补种的标准，由省级以上人民政府林业主管部门制定。

水污染防治法

第八十四条 在饮用水水源保护区内设置排污口的，由县级以上地方人民政府责令限期拆除，处十万元以上五十万元以下的罚款；逾期不拆除的，强制拆除，所需费用由违法者承担，处五十万元以上一百万元以下的罚款，并可以责令停产整治。

除前款规定外，违反法律、行政法规和国务院环境保护主管部门的规定设置排污口的，由县级以上地方人民政府环境保护主管部门责令限期拆除，处二万元以上十万元以下的罚款；逾期不拆除的，强制拆除，所需费用由违法者承担，处十万元以上五十万元以下的罚款；情节严重的，可以责令停产整治。

第八十五条 有下列行为之一的，由县级以上地方人民政府环境保护主管部门责令停止违法行为，限期采取治理措施，消除污染，处以罚款；逾期不采取治理措施的，环境保护主管部门可以指定有治理能力的单位代为治理，所需费用由违法者承担：

（一）向水体排放油类、酸液、碱液的；

（二）向水体排放剧毒废液，或者将含有汞、镉、砷、铬、铅、氰化物、黄磷等的可溶性剧毒废渣向水体排放、倾倒或者直接埋入地下的；

（三）在水体清洗装贮过油类、有毒污染物的车辆或者容器的；

（四）向水体排放、倾倒工业废渣、城镇垃圾或者其他废弃物，或者在江河、湖泊、运河、渠道、水库最高水位线以下的滩地、岸坡堆放、存贮固体废弃物或者其他污染物的；

（五）向水体排放、倾倒放射性固体废物或者含有高放射性、中放射性物质的废水的；

（六）违反国家有关规定或者标准，向水体排放含低放射性物质的废水、热废水或者含病原体的污水的；

（七）未采取防渗漏等措施，或者未建设地下水水质监测井进行监测的；

（八）加油站等的地下油罐未使用双层罐或者采取建造防渗池等其他有效措施，或者未进行防渗漏监测的；

（九）未按照规定采取防护性措施，或者利用无防渗漏措施的沟渠、坑塘等输送或者存贮含有毒污染物的废水、含病原体的污水或者其他废弃物的。

第八十八条 城镇污水集中处理设施的运营单位或者污泥处理处置单位，处理处置后的污泥不符合国家标准，或者对污泥去向等未进行记录的，由城镇排水主管部门责令限期采取治理措施，给予警告；造成严重后果的，处十万元以上二十万元以下的罚款；逾期不采取治理措施的，城镇排水主管部门可以指定有治理能力的单位代为治理，所需费用由违法者承担。

第九十条 违反本法规定，有下列行为之一的，由海事管理机构、渔业主管部门按照职责分工责令停止违法行为，处一万元以上十万元以下的罚款；造成水污染的，责令限期采取治理措施，消除污染，处二万元以上二十万元以下的罚款；逾期不采取治理措施的，海事管理机构、渔业主管部门按照职责分工可以指定有治理能力的单位代为治理，所需费用由船舶承担：

（一）向水体倾倒船舶垃圾或者排放船舶的残油、废油的；

（二）未经作业地海事管理机构批准，船舶进行散装液体污染危害性货物的过驳作业的；

（三）船舶及有关作业单位从事有污染风险的作业活动，未按照规定采取污染防治措施的；

（四）以冲滩方式进行船舶拆解的；

（五）进入中华人民共和国内河的国际航线船舶，排放不符合规定的船舶压载水的。

第九十四条 企业事业单位违反本法规定，造成水污染事故的，除依法承担赔偿责任外，由县级以上人民政府环境保护主管部门依照本条第 2 款的规定处以罚款，责令限期采取治理措施，消除污染；未按照要求采取治理措施或者不具备治理能力的，由环境保护主管部门指定有治理能力的单位代为治理，所需费用由违法者承担；对造成重大或者特大水污染事故的，还可以报经有批准权的人民政府批准，责令关闭；对直接负责的主管人员和其他直接责任人员可以处上一年度从本单位取得的收入百分之五十以下的罚款；有

《中华人民共和国环境保护法》第六十三条规定的违法排放水污染物等行为之一，尚不构成犯罪的，由公安机关对直接负责的主管人员和其他直接责任人员处十日以上十五日以下的拘留；情节较轻的，处五日以上十日以下的拘留。

道路交通安全法

第九十三条 对违反道路交通安全法律、法规关于机动车停放、临时停车规定的，可以指出违法行为，并予以口头警告，令其立即驶离。

机动车驾驶人不在现场或者虽在现场但拒绝立即驶离，妨碍其他车辆、行人通行的，处二十元以上二百元以下罚款，并可以将该机动车拖移至不妨碍交通的地点或者公安机关交通管理部门指定的地点停放。公安机关交通管理部门拖车不得向当事人收取费用，并应当及时告知当事人停放地点。

因采取不正确的方法拖车造成机动车损坏的，应当依法承担补偿责任。

第一百零六条 在道路两侧及隔离带上种植树木、其他植物或者设置广告牌、管线等，遮挡路灯、交通信号灯、交通标志，妨碍安全视距的，由公安机关交通管理部门责令行为人排除妨碍；拒不执行的，处二百元以上二千元以下罚款，并强制排除妨碍，所需费用由行为人负担。

水法

第六十五条 在河道管理范围内建设妨碍行洪的建筑物、构筑物，或者从事影响河势稳定、危害河岸堤防安全和其他妨碍河道行洪的活动的，由县级以上人民政府水行政主管部门或者流域管理机构依据职权，责令停止违法行为，限期拆除违法建筑物、构筑物，恢复原状；逾期不拆除、不恢复原状的，强行拆除，所需费用由违法单位或者个人负担，并处一万元以上十万元以下的罚款。

未经水行政主管部门或者流域管理机构同意，擅自修建水工程，或者建设桥梁、码头和其他拦河、跨河、临河建筑物、构筑物，铺设跨河管道、电缆，且防洪法未作规定的，由县级以上人民政府水行政主管部门或者流域管理机构依据职权，责令停止违法行为，限期补办有关手续；逾期不补办或者补办未被批准的，责令限期拆除违法建筑物、构筑物；逾期不拆除的，强行拆除，所需费用由违法单位或者个人负担，并处一万元以上十万元以下的罚款。

海上交通安全法

第一百零六条 碍航物的所有人、经营人或者管理人有下列情形之一的，由海事管理机构责令改正，处二万元以上二十万元以下的罚款；逾期未改正的，海事管理机构有权依法实施代履行，代履行的费用由碍航物的所有人、经营人或者管理人承担：

（一）未按照有关强制性标准和技术规范的要求及时设置警示标志；

（二）未向海事管理机构报告碍航物的名称、形状、尺寸、位置和深度；

（三）未在海事管理机构限定的期限内打捞清除碍航物。

海域使用管理法

第四十七条 违反本法第二十九条第二款规定，海域使用权终止，原海域使用权人不按规定拆除用海设施和构筑物的，责令限期拆除；逾期拒不拆除的，处五万元以下的罚款，并由县级以上人民政府海洋行政主管部门委托有关单位代为拆除，所需费用由原海域使用权人承担。

消防法

第六十条 单位违反本法规定，有下列行为之一的，责令改正，处五千元以上五万元以下罚款：

（一）消防设施、器材或者消防安全标志的配置、设置不符合国家标准、行业标准，或者未保持完好有效的；

（二）损坏、挪用或者擅自拆除、停用消防设施、器材的；

（三）占用、堵塞、封闭疏散通道、安全出口或者有其他妨碍安全疏散行为的；

（四）埋压、圈占、遮挡消火栓或者占用防火间距的；

（五）占用、堵塞、封闭消防车通道，妨碍消防车通行的；

（六）人员密集场所在门窗上设置影响逃生和灭火救援的障碍物的；

（七）对火灾隐患经消防救援机构通知后不及时采取措施消除的。

个人有前款第二项、第三项、第四项、第五项行为之一的，处警告或者五百元以下罚款。

有本条第一款第三项、第四项、第五项、第六项行为，经责令改正拒不改正的，强制执行，所需费用由违法行为人承担。

固体废物污染环境防治法

第一百一十三条 违反本法规定，危险废物产生者未按照规定处置其产生的危险废物被责令改正后拒不改正的，由生态环境主管部门组织代为处置，处置费用由危险废物产生者承担；拒不承担代为处置费用的，处代为处置费用一倍以上三倍以下的罚款。

水土保持法

第五十五条 违反本法规定，在水土保持方案确定的专门存放地以外的区域倾倒砂、石、土、矸石、尾矿、废渣等的，由县级以上地方人民政府水行政主管部门责令停止违法行为，限期清理，按照倾倒数量处每立方米十元以上二十元以下的罚款；逾期仍不清理的，县级以上地方人民政府水行政主管部门可以指定有清理能力的单位代为清理，所需费用由违法行为人承担。

第五十六条 违反本法规定，开办生产建设项目或者从事其他生产建设活动造成水土流失，不进行治理的，由县级以上人民政府水行政主管部门责令限期治理；逾期仍不治理的，县级以上人民政府水行政主管部门可以指定有治理能力的单位代为治理，所需费用由违法行为人承担。

野生动物保护法

第五十四条 违反本法第三十七条第二款规定，将从境外引进的野生动物放归野外环境的，由县级以上人民政府野生动物保护主管部门责令限期捕回，处一万元以上五万元以下的罚款；逾期不捕回的，由有关野生动物保护主管部门代为捕回或者采取降低影响的措施，所需费用由被责令限期捕回者承担。

土壤污染防治法

第九十四条 违反本法规定，土壤污染责任人或者土地使用权人有下列行为之一的，由地方人民政府生态环境主管部门或者其他负有土壤污染防治监督管理职责的部门责令改正，处二万元以上二十万元以下的罚款；拒不改正的，处二十万元以上一百万元以下的罚款，并委托他人代为履行，所需费用由土壤污染责任人或者土地使用权人承担；对直接负责的主管人员和其他直接责任人员处五千元以上二万元以下的罚款：

（一）未按照规定进行土壤污染状况调查的；

（二）未按照规定进行土壤污染风险评估的；

（三）未按照规定采取风险管控措施的；

（四）未按照规定实施修复的；

（五）风险管控、修复活动完成后，未另行委托有关单位对风险管控效果、修复效果进行评估的。

核安全法

第七十九条 违反本法规定，核设施营运单位有下列情形之一的，由国务院核安全监督管理部门责令改正，处一百万元以上五百万元以下的罚款；拒不改正的，责令停止建设或者停产整顿；有违法所得的，没收违法所得；造成环境污染的，责令限期采取治理措施消除污染，逾期不采取措施的，指定有能力的单位代为履行，所需费用由污染者承担；对直接负责的主管人员和其他直接责任人员，处五万元以上二十万元以下的罚款：

（一）未经许可，从事核设施建造、运行或者退役等活动的；

（二）未经许可，变更许可文件规定条件的；

（三）核设施运行许可证有效期届满，未经审查批准，继续运行核设施的；

（四）未经审查批准，进口核设施的。

第八十条 违反本法规定，核设施营运单位有下列情形之一的，由国务院核安全监督管理部门责令改正，给予警告；情节严重的，处五十万元以上二百万元以下的罚款；造成环境污染的，责令限期采取治理措施消除污染，逾期不采取措施的，指定有能力的单位代为履行，所需费用由污染者承担：

（一）未对核设施进行定期安全评价，或者不接受国务院核安全监督管理部门审查的；

（二）核设施终止运行后，未采取安全方式进行停闭管理，或者未确保退役所需的基本功能、技术人员和文件的；

（三）核设施退役时，未将构筑物、系统或者设备的放射性水平降低至满足标准的要求的；

（四）未将产生的放射性固体废物或者不能经净化排放的放射性废液转变为稳定的、标准化的固体废物，及时送交放射性废物处置单位处置的；

（五）未对产生的放射性废气进行处理，或者未达到国家放射性污染防治标准排放的。

第八十六条 违反本法规定，有下列情形之一的，由国务院核安全监督管理部门责令改正，处十万元以上五十万元以下的罚款；情节严重的，处五十万元以上二百万元以下的罚款；造成环境污染的，责令限期采取治理措施消除污染，逾期不采取措施的，指定有能力的单位代为履行，所需费用由污染者承担：

（一）未经许可，从事放射性废物处理、贮存、处置活动的；

（二）未建立放射性废物处置情况记录档案，未如实记录与处置活动有关的事项，或者未永久保存记录档案的；

（三）对应当关闭的放射性废物处置设施，未依法办理关闭手续的；

（四）关闭放射性废物处置设施，未在划定的区域设置永久性标记的；

（五）未编制放射性废物处置设施关闭安全监护计划的；

（六）放射性废物处置设施关闭后，未按照经批准的安全监护计划进行安全监护的。

航道法

第三十九条 违反航道通航条件影响评价的规定建成的项目导致航道通航条件严重下降的，由前两款规定的交通运输主管部门或者航道管理机构责令限期采取补救措施或者拆除；逾期未采取补救措施或者拆除的，由交通运输主管部门或者航道管理机构代为采取补救措施或者依法组织拆除，所需费用由建设单位承担。

第四十条 与航道有关的工程的建设单位违反本法规定，未及时清除影响航道通航条件的临时设施及其残留物的，由负责航道管理的部门责令限期清除，处二万元以下的罚款；逾期仍未清除的，处三万元以上二十万元以下的罚款，并由负责航道管理的部门依法组织清除，所需费用由建设单位承担。

草原法

第七十一条 在临时占用的草原上修建永久性建筑物、构筑物的，由县级以上地方人民政府草原行政主管部门依据职权责令限期拆除；逾期不拆除的，依法强制拆除，所需费用由违法者承担。

临时占用草原，占用期届满，用地单位不予恢复草原植被的，由县级以上地方人民政府草原行政主管部门依据职权责令限期恢复；逾期不恢复的，由县级以上地方人民政府草原行政主管部门代为恢复，所需费用由违法者承担。

放射性污染防治法

第五十六条 产生放射性固体废物的单位，不按照本法第四十五条的规定对其产生的放射性固体废物进行处置的，由审批该单位立项环境影响评价文件的环境保护行政主管部门责令停止违法行为，限期改正；逾期不改正的，指定有处置能力的单位代为处置，所需费用由产生放射性固体废物的单位承担，可以并处二十万元以下罚款；构成犯罪的，依法追究刑事责任。

森林法实施条例

第四十一条 违反本条例规定，毁林采种或者违反操作技术规程采脂、挖笋、掘根、剥树皮及过度修枝，致使森林、林木受到毁坏的，依法赔偿损失，由县级以上人民政府林业主管部门责令停止违法行为，补种毁坏株数1倍至3倍的树木，可以处毁坏林木价值1倍至5倍的罚款；拒不补种树木或者补种不符合国家有关规定的，由县级以上人民政府林业主管部门组织代为补种，所需费用由违法者支付。

第四十五条 擅自移动或者毁坏林业服务标志的，由县级以上人民政府林业主管部门责令限期恢复原状；逾期不恢复原状的，由县级以上人民政府林业主管部门代为恢复，所需费用由违法者支付。

防治海洋工程建设项目污染损害海洋环境管理条例

第四十八条 建设单位违反本条例规定，有下列行为之一的，由县级以上人民政府海洋主管部门责令停止建设、运行，限期恢复原状；逾期未恢复原状的，海洋主管部门可以指定具有相应资质的单位代为恢复原状，所需费用由建设单位承担，并处恢复原状所需费用1倍以上2倍以下的罚款：

（一）造成领海基点及其周围环境被侵蚀、淤积或者损害的；

（二）违反规定在海洋自然保护区内进行海洋工程建设活动的。

第五十二条 海洋油气矿产资源勘探开发单位违反本条例规定向海洋排放含油污水，或者将塑料制品、残油、废油、油基泥浆、含油垃圾和其他有毒有害残液残渣直接排放或者弃置入海的，由国家海洋主管部门或者其派出机构责令限期清理，并处2万元以上20万元以下的罚款；逾期未清理的，国家海洋主管部门或者其派出机构可以指定有相应资质的单位代为清理，所需费用由海洋油气矿产资源勘探开发单位承担；造成海洋环境污染事故，直接负责的主管人员和其他直接责任人员构成犯罪的，依法追究刑事责任。

历史文化名城名镇名村保护条例

第四十一条 违反本条例规定，在历史文化名城、名镇、名村保护范围内有下列行为之一的，由城市、县人民政府城乡规划主管部门责令停止违法行为、限期恢复原状或者采取其他补救措施；有违法所得的，没收违法所得；逾期不恢复原状或者不采取其他补救措施的，城乡规划主管部门可以指定有能力的单位代为恢复原状或者采取其他补救措施，所需费用由违法者承担；造成严重后果的，对单位并处50万元以上100万元以下的罚款，对个人并处5万元以上10万元以下的罚款；造成损失的，依法承担赔偿责任：

（一）开山、采石、开矿等破坏传统格局和历史风貌的；

（二）占用保护规划确定保留的园林绿地、河湖水系、道路等的；

（三）修建生产、储存爆炸性、易燃性、放射性、毒害性、腐蚀性物品的工厂、仓库等的。

第四十三条 违反本条例规定，未经城乡规划主管部门会同同级文物主管部门批准，有下列行为之一的，由城市、县人民政府城乡规划主管部门责令停止违法行为、限期恢复原状或者采取其他补救措施；有违法所得的，没收违法所得；逾期不恢复原状或者不采取其他补救措施的，城乡规划主管部门可以指定有能力的单位代为恢复原状或者采取其他补救措施，所需费用由违法者承担；造成严重后果的，对单位并处5万元以上10万元以下的罚款，对个人并处1万元以上5万元以下的罚款；造成损失的，依法承担赔偿责任：

（一）拆除历史建筑以外的建筑物、构筑物或者其他设施的；

（二）对历史建筑进行外部修缮装饰、添加设施以及改变历史建筑的结构或者使用性质的；

第四十四条 违反本条例规定，损坏或者擅自迁移、拆除历史建筑的，由城市、县人民政府城乡规划主管部门责令停止违法行为、限期恢复原状或者采取其他补救措施；有违法所得的，没收违法所得；逾期不恢复原状或者不采取其他补救措施的，城乡规划主管部门可以指定有能力的单位代为恢复原状或者采取其他补救措施，所需费用由违法者承担；造成严重后果的，对单位并处20万元以上50万元以下的罚款，对个人并处10万元以上20万元以下的罚款；造成损失的，依法承担赔偿责任。

饲料和饲料添加剂管理条例

第四十五条 对本条例第二十八条规定的饲料、饲料添加剂，生产企业不主动召回的，由县级以上地方人民政府饲料管理部门责令召回，并监督生产企业对召回的产品予以无害化处理或者销毁；情节严重的，没收违法所得，并处应召回的产品货值金额1倍以上3倍以下罚款，可以由发证机关吊销、撤销相关许可证明文件；生产企业对召回的产品不予以无害化处理或者销毁的，由县级人民政府饲料管理部门代为销毁，所需费用由生产企业承担。

陆生野生动物保护实施条例

第四十一条 违反野生动物保护法规，被责令限期捕回而不捕的，被责令限期恢复原状而不恢复的，野生动物行政主管部门或者其授权的单位可以代为捕回或者恢复原状，由被责令限期捕回者或者被责令限期恢复原状者承担全部捕回或者恢复原状所需的费用。

放射性废物安全管理条例

第三十六条 违反本条例规定，核设施营运单位、核技术利用单位有下列行为之一的，由审批该单位立项环境影响评价文件的环境保护主管部门责令停止违法行为，限期改正；逾期不改正的，指定有相应许可证的单位代为贮存或者处置，所需费用由核设施营运单位、核技术利用单位承担，可以处20万元以下的罚款；构成犯罪的，依法追究刑事责任：

（一）核设施营运单位未按照规定，将其产生的废旧放射源送交贮存、处置，或者将其产生的其他放射性固体废物送交处置的；

（二）核技术利用单位未按照规定，将其产生的废旧放射源或者其他放射性固体废物送交贮存、处置的。

第三十七条 违反本条例规定，有下列行为之一的，由县级以上人民政府环境保护主管部门责令停止违法行为，限期改正，处10万元以上20万元以下的罚款；造成环境污染的，责令限期采取治理措施消除污染，逾期不采取治理措施，经催告仍不治理的，可以指定有治理能力的单位代为治理，所需费用由违法者承担；构成犯罪的，依法追究刑事责任：

（一）核设施营运单位将废旧放射源送交无相应许可证的单位贮存、处置，或者将其他放射性固体废物送交无相应许可证的单位处置，或者擅自处置的；

（二）核技术利用单位将废旧放射源或者其他放射性固体废物送交无相应许可证的单位贮存、处置，或者擅自处置的；

（三）放射性固体废物贮存单位将废旧放射源或者其他放射性固体废物送交无相应许可证的单位处置，或者擅自处置的。

第三十八条 违反本条例规定，有下列行为之一的，由省级以上人民政府环境保护主管部门责令停产停业或者吊销许可证；有违法所得的，没收违法所得；违法所得10万元以上的，并处违法所得1倍以上5倍以下的罚款；没有违法所得或者违法所得不足10万元的，并处5万元以上10万元以下的罚款；造成环境污染的，责令限期采取治理措施消除污染，逾期不采取治理措施，经催告仍不治理的，可以指定有治理能力的单位代为治理，所需费用由违法者承担；构成犯罪的，依法追究刑事责任：

（一）未经许可，擅自从事废旧放射源或者其他放射性固体废物的贮存、处置活动的；

（二）放射性固体废物贮存、处置单位未按照许可证规定的活动种类、范围、规模、期限从事废旧放射源或者其他放射性固体废物的贮存、处置活动的；

（三）放射性固体废物贮存、处置单位未按照国家有关放射性污染防治标准和国务院环境保护主管部门的规定贮存、处置废旧放射源或者其他放射性固体废物的。

土地复垦条例

第四十条 土地复垦义务人将重金属污染物或者其他有毒有害物质用作回填或者充填材料的，由县级以上地方人民政府环境保护主管部门责令停止违法行为，限期采取治理措施，消除污染，处10万元以上50万元以下的罚款；逾期不采取治理措施的，环境保护主管部门可以指定有治理能力的单位代为治理，所需费用由违法者承担。

森林病虫害防治条例

第二十五条 被责令限期除治森林病虫害者不除治的，林业主管部门或者其授权的单位可以代为除治，由被责令限期除治者承担全部防治费用。

古生物化石保护条例

第三十八条 古生物化石收藏单位不符合收藏条件收藏古生物化石的，由县级以上人民政府国土资源主管部门责令限期改正；逾期不改正的，处5万元以上10万元以下的罚款；已严重影响其收藏的重点保护古生物化石安全的，由国务院国土资源主管部门指定符合条件的收藏单位代为收藏，代为收藏的费用由原收藏单位承担。

附录二：专门规范代履行程序的规范性文件

四川省环境保护代履行裁量权适用规则（试行）

第一条 为规范实施环境保护代履行行政强制行为，依据《中华人民共和国行政强制法》、环境保护相关法律法规和《四川省规范行政执法裁量权规定》（四川省人民政府令第278号），结合工作实际，制定本适用规则。

第二条 环境保护行政主管部门依法作出要求当事人履行排除妨碍、恢复原状等义务的行政决定，当事人逾期不履行，经催告仍不履行，其后果已经或者将造成环境污染或者破坏自然资源的，环境保护行政主管部门可以代履行，或者委托没有利害关系的第三人代履行。

第三条 作出代履行决定前，应当做好调查取证工作。

证据主要包括现场勘验笔录、调查询问笔录、环境监测报告、视听资料、证人证言和其他证明材料。

第四条 作出代履行决定，应当书面报经环境保护行政主管部门负责人批准。

第五条 环境保护行政主管部门决定代履行的，应当制作并送达《环境保护代履行决定书》，决定书应当载明当事人的姓名或者名称、地址，代履行的理由和依据、方式和时间、标的、费用预算以及代履行人。

第六条 代履行三日前，环境保护行政主管部门应当催告当事人履行，催告应当以书面形式作出，并载明履行义务的期限、履行义务的方式和当事人依法享有的陈述权和申辩权。

第七条 决定书、催告书应当直接送达当事人，当事人拒绝接收或者无法直接送达当事人的，依照《 中华人民共和国民事诉讼法》的有关规定送达。

第八条 当事人收到催告书后有权进行陈述和申辩。环境保护行政主管部门应当充分听取当事人的意见，对当事人提出的事实、理由和证据，应当进行记录、复核。当事人提出的事实、理由或者证据成立的，环境保护行政主管部门应当采纳。

第九条 经催告，当事人履行的，停止代履行。

第十条 经催告当事人仍不履行的，由环境保护行政主管部门代履行，或者由受委托的没有利害关系的第三人代履行。

第十一条 代履行时，作出决定的环境保护行政主管部门应当派员到场监督。代履行完毕，环境保护行政主管部门到场监督的工作人员、代履行人和当事人或者见证人应当在执行文书上签名或者盖章。

第十二条 代履行的费用按照成本合理确定，由当事人承担。

代履行不得采用暴力、胁迫以及其他非法方式。

第十三条 需要立即清除污染物，当事人不能清除的，环境保护行政主管部门可以决定立即实施代履行；当事人不在场的，环境保护行政主管部门应当在事后立即通知当事人，并依法作出处理。

第十四条 本规则由四川省环境保护厅负责解释。

第十五条 本规则自印发之日起施行。

厦门市环境保护局行政代执行实施办法（试行）

第一条 为加强污染防治与生态保护工作，落实建设项目施工期环境保护对策措施和开发利用自然资源项目整治恢复责任，根据《厦门市环境保护条例》，制定本办法。

第二条 厦门市环境保护局负责实施行政代执行的监督管理，市环境保护局各驻区分局（以下简称环保分局）负责辖区内建设项目施工期和开发利用自然资源活动的环境保护监督管理工作，可以依法组织行政代执行，也可以依法履行统一监督管理职责，移交相关主管部门履行组织行政代执行的职责。由环保分局组织行政代执行的，适用本办法。

第三条 本办法适用于全市范围内新建、扩建和改建项目责任人在施工期中拒不实施环境保护对策措施的项目，以及开发利用自然资源项目责任人拒不履行环境污染与生态破坏的整治恢复责任的项目。

第四条 建设单位或开发利用单位应将下列环保对策措施在便于公众了解的醒目位置明示公布，施工单位或开发利用单位应当严格落实：

（一）经批准的环境影响评价文件中提出的施工期应落实的环境保护对策措施。

（二）环保部门审批意见中规定的施工期应落实的环境保护对策措施。

（三）经批准的自然资源开发利用项目环境影响评价文件及治理、整治、恢复方案和相应的审批文件中规定的污染防治与生态保护对策措施。

第五条 环保分局应对辖区内的在建项目及资源开发利用项目进行环境保护监督检查。

本办法第四条规定的对策措施未落实、落实不到位或未在规定的时间内落实的，由环保分局向施工单位或开发利用单位发出限期履行通知书，责令限期履行，督促有关责任单位在规定的期限内履行法定义务，告知其在逾期不履行法定义务的情况下，环保分局将组织行政代执行，所需费用由施工单位或开发利用单位承担，施工单位或开发利用单位对此有陈述、申辩的权利。

本办法第三条所列的项目没有报批环境影响评价文件的，由环保分局向施工单位或开发利用单位发出限期履行通知书，提出有关的对策措施、整治恢复要求及履行时限，告知其在逾期不履行法定义务的情况下，环保分局将组织行政代执行，所需费用由施工单位或开发利用单位承担，施工单位或开发利用单位对此有陈述、申辩的权利。

本办法所称代执行费用指环保分局启动行政代执行后，行政代执行实施单位为组织行政代执行所发生的全部费用，包括：前期费用、组织实施、实际执行及其它实际发生的费用。

第六条 对本办法第四条第（一）项和第（二）项内容组织行政代执行的，由环保分局根据环境影响评价文件及其审批意见，考虑环境污染和生态破坏的实际情况，提出环境保护对策措施落实的具体要求，并组织行政代执行实施单位实施。

行政代执行实施单位根据环保分局提出的要求，制定实施方案，报环保分局批准后实施。

第七条 对本办法第四条第（三）项内容组织代执行的，由环保分局根据环境影响评价文件和治理、整治、恢复方案及其审批意见，提出整治恢复要求，并组织行政代执行实施单位实施。

行政代执行实施单位根据环保分局提出的要求，制定实施方案报环保分局审核。环保分局会同有关管理部门（必要时可请有关专家参加）组织审核，提出审核意见。行政代执行实施单位根据审核意见修改实施方案，报环保分局批准后实施。

第八条 环保分局对每一类行政代执行项目组织代执行时，应组织 3 家以上实施单位，每次组织代执行时随机抽取。

第九条 环保分局批准的行政代执行实施方案应包括下列内容：

（一）行政代执行项目名称、实施单位名称、法定代表人。

（二）行政代执行项目的实施内容、方式、措施、要求等。

（三）行政代执行项目的完成时间及进度。

（四）行政代执行项目的费用预算。

第十条 环保分局组织行政代执行，应当向有关责任单位发出行政代执行决定书。告知其环保分局组织行政代执行的理由、依据、执行内容、执行时间、付费责任及数额、申请复议或提起诉讼的途径和期限。

环保分局送达行政代执行决定书后，立即组织实施行政代执行。

第十一条 环保分局应依法监督行政代执行实施单位的执行情况。

第十二条 行政代执行实施单位应于执行完毕之日起 3 日内向环保分局报告，由环保分局组织验收，并审核行政代执行费用。

工程造价 50 万元以上的，由代执行实施单位委托有资质的工程造价咨询机构审核后报环保分局。

第十三条 经环保分局组织验收审核合格的代执行项目，由环保分局依法向有关责任单位发出责令限期缴纳行政代执行费用通知书，并告知逾期付款的责任。有关责任单位应在规定的期限内，按环保分局要求付费，逾期加收同期银行存款利息。

有关责任单位逾期不缴纳行政代执行费用的，由环保分局依法申请人民法院强制执行。

第十四条 行政代执行实施单位实施代执行，并不免除有关责任单位其它污染防治与生态保护的责任。

第十五条 在组织行政代执行过程中，遇到妨碍执法或妨碍实施代执行的行为，环保分局应按妨害执行公务处理。

第十六条 本办法由厦门市环境保护局负责解释，并自发布之日起施行。

如皋市行政机关实施代履行若干规定

第一条 为规范我市行政机关行政强制执行中的代履行行为，保障和监督行政机关依法履行职责，维护公共利益和社会秩序，保护公民、法人和其他组织的合法权益，根据《中华人民共和国行政强制法》及有关规定，结合我市实际，制定本规定。

第二条 代履行是指当事人拒绝或者没有能力履行行政决定所确定的义务，而该义务又可以由他人代替履行时，行政机关自行或者委托无利害第三人代替当事人履行，履行费用一般由当事人承担的行政强制执行方式。

第三条 行政机关实施代履行应当符合以下条件：

（一）行政决定确定的当事人义务是排除妨碍、恢复原状等义务；

（二）当事人在行政决定要求的履行期限内拒不履行该义务，或者没有能力履行；

（三）经行政机关催告，当事人仍不履行；

（四）当事人不履行义务的后果已经或者将危害交通安全、造成环境污染或者破坏自然资源的；

（五）有法律的明确规定。

第四条 行政机关实施代履行前应当制作并送达代履行决定书，该决定书应载明下列事项：

（一）当事人的姓名或名称、地址等基本信息；

（二）代履行的基础行政决定及实施代履行的理由和依据；

（三）拟实施代履行的具体时间和具体方式；

（四）代履行的标的；

（五）代履行费用的计算标准及计算方法；

（六）具体实施代履行的机关或组织。

第五条 代履行三日前，行政机关应当书面催告当事人履行。当事人履行的，停止代履行。

当事人明确拒绝行政机关代履行的，由行政机关依法直接强制执行或申请人民法院强制执行。

第六条 行政机关实施代履行时，由行政机关法制科室（或承担法制职能的科室）负责现场监督。代履行完毕，行政执法机关执行人员及监督人员、当事人或者见证人应当在执行文书上签名或者盖章。

行政机关委托第三人代履行的，在第三人代履行时，行政机关应当派员到场监督。代履行完毕，行政执法机关监督人员、代履行人、当事人或者见证人应当在执行文书上签名或者盖章。

第七条 代履行的费用按照成本合理确定，由当事人承担。但是，法律另有规定的除外。

当事人对代履行费用有异议的，可以要求行政机关复核。行政机关应在收到当事人复核申请之日起五个工作日内予以答复。

当事人对代履行费用有异议的，亦可直接申请行政复议或提起行政诉讼。当事人就代履行费用申请行政复议或提起行政诉讼的，不影响代履行的实施。

第八条 代履行完毕后，当事人拒绝缴纳代履行费用的，由行政机关按照《中华人民共和国行政强制法》中关于“金钱给付义务的执行”的规定予以强制执行。

第九条 第三人代为履行的，需具备履行该义务所具备的条件和资质，并与行政执法机关签订代履行合同，明确双方权利和义务。未经签订合同的，第三人不得实施代履行。

依法需要通过招投标等方式确定第三人的，应通过招投标等方式确定。

第十条 需要立即清除道路、河道、航道或者公共场所的遗洒物、障碍物或者污染物，当事人不同意清除或不能清除的，行政机关可以决定立即实施代履行。当事人不在场的，行政机关应当在事后立即通知当事人。行政机关实施即时代履行后，应依法收取代履行费用，并可依法对当事人作出行政处罚。

行政机关实施即时代履行，适用本办法第六条、第七条、第八条、第九条的规定。

行政机关应当建立即时代履行工作机制，明确即时代履行的适用范围、主要程序、计算费用的标准及事后处理等。

第十一条 行政机关违反法律及本办法规定实施代履行的，依法追究直接负责的主管人员和其他直接责任人员的法律责任；损害公民、法人和其他组织合法权益的，依法给予赔偿。

第三人在代履行过程中损害当事人、案外人合法权益，或发生安全生产事故的，由第三人承担赔偿等法律责任。行政机关监督不力的，依法追究直接负责的主管人员和其他直接责任人员的法律责任。

第十二条 行政机关直接强制执行的事项属于排除妨碍、恢复原状等义务类的，适用本办法第六条、第九条、第十一条的相关规定。

第十三条 本规定自 2013 年 1 月 1 日起执行。

顺义区代履行费用追缴暂行办法

第一章 总 则

第一条 为有效遏制危害交通安全、造成环境污染及破坏自然资源等行为，依法追缴代履行费用，根据《中华人民共和国行政强制法》等法律、法规，结合本区实际，制定本办法。

第二章 代履行

第二条 代履行是指当事人不履行法定义务或者行政决定确定的义务时，行政机关或者接受委托的第三人代替当事人履行义务，并向当事人收取必要费用的执行方式。

第三条 行政机关委托第三人实施代履行的，第三人应符合下列条件：

（一）第三人与案件无利害关系。

（二）第三人具有实施代履行的具体条件。

第四条 实施代履行应符合下列条件：

（一）行政机关依法作出要求当事人履行排除妨碍、恢复原状等义务的行政决定，当事人逾期不履行，经催告后仍不履行。

（二）当事人不履行义务的后果已经或者将导致危害交通安全、造成环境污染或者破坏自然资源等情况发生。

第五条 实施代履行应遵循下列程序：

（一）行政机关依法完成调查程序。

（二）行政机关制作并依法送达要求当事人履行排除妨碍、恢复原状等义务的行政决定书。

（三）当事人逾期不履行的，行政机关制作并依法送达催告书。

（四）经催告后仍不履行，且符合代履行条件的，行政机关制作并依法送达代履行决定书，该决定书应当载明当事人的姓名或者名称、地址，代履行的理由和依据、方式和时间、标的、费用预算以及代履行人。

（五）代履行实施日的3个工作日前，行政机关再次制作并依法送达催告书，催告当事人履行义务，当事人自动履行的，行政机关停止实施代履行。

（六）实施代履行时，行政机关应当派人到场监督，对代履行实施过程进行录像。

（七）代履行实施完毕，行政机关到场监督的工作人员、代履行人和当事人或者见证人应当在文书或笔录上签名或者盖章。

第六条 需要立即清除道路、河道、航道或者公共场所的遗洒物、障碍物或者污染物，当事人不能清除的，行政机关可以决定立即实施代履行；当事人不在场的，行政机关应当在事后立即通知当事人，并依法作出处理。

第三章 代履行费用追缴

第七条 代履行费用追缴是指行政机关代替当事人履行义务后，向当事人追索代履行支出的费用。

第八条 代履行的费用由行政机关先行垫付，然后按照成本合理确定数额并依照程序向当事人追缴。

第九条 代履行费用追缴应遵循下列程序：

（一）代履行实施完毕后，行政机关及时计算代履行费用支出，制作并依法送达代履行费用追缴决定书。

（二）当事人在法定期限内就代履行费用追缴决定书不申请行政复议或者提起行政诉讼，又不履行该决定书的，没有行政强制执行权的行政机关应当自上述期限届满后，制作并依法送达代履行费用追缴催告书。

（三）代履行费用追缴催告书送达 10 个工作日后当事人仍未履行缴费义务的，行政机关应在法定期限内向有管辖权的人民法院申请强制执行。

（四）行政机关向人民法院申请强制执行，应提供下列材料：

1. 强制执行申请书；

2. 行政决定书及作出决定的事实、理由和依据；

3. 当事人的意见及行政机关催告情况；

4. 申请强制执行标的情况；

5. 法律、行政法规规定的其他材料。

强制执行申请书应当由行政机关负责人签名，加盖公章，并注明日期。

（五）人民法院接到强制执行申请后，如裁定不予受理，行政机关可以在 15 日内向上一级人民法院申请复议。

第四章 文书送达

第十条 行政文书应当直接送达当事人。当事人拒绝接收或者无法直接送达当事人的，应当依照《中华人民共和国民事诉讼法》的有关规定送达。

第五章 附 则

第十一条 在追缴代履行费用过程中，相关部门未依法履行职责的，依照《北京市行政问责办法》等规定进行问责。

第十二条 本办法自 2015 年 11 月 1 日起施行，试行 2 年。

湖北省高速公路养护代履行的实施意见（试行）

第一条 为加强高速公路养护监督管理，提高高速公路通行能力和服务水平，依据《中华人民共和国行政强制法》、《收费公路管理条例》、《湖北省高速公路管理条例》等法律法规，制定本实施意见。

第二条 本意见适用于我省行政区域内高速公路和纳入我省高速公路网的桥梁、隧道（以下简称高速公路）的养护代履行工作。

第三条 省高速公路管理局负责全省高速公路养护代履行实施工作，其主要职责：

（一）贯彻执行国家有关高速公路养护管理的法律法规和规章、行业标准和技术规范，制定本省高速公路养护管理的相关规定。

（二）建立高速公路技术状况评价制度，定期对高速公路技术状况进行评定，并根据评定结果，结合高速公路运行年限、交通流量状况和实际运行状况等因素，向高速公路经营管理者提出养护整改意见。

（三）负责养护代履行工程方案设计、招标、合同签订、交（竣）工验收、审计、结算、监管等管理工作。

第四条 高速公路经营管理者应当按照国务院交通运输主管部门有关规定做好高速公路养护工作，保证高速公路始终处于良好的技术状态，保障高速公路安全畅通。

省高速公路管理局实施养护代履行时，高速公路经营管理者应当履行安全生产主体责任，负责养护代履行工程的质量、安全、进度和协调等管理工作。

第五条 养护代履行工程的施工由省高速公路管理局指定所属路段的高速公路养护施工单位负责实施。

所属路段养护施工单位没有实施养护代履行能力的，或者所属路段没有养护施工单位的，由省高速公路管理局通过招标确定。

第六条 通过招标确定养护代履行单位的，省高速公路管理局根据公正、公开、公平的原则，选择具体代履行检测单位、养护施工单位和工程监理单位，并对外进行公示，接受社会监督。

第七条 出现下列情形之一的，由省高速公路管理局责令高速公路经营管理者限期整改，拒不整改的，由省高速公路管理局指定其他有资质的单位实施养护代履行：

（一）未按规定频率落实定期检查的桥梁和隧道；

（二）以单车道1公里为单位，技术状况指数（MQI）在90以下的路段；

（三）以单车道1公里为单位，路面使用性能指数（PQI）在90以下的路段；

（四）以单车道1公里为单位，路面行驶质量指数（RQI）在90以下的路段；

（五）以单车道1公里为单位，路面损坏状况指数（PCI）在90以下的路段；

（六）以单车道1公里为单位，路面车辙深度指数（RDI）在80以下的路段；

（七）以单车道1公里为单位，路面抗滑性能指数（SRI）在80以下的路段；

（八）其他情形，如桥梁、隧道等结构物、交安设施、高路堤、高边坡等存在重大安全隐患的路段。

前款第（二）、（三）、（四）、（五）、（六）、（七）项的养护质量指标，由具有相应资质的专业检测机构检测。

前款第（二）、（三）、（四）、（五）项的养护质量指标，到2020年调整为92。

第八条 养护代履行按以下程序执行：

（一）责令限期改正。出现第七条规定情形之一的，由省高速公路管理局责令限期改正。

高速公路经营管理者应当在收到责令改正通知书之日起15日内，向省高速公路管理局提交整改计划，并按要求在规定期限内完成整改。

（二）催告履行。高速公路经营管理者逾期未整改或者整改未达到相应技术要求的，省高速公路管理局催告限期履行。高速公路经营管理者履行且达到相应技术要求的，停止代履行程序。

（三）代履行。高速公路经营管理者自收到履行催告后逾期仍未整改或者整改未达到相应技术要求的，省高速公路管理局指定所属路段的高速公路养护施工单位或通过招标方式确定养护施工单位实施代履行。

（四）代履行时，省高速公路管理局派员到场监督。

（五）代履行完毕，省高速公路管理局到场监督的工作人员、代履行人和当事人或者见证人在执行文书上签名或者盖章。

第九条 高速公路养护代履行完成后，由省高速公路管理局组织交工验收、审计，并公布审计结果。

第十条 养护代履行所需费用，由高速公路经营管理者承担，拒不承担的，依法申请人民法院强制执行。

第十一条 本意见由省高速公路管理局负责解释。

第十二条 本意见自发布之日起试行。

宁波市政府服务外包暂行办法

第一章 总则

第一条 为发展政府服务外包，创新公共服务的体制机制，提高公共服务的效率和品质，建设服务型政府，加快现代服务业发展，制定本办法。

第二条 本市行政区域内各行政机关以及法律、法规授权或者法律、法规、规章委托执法的组织（以下统称行政机关）政府服务外包，适用本办法。

第三条 本办法所称政府服务外包（以下简称服务外包），是指行政机关将社会管理、公共服务、后勤服务等技术性劳务类事务，委托给具备条件的企业、科研机构、高等院校或其他组织（以下统称承包商）履行，并支付相应报酬的民事法律行为。

第四条 行政机关服务外包，应当遵守民法通则、政府采购法、合同法等法律规定，坚持公开透明原则、公平竞争原则、公正原则、诚实信用原则。

第五条 任何符合条件的承包商都可以参加服务外包，任何单位和个人不得采用任何方式，阻挠和限制承包商进入服务外包市场，也不得对承包商实行差别待遇或者歧视待遇。

第六条 在服务外包活动中，行政机关有关工作人员与承包商有利害关系的，必须回避。承包商认为行政机关有关工作人员与其他承包商有利害关系的，也可以申请其回避。

第七条 鼓励成立服务外包行业协会，开展业务培训，培养专门人才，制定服务项目标准和行为规则，指导和规范服务外包项目管理活动，推动服务外包行业和市场的健康发展。

第二章 服务外包范围

第八条 下列事项可以实行服务外包：

（一）电子设备、网络、软件开发和维护管理；

（二）培训教育；

（三）专业技术鉴定、检验、检测；

（四）统计、论证、咨询、课题调查研究；

（五）规划编制、法规规章等文件的起草；

（六）代履行等行政执行的辅助性工作；

（七）政府法律顾问事务；

（八）居家养老等社会公共服务；

（九）公务活动的组织、服务；

（十）后勤服务；

（十一）其他依法可以外包的事项。

第九条 行政处罚、行政许可、行政检查、行政收费、行政确认、行政征收征用、行政强制执行等政务行为，不得实行服务外包。

对服务外包事项涉及政务行为的界定不够明确的，行政机关应按事项内容报同级编制、政府法制、财政、监察等相应管理部门进行合法性和可行性审查，在确定后按本办法执行。

第三章 服务外包程序

第十条 行政机关应当加强社会调查，通过各种方式听取基层群众意见，了解群众需求，实现服务外包的民主、科学决策。

第十一条 行政机关服务外包，应当事先制定有关方案。

服务外包方案应当包括以下内容：

（一）服务外包事项和依据；

（二）对承包商的资质、条件等要求；

（三）经费及其来源；

（四）工作业务业绩及服务质量要求、评价程序和方法；

（五）监督方式；

（六）争议解决办法；

（七）其他有关内容。

第十二条 服务外包信息应当在宁波市政府采购网等公众媒体上发布，但涉及国家秘密、商业秘密的除外。

第十三条 服务外包采用以下方式：

（一）公开招标；

（二）邀请招标；

（三）竞争性谈判；

（四）单一来源采购；

（五）询价；

（六）国家有关部门认定的其他方式。

第十四条 公开招标应作为服务外包的主要方式。

对应当公开招标的事项，行政机关不得以任何方式规避。

第十五条 行政机关可依法自行组织服务外包，也可委托集中采购机构或具备资格的中介机构代理。

第十六条 承包商申请参加服务外包，应当符合下列条件：

（一）具有独立承担民事责任的能力；

（二）具有良好的商业信誉和健全的财务会计制度；

（三）具有履行合同所必需的设备和专业技术能力；

（四）有依法缴纳税收和社会保障资金的良好记录；

（五）参加服务外包活动前三年内，在经营活动中没有重大违法记录；

（六）法律、行政法规规定的其他条件。

对有特殊要求的服务外包项目，经政府采购监督管理部门牵头论证并报同级政府批准，行政机关可以规定承包商的特定条件。

第十七条 行政机关可以要求承包商提供有关资质证明文件和业绩情况，并根据前条规定的条件和服务外包项目的特殊要求，对承包商的资格进行审查。

第十八条 两个及以上的承包商可以组成一个联合体，以一个承包商的身份参加服务外包。

以联合体形式参加服务外包的，各承包商均应当具备本办法第十六条规定的条件，并提交联合协议，载明各方承担的工作和义务。联合体各方应当共同与行政机关签订合同，就合同约定的事项承担连带责任。

第十九条 服务外包项目通过招标方式进行的，自招标文件开始发出之日起至提交投标文件截止之日止，不得少于20日。

第二十条 在招标过程中出现下列情形之一的，应予废标：

（一）符合专业条件的承包商或者对招标文件作实质响应的承包商不足三家的；

（二）出现影响采购公正的违法、违规行为的；

（三）报价均超过了预算而不能支付的；

（四）因重大变故，采购任务取消的。

废标后，行政机关应当将废标理由通知所有投标人。

第二十一条 废标后，除服务外包事项被取消情形外，应当重新组织招标；需要采取其他方式进行的，应当在服务外包活动开始前获得有关部门批准。

第二十二条 行政机关或者其委托的代理机构应当组织对承包商履约的验收。大型或者复杂的项目，应当邀请国家认可的质量检测机构参加验收工作。验收方成员应当在验收书上签字，并承担相应的法律责任。

第二十三条 行政机关、代理机构对服务外包项目的有关文件应当妥善保存，不得伪造、变造、隐匿或者销毁。文件的保存期限为从服务外包结束之日起至少十五年。

前款所指的文件包括服务外包活动记录、预算、招标文件、投标文件、评标标准、评估报告、定标文件、合同文本、验收证明、质疑答复、投诉处理决定及其他有关文件、资料。

第二十四条 服务外包中标、成交通知书对行政机关和中标、成交承包商均具有法律效力。中标、成交通知书发出后，行政机关改变中标、成交结果，或者中标、成交承包商放弃中标、成交项目的，应当依法承担法律责任。

第二十五条 行政机关与中标、成交供应商应当在中标、成交通知书发出之日起三十日内签订合同，合同内容按照服务外包有关文件所记载的事项确定，行政机关可以委托代理机构代表其与承包商签订合同。由代理机构以行政机关名义签订合同的，应当提交行政机关的授权委托书并作为合同附件。

第二十六条 服务外包合同自签订之日起七个工作日内，行政机关应当将合同副本报同级政府采购监督管理部门等有关部门备案。

第四章　服务外包实施制度

第二十七条 服务外包项目实行项目经理负责制。

承包商应当在服务外包有关材料中，说明承担业务管理职责的项目经理情况，接受行政机关审查。

第二十八条 承包商应当按合同约定，选派符合条件的人员担任项目经理，组建项目管理机构，履行服务外包合同。

承包商不得擅自变更已经确认的项目经理。

第二十九条 项目经理应当具备以下条件：

（一）遵守法律、法规、规章；

（二）身体健康，能够完成工作任务；

（三）个人信用记录良好，没有因故意犯罪被刑事处罚的记录；

（四）具有和履行职责相适应的学历、工作经历或从业资格；

（五）法律、法规、规章规定的其他条件。

第三十条 承包商建立以项目经理为首的管理制度，项目经理应当与本组织的法定代表人签订协议，在授权范围内对项目负有全面管理责任。

第三十一条 项目经理履行下列职责：

（一）贯彻执行有关法律、法规、规章和各项管理制度；

（二）严格财经制度，加强财经管理，正确处理各方的利益关系；

（三）对服务外包项目的进程进行有效控制，执行有关规范、标准和程序，全面履行合同规定；

（四）其他由项目经理负责履行的职责。

第五章 政府监管与服务

第三十二条 承包商、行政机关对服务外包范围、程序等有疑问的，可以向政府法制机构或政府采购监督管理部门咨询。

双方在履行合同过程中发生争议的，可根据仲裁条款或者协议申请仲裁，仲裁机构应当依法处理。

第三十三条 监督管理部门应当加强对服务外包活动的监督检查，对有违反规定的行为，应当及时责令整改。

监督检查的主要内容包括：

（一）有关法律、法规、规章的执行情况；

（二）服务外包范围、方式和程序的执行情况；

（三）服务外包有关工作人员的职业素质和职业技能。

第三十四条 服务外包后，行政机关应当对工作经费和工作人员的岗位进行相应调整，加强调查研究、日常监管、行政指导，及时发现和解决行政管理中产生的各种问题。

第三十五条 行政机关服务外包，不得向承包商指定购买商品或接受服务的渠道，不得索取或者收受财物，不得谋取其他不正当利益。

第三十六条 新开展或新增加财政拨款的公共服务项目具备服务外包条件的，一般应当通过服务外包的方式进行。

第三十七条 各部门应当加快政府服务管理模式的创新，促进服务外包发展，规范市场秩序。

各部门应当加强服务外包发展现状和趋势的分析研究，为政府决策和服务外包企业服务。

第三十八条 对涉及群众切身利益或者重大的服务外包事项，审计机关应当对服务外包的有关情况进行审计监督。

第三十九条 政府采购监督管理部门应当建立服务外包评价制度，委托有资质的专业社会统计调查机构评价，结合社会公众和服务对象意见，对服务质量、社会满意度等进行绩效考核。

对考核优秀的承包商，在以后的服务外包中应当优先。

第六章 附则

第四十条 行政机关、承包商违反本办法规定的，按照政府采购法等有关法律、法规、规章规定处罚。

第四十一条 本市行政区域内其他国家机关、群众组织、社会团体服务外包，可参照本办法执行。

第四十二条 对金额较小、需要保密、情况紧急等服务外包事项，可以简化相应程序，但不得违反国家和本办法的禁止性规定。

第四十三条 国家、省政府对服务外包另有规定的，从其规定。

第四十四条 本办法自 2010 年 1 月 1 日起施行。

后　记

本书是在我的博士学位论文基础上修改完成的。

春去秋来，花谢花开，时光虽已流逝，昨日却仍似历历在目。2009年的夏末，带着对南国情调的向往，背负着亲友师长的期望，我从古都西安到了羊城广州，在美丽的康乐园开始了自己的博士求学生涯。如今呈现在诸位面前的这篇论文，虽然还有诸多的缺点，于己而言，也算是一种总结。辛苦与紧张之后原本应是短暂的喘息，但是，此时的我，心中竟然生出些许失落。

博士论文从选题、布局到随后的落笔撰写，经历了太长的时间，遭遇了太多的困难，其间研究对象的摇摆不定、理论工具的驾驭不足、结构安排的不知所措，都使我在信心上备受打击。经过数月炼狱般的生活，论文终于告罄。但我深知，论文在第三人代履行这一领域虽有所创新，而不足之处仍是相当明显。

我更明白，自己真正离开中大的日子不远了。他日，这片热土上的红砖绿瓦、萋萋芳草，也许只能在梦里追寻。而内心对师友提携与帮助的感动之情，也到了不得不抒发的时候！

感谢我的博士生导师刘恒教授，他的学术风格、治学方法、生活态度都深深感染了我，在他的谆谆教导下，与入学相比，我深感自己的研究能力、观察视角都有了明显提高。写作过程中，刘老师不时的催问与对重要问题的点拨，成了论文得以完成的最大动力。师母刘兴莉老师，虽然与她见面不多，她的温文尔雅给我留下了深刻的印象。

感谢法学院的李挚萍教授、王红一教授、刘诚副教授、毛玮副教授，暨南大学法学院的刘文静教授，他们在论文开题或预答辩环节提出的诸多宝贵意见，使我受益匪浅。在中大学习的日子里，法学院的徐忠明教授、政治与公共事务管理学院的倪星、岳经纶教授等人在课堂讲授中展现的智识，都是我求学过程的重要收获。

感谢我的同门——翁子明、柯湘、所静、胡汝为、陈纳、刘峰、赖瀚蔚、邱新、常菁、谢振华、刘育昌、毛永天、张勇、王毅、邓萍、宋明、白志武、范公春、冯岚、黄泽萱、谢小弓，尤其是与邱新、常菁、谢振华、刘育昌、张勇等人的时常欢聚，不仅使我获得了论文撰写的经验与技巧，而且让我即便在异乡，也同样能感受到朋友的温暖。政治与公共事务管理学院的李谭君博士（目前任职于西南大学）、社会学与人类学学院的刘飞博士（目前任职于华中师范大学），在一起的讨论当中，他们总是能提出一些让我颇受启发的观点。

无论是博士论文的写作还是现在修改成书，都绝非易事。

感谢西北政法大学行政法学院的王周户教授、姬亚平教授，他们是令人满怀敬意的师长，他们的关心是本书顺利出版的重要因素。感谢同事李大勇教授对我在资料获取、行文结构方面提供的大量帮助，他的学术敏感度、认真严谨的学术精神，值得我学习。

感谢我的亲人们，已故的，健在的，茁壮成长的。没有你们的支持、理解与宽容，就没有今天映入眼帘的这本书。

万事开头难，其实结尾更难。后记亦是。想提及的事不少，想感谢的人太多，生怕有缺失，但终究会遗漏。他日想起，不免黯然。还好，正如《人民日报》金句所言，“人生这条路很长，未来如星辰大海般璀璨，不必踟躇于过去的半亩方塘。那些所谓的遗憾，可能是一种成长；那些曾受过的伤，终会化作照亮前路的光。”

所以，直面现实，向前奔跑。

初稿于2013年4月15日

定稿于2022年8月13日

杜国强于古城西安